통일인문학

: 인문학으로 분단의 장벽을 넘다

통일인문학

인문학으로 분단의 장벽을 넘다

건국대학교 통일인문학연구단

알렙

통일을 위한 인문학적 비전은 가능한가?

현재 한국 사회에서 '분단 70년'이라는 말이 유행어처럼 회자되고 있다. 그런데 누구에게 이 말은 한반도의 분단이 결국 70년이나 지속되었다는 자기 반성과 그것의 극복을 다짐하는 각오일 수도 있고, 반대로 다른 누구에게는 지속적이었던 분단의 시간들이 이미 우리들에게 익숙해져 버렸다는 의미에서 단순한 시간 경과의 표시를 의미하는 것일 수도 있다. 이렇듯 지난 70년이라는 시간은 남북의 통일을 바라보는 우리들의 태도를 사뭇 달라지게 만들었다. 동시에 통일에 부여하는 의미 역시 더 이상 모든 사람에게 동일하지 않게 되었다.

하지만 변하지 않는 것은 분명히 존재한다. 그것은 분단의 상처와 고통이다. 여기에는 분단 70년 동안 남북의 적대적 긴장과 전쟁의 위협이 생산한 정신적인 상처부터, 천문학적 규모의 분단 비용처럼 분단 지속이 낳은 구체적인 사회적 모순에 이르기까지 다양한 층위의 고통이 중첩되어 있다. 그럼에도 현재 우리들은 통일을 당연한 것으로 말하면서도 실질적으로는 통일에 대해 거부감 또는 무관심을 보이고 있는 것이 현실이다. 그리고 그러한 무관심은 앞으로 더욱 커질 것이라고 짐작할 수 있다. 물론 이렇게 된 까닭이 없지는 않다. 여러 가지 이유가 있겠지만, 무엇보다 지금까지의 통일과 관련된 주장과 담론들이 우리들의 현실과 멀리 떨어져 있었기 때문이다. 다시 말해 우리들의 사람다운 삶을 향상시키고 행복을 증진시킨다는 차원이 아니라, 나와 큰 상관이 없는 체제·이념·제도의 차원에서 통일을 주로 이야기하였기 때문이다.

이런 점에서 기존의 통일 담론에 대해 지적할 필요가 있다. 먼저 우리들은 지난 분단 70년 동안 통일의 당위성만을 이야기하고 정작 통일의 절실한 필요성에 대해서는 오히려 둔감했다. 기존 통일 담론이 내세웠던 통일에 대한 추상적인 당위성은 분단의 극복과 통일의 문제가 우리들의 삶과 결코 실존적으로 연결되지 못하게 만드는 이유가 되었다. 우리들 삶의 구석구석에 스며들어 있는 분단의 고통과 아픔이 중심이 되어야 함에도 불구하고, 단순히 '같은 민족이니까 반드시 통일이 되어야 한다'는 식의 당위성만을 주장해 왔다.

또한 기존 통일 담론에는 현재 한반도를 살아가는 구체적인 인간적 삶의 차원이 무시되고 체제와 제도의 통합에 치중하는 흐름이 지배적이었다. 정치·경제가 본질이고 사회·문화는 부수적이라는, 체제와 제도를 우선시하는 관점은 분단 70년이 만들어 온 첨예하게 대립적인 남북의 분단 질서를 깨뜨릴 수 없었다. 한반도는 70년이란 기간 동안 서로 다른 체제와 제도를 유지했었기 때문에 체제와 제도의 통합을 지향하는 통일 담론이 쟁점화될수록 오히려 통일에서 멀어질 수 있는 경향이 높아질 뿐이었다.

마지막으로 이제까지의 통일 담론은 남북의 통일을 항상 하나의 완결된 결과로서 바라보는 경향이 강했음을 지적할 수 있다. 통일은 남과 북의 모든 문제점을 치료하는 만병통치약이 결코 될 수 없다. 통일 이후에도 동독과 서독의 이질화가 여전히 사회 문제가 되는 독일의 통일 사례만 보더라도 이를 알 수 있다. 사실 통일은 하나의 사건이 아니라 남과 북이 분단 반세기 동안 고착되어 온 모든 문제점을 각자 스스로 치유하는 과정이자, 통일 이후에도 서로 달리 살아온 이질적인 두 집단이 차이의 인정과 공존을 통해 지속적으로 통합을 위해 노력해야만 하는 과정일 수 있다. 요컨대, 통일은 '과정으로서의 통일'이다.

따라서 분명 중요한 것은 통일이 결코 정치와 경제, 법과 제도의 결과론적 통합으로 환원될 수 없는 것임을 인정하는 것이다. 그런데 '과정으로서의 통일'은 결국 '사람의 통일'을 의미한다. 새로운 통일 한반도의 공동체를 만들어가는 과정의 주체이자, 실제로 그러한 통합의 대상이기도 한 것은 우리 자신, 바로 '인간'이기 때문이다. 다시 말해 통일은 체제·제도·이념의 통일이 아니라 '사람의 통일'이다. 따라서 통일이 우리들의 삶과 밀접하게 연결되기 위해서는 단순히 정치·경제·법·제도에 대한 연구만이 아니라 그것의 동력을 형성하는 우리들의 구체적인 삶을 연구하는 것이 필요하다.

바로 이런 점에서 '통일'과 '인문학'의 만남은 반드시 필요하다. 그런데 인문학이란 말에 어리둥절할 수도 있다. 통일이라는 첨예한 정치적 문제를 어떻게 인문학이 해결할 수 있을지라는 의문이 들 수도 있다. 더군다나 이것은 한국 사회의 경제적 수준과 그것이 존속되기 위해서는 인문학의 구조조정이 필요하다는 주장이 광범하게 퍼지고 있는 현재 한국 사회에서 시대착오적인 주장일 수도 있다. 하지만 인문학은 인간이 처해진 조건에 대해 연구하는 학문이다. 다시 말해 정치 · 경제 · 법 · 제도와 같은 장치들을 넘어서 인간의 정서 · 생활문화 · 가치들을 구체적인 삶의 배경 속에서 이해하는 학문이 바로 인문학이다. 따라서 기존의 통일 이론 내지 통일 담론은 인간의 삶에 총체적이면서도 구체적으로 접근하는 인문학적 성찰을 통해서 재구성될 필요가 있다.

'통일인문학'은 인간의 삶의 방식에 대한 근원적 성찰을 통해 이러한 인문학적 관점에 기반을 둔 통일 패러다임을 모색한다. 그래서 통일인문학은 통일이 남북한 주민들이 현 단계보다 나은 인간다운 삶을 누릴 수 있는 기회이자, 자유 · 평등 · 인권 · 민주주의 · 생태와 같은 인류의 보편적 가치를 실현하는 과제라는 점에 주목한다. 무엇보다도 통일인문학은 인문학적 성찰을 통해 통일이 일회적 사건이 아니라 분단 구조가 만든 여러 가지 문제점을 극복하면서, 인간다운 삶이 가능한 상태로 남북 사회를 변화시켜 나가는 동태적 과정으로 규정한다. 요컨대 통일인문학이 규정한 분단의 극복과 통일의 의미는 결국 서로 이질적인 체제 · 제도 · 이념 속에서 살아온 두 집단이 서로 '소통'함으로써, 분단의 아픔과 상처를 '치유'하고, 인간다운 삶이 가능한 새로운 민족공동체로의 '통합'을 만드는 것이다.

바로 이 책은 그러한 '소통', '치유', '통합'으로서 통일을 고민한 이야기이다. 〈제1부 인문학적 통일 담론의 필요성과 통일인문학〉은 '통일인문학'이 제기하고 있는 문제의식을 관통하면서 이 책 전체를 조망하고 있는 글이다. 이 부분에서는 주로 기존 통일론을 지성사적 관점에서 해부하면서 그것이 갖는 의의와 한계를 공히 지적하고 있다. 나아가 인문학과 통일의 결합이 갖는 필요성 및 통일인문학이라는 새로운 학문적 패러다임을 구성하고 있는 방법론과 연구 대상을 소개하고 있다. 특히 '소통'·'치유'·'통합'이라는 패러다임이 왜 제기되었으며, 그 각각은 세부적으로 어떻게 구성되고 있는지를 대략적으로 확인할 수 있다.

〈제2부 소통의 패러다임: 미래의 고향을 만들어가는 형제애적 소통〉은 '사람의 통일'이라는 문제의식에 있어서 출발점이 될 수 있는 '소통'에 대한 글이다. 특히 남북 관계에서 요구되는 다양한 소통적 관계맺음 방식을 다루고 있다. 분단 극복과 통일을 위한 남북의 관계맺음은 분단 70년 동안 간혹 진행되어 왔던 남북의 대화와 협상만을 의미할 수 없다. 진정한 의미의 소통은 서로의 '막힘'을 뚫고 '다름'을 나누면서 남북 간에 말이 서로 교류할 수 있는 과정을 만들어가는 것이다. 이 글은 그러한 진정한 소통의 방식들을, 이를테면 '내 안의 타자'와의 대화, '형제애적인' 소통, '가르치고 배우는' 호혜적 소통 방식을 다루고 있다.

〈제3부 치유의 패러다임: 코리언의 역사적 트라우마와 치유의 방향〉은 한국전쟁을 기점으로 시작된 남북의 상호 적대성이 시간이 지나감에 따라 줄어들지 않고 증폭되는 근본적 이유에 천착한 글이다.

특히 '한국전쟁'이라는 역사적 사건을 경험하지 않은 비경험자이면서 경험자와는 다른 시대를 살아가는 후세대들에게도 그러한 북에 대한 적대성이 고스란히 반복되는 이유를 '역사적 트라우마'라는 개념을 통해 해명하고 있다. 한반도가 경험한 트라우마적 상처들은 사람들을 어떤 강력한 힘에 묶어두고 북에 대한 강한 적대성과 같이 합리적으로 설명되기 어려운 기인한 반응을 보이게 만드는 기제이다. 이때 그러한 기제로서 코리언의 역사적 트라우마는 '식민'·'분단'·'이산(離散)' 트라우마라 할 수 있다. 그래서 이 글은 다른 한편으로 이러한 코리언의 역사적 트라우마를 '치유'할 수 있는 문화혁명적인 방안들을 다루고 있다.

〈제4부 통합의 패러다임: 민족공통성 창출로서의 통일〉은 한반도의 통일을 분단된 남과 북의 서로 다른 지역에 살아온 사람들의 사회문화적 통합 과정으로 이해하기 위한 목적에서 쓰였으며, 따라서 구체적인 통합 패러다임을 다루고 있다. 특히 이 부분은 남북의 소통을 가로막았던 '동질성 대 이질성'의 원리가 아닌, '차이와 공통성'에 기반한 통합 패러다임을 주장한다. 구체적으로, 과거 지향적이며 원형적인 동질성 회복에 초점을 둔 민족공동체 건설이 아니라 '닮음의 흔적'을 통해 남과 북 각각이 변용시켜 온 차이와 소통하고, 그들과의 새로운 민족적 연대의 가능성을 찾는 과정으로서 통합 패러다임을 이야기하고 있다. 더불어 일제 식민지와 분단 체제라는 역사적 경험을 남북 주민과 더불어 공유하고 있는 존재라는 점에서 한반도 통일의 또 다른 주체인 '코리언 디아스포라'와의 민족적 통합 문제를 중요하게 다루고 있다.

끝으로 통일인문학이라는 학문이 갖는 궁극적 지향점을 밝히고자 한다. 통일인문학은 '과정으로서의 통일'과 '사람의 통일'이라는 통일 패러다임의 전환 그리고 '소통·치유·통합'이라는 구체적인 대안 패러다임의 제시를 통해 한반도 분단 극복과 통일을 위한 인문적 비전을 제시하는 학문이다. 물론 분단의 극복과 통일은 단순히 일회적 사건으로 이루어질 수 없다. 그것은 서로 다른 생각을 가진 사람들이 교류하고 소통하면서, 오랜 기간을 거쳐 증폭되어 온 서로의 상처를 치유하고, 통합적인 새로운 민족공동체를 만들어가는 지난한 과정을 요구한다. 이 책이 그러한 과정을 열어가는 첫 발자국이 되었으면 한다.

2015년 2월

필자들을 대표해서 김성민 씀

차례

제2부 소통의 패러다임

: 미래의 고향을 만들어가는 형제애적 소통

제3부 치유의 패러다임
: 코리언의 역사적 트라우마와 치유의 방향

제1부

인문학적 통일 담론의
필요성과
'통일인문학'

1장

통일 담론의 지성사

전통적 통일 담론과 통일 회의론은 분단 70년 역사 속에서 국가의 통일 정책 및 시민사회의 통일 운동에 나타난 다양한 통일관을 분류한 것이다. 국가 중심의 통일론과 민족 중심의 통일론은 냉전기를 특징짓는 전통적 통일 담론이지만, 오늘날까지 여전히 위력을 발휘하고 있다. 또한 탈냉전 후 남북의 화해 협력이라는 정세하에서 체제 혹은 민족 중심의 전통적 통일 담론을 비판하는 다양한 통일 회의론이 등장하였다. 당대의 시대 현실에 깊이 연루되어 있는 이들 통일론들의 의의와 한계를 살펴봄으로써 분단 후 통일 담론의 궤적을 지성사적 맥락에서 심층적으로 이해할 수 있다.

1 전통적 통일 담론

(1) 국가 vs 민족의 통일론

오늘날 남북 관계의 최대 현안인 '북한 핵 문제'를 둘러싸고 남북, 북미가 서로 대립하고 갈등하고 있다. 그러나 남북 갈등의 현안은 비단 핵 문제에만 그치지 않는다. 북의 인권 문제, 나아가 분단 기간만큼이나 오래된 주한 미군 문제, 남북의 통일 정책 등에서 서로 다른 견해가 팽팽히 대립하고 있다. 이러한 대립의 밑바탕에는 한국 현대사의 근본적 쟁점이 존재한다. 남과 북은 체제를 달리하는 두 개의 국가인가? 아니면 하나의 민족 내부의 특수한 관계인가? 국가 중심의 시각(state-centric perspective)과 민족 중심의 시각(nation-centric perspective)은 한국 현대사의 오래되면서 근원적인 그리고 뜨거운 쟁점이다. 이는 주한 미군의 문제, 북핵 문제, 북 인권 문제 등 각종 현안에 대한 입장의 차이를 결정짓는 기준일 뿐만 아니라 분단의 원인을 진단하거나 통일의 방향을 모색하는 데서도 중요한 기준으로 작용한다.[1]

국가와 민족, 어느 하나를 중심으로 통일을 사유하는 것은 한반도의 분단 현실에서 비롯된다. 체제가 서로 다른 두 국가이면서도 같은 민족이라는 남북 관계의 이중성이 그것이다. 이러한 이중성 때문에 기존 통일 논의에서는 어느 편을 중시하는가에 따라 국가 우선주의

---

1) 이병수, 「남북 관계에 대한 반성적 고찰」, 『인문학논총』 제48집, 건국대 인문학연구원, 2009, 10-11쪽.

적 시각과 민족 우선주의적 시각이 대립하여 왔다. 분단 현실 속에서 국가 지향의 가치와 민족 지향의 가치는 정부의 통일 정책과 재야의 통일 운동에서 보듯 상호 경쟁하면서 대립하여 왔다. 물론 두 입장은 민족과 국가 중 어느 한쪽을 전적으로 배제하거나 부정하지 않는다. 그러나 국가 우선주의적 시각은 분단 국가의 한쪽 체제를 민족 전체로 확대 적용하고자 하는 반면, 민족 우선주의적 시각은 분단된 두 국가 체제를 넘어 화해와 협력을 통한 민족공동체의 회복을 중시한다.

한국의 통일 정책은 적어도 건국 초기부터 냉전 체제가 지속된 1980년대 중반까지 반공 이데올로기에 근거한 국가 지향 가치의 절대적 우위에 바탕을 두고 있었다. 북과의 어떤 교류와 협력도 거부했으며 남 주도의 통일 방식을 추구한, 철저한 북 불인정 정책이었다. 이러한 국가 중심의 통일 담론은 1980년대까지 냉전 체제 아래 격화된 체제 경쟁 문제와 긴밀히 얽혀 있었다. 북과의 체제 경쟁의 핵심은 남북 가운데 누가 민족 정통성을 대표하는가에 있었다. 남북의 두 분단 국가는 자신의 국가 체제가 민족을 대표한다고 여기는 정통성 경쟁을 벌이면서 각기 민족을 국가적으로 전유하였다. 따라서 하나의 민족이므로 통일되어야 한다는 명분에도 불구하고 상대 체제를 민족적 동질성을 훼손하는 반민족적 존재로 규정하였다. 이와 같은 국가 체제 중심의 통일 담론은 통일을 강조할수록 역설적으로 분열과 적대를 심화시키는 분단 담론으로 귀결되었다. 통일을 민족적 당위로 상정하면서도 자신들만의 통일 담론을 절대적인 것으로 생각하였으며, 자기 체제의 우월성에 입각한 통일의 속내를 한 번도 버린 적이 없었다. 분단의 역사를 돌이켜볼 때 통일의 당위성과 현실성이 커다란 괴리 현상을 보여온 것도 이 때문이었다. 현실적으로는 분단 고착적 역사가 강화되면서도 통일의 당위적 명분만 소리 높여 외쳐졌다.

냉전기 남북의 체제 경쟁 과정에서 국가 지향적 가치와 민족 지향적 가치 사이의 간극은 좀처럼 메워지지 않았다. 물론 남북의 체제 경쟁이 본격화되면서도 1972년 '자주ㆍ평화ㆍ민족대단결'의 통일 3원칙에 합의한 '7ㆍ4 남북공동성명'에서 보듯 서로를 대화 상대로 인정하는 민족 화해의 통일 논의가 전무했던 것은 아니다. 그러나 남북 대화와 화해의 시도는 역설적으로 체제 적대성의 강화로 귀결되었고, 이는 분단 국가가 민족 전체를 대표해야 한다는 국가 지향적 가치가 남북 사회를 여전히 압도하고 있었기 때문이다. 그러나 1980년대로 넘어오면서 민간 차원에서 남북 화해와 협력을 통한 민족 지향의 통일 논의가 거세게 일어났다. 해방 이후부터 1980년대 중반까지 국가 우선주의적 정부의 통일 정책과 민족 우선주의적 재야의 통일 운동은 서로 대립하고 충돌해 왔다. 정부 통일 정책은 1980년대 중반까지만 해도 반공 이데올로기에 근거한 국가 지향의 가치를 바탕으로 하고 있었으며, 민족을 분단 국가의 상위에 올려놓는 재야의 통일 논의를 용공 논리로 철저하게 배제하였다. 그러나 1980년대 민주화 운동이 진행되면서 분단 국가를 거부하는 민족 지향의 통일 운동이 민간 차원에서 고양되기 시작하였다. 민주화 운동과 통일 운동이 결합되면서 그동안 금기시되었던 북한에 대한 이해의 욕구가 분출되었다. 1980년대 중반 이후 그동안 정부가 독점하였던 북한에 대한 정보와 통일 논의가 민간 차원에서 확산되기 시작한 것이다.

1987년 6월 민주항쟁 이후 민주화가 진전되고 세계적 탈냉전이 급속히 이루어짐에 따라 정부도 이에 상응하는 통일 정책 수립의 필요성을 느꼈다. 정부의 통일 정책에서 국가 지향 가치의 절대 우위가 변화된 것은 1989년 6공화국의 '한민족공동체통일방안'에서였다. 1988년 노태우 정부는 '민족자존과 통일번영을 위한 특별선언' (7 · 7 선언)을 통해 북한을 대결의 상대로 보지 않고 화해와 협력의 동반자로 규정하였다. 이어 1989년 '한민족공동체통일방안'을 통해 통일 과정을 화해 협력 단계, 남북 연합 단계, 통일 국가 단계의 3단계 과정으로 설정하여 남북 화해 협력의 가능성을 열어놓았다. 이 통일 방안은 남북 화해와 협력을 통한 한민족 공동체 회복이라는 재야 통일 운동에서 중시된 민족 지향의 가치가 정부의 통일 정책에 처음으로 반영된 것이었다. '한민족공동체통일방안'은 국가 우선적 시각에 철저하게 경도되어 왔던 냉전기의 통일론과는 달리 재야 통일 운동에서 주장해 온 민족 우선주의적 시각을 상당 부분 수용한 것이라 할 수 있다.[2]

상대 체제를 인정하면서 통일을 추구해야 한다는 인식 변화를 보다 분명하게 보여준 것은 1992년에 발효된 '남북기본합의서'였다. '남북기본합의서'의 핵심은 "나라와 나라 사이의 관계가 아닌, 통일을 지향하는 과정에서 잠정적으로 형성된 특수 관계"로 남북 관계를

---

2) 현재 한국의 통일 방안은 노태우 정부의 '한민족공동체통일방안'을 기본적인 모형으로 하고 있다는 것이 일반적인 학계의 평가이다.(최완규, 「남북한 통일방안의 수렴가능성 연구: 연합제와 낮은 단계의 연방제」, 『북한연구학회보』 제6권 1호, 2002, 11쪽)

규정한 점에 있다. '남북기본합의서'는 남북이 서로를 국가로 인정하지 않은 냉전 시기와는 달리, 같은 민족이지만 체제가 서로 다른 국가라는 것을 인정한 점에서 이후 남북 관계 전반에 지속적으로 영향을 미친 획기적인 의미를 지닌다. 탈냉전 이후, 양 진영 간의 관계가 풀리고 이와 더불어 남북 관계가 개선되면서 '한 민족 두 국가'라는 남북 관계의 이중성이 국가적 차원에서 인정된 것이다.

그러나 1990년대 후반까지 북 핵 위기 등 한반도의 군사적 긴장과 체제 경쟁이 존재하는 상황을 배경으로 규범적 차원에서 민족 지향의 가치가 일정 정도 수용되면서도 현실적으로는 국가 지향 가치가 우세하였다. 남북 관계에서 국가 지향의 가치보다 민족 지향 가치가 우위를 점하게 된 것은 1998년 김대중 정부 출범 후였다. 남북은 2000년 '6·15 남북공동선언'을 통해 상대방의 체제를 인정하고, 교류·협력을 통해 민족동질성을 회복함으로써 평화적·점진적으로 통일을 이룩해 나갈 것을 합의하였다. 서로 다른 체제가 하나의 체제로 합쳐지는 일회적 사건으로서의 통일은 전쟁과 파국으로 귀결되기 십상이므로, 평화적이며 점진적인 과정을 밟아 통일을 이루자고 합의한 것이다.

탈냉전과 민주화 이후의 노태우 정부에서 노무현 정부에 이르는 통일 정책의 기조는 비록 굴곡은 있었지만 크게 볼 때 남북의 화해 협력이라는 민족 지향의 가치를 중심에 두고 계승되었다. '한민족공동체통일방안'과 '남북기본합의서' 그리고 '6·15 공동선언' 및 '10·4 선언'은 서로 상대방의 체제를 인정하고, 교류·협력을 통해 평화적·점진적으로 통일을 이룩해 나가자는 민족 지향의 통일론의 흐름 속에 있다는 점에서 공통적이다. 그러나 민족 지향의 가치가 원심적으로 계승·발전되는 한편, 분단 국가의 구조적 제약 때문에 국가 지향 가치의 구심력도 강하게 작용해 왔다. 노태우 정부의 '한민족공동체통일방안'은 현존하는 남북의 적대성 때문에 현실화되지 못하고 상징적 수준에 머물렀으며, 김영삼 정부의 통일 정책은 "어느 동맹국도 민족보다 더 나을 수 없다"는 대통령 취임식의 민족 화해 협력 의지가 무색하게 강경책과 온건책을 오가다가 결국 집권 후반기에 대북 적대 정책으로 귀결되었다. '남북기본합의서' 역시 북핵 문제로 남북 관계가 냉각되면서 실천되지 못했으며, 김대중·노무현 정부의 대북 포용 정책은 북미 관계의 악화와 대북 '퍼주기' 논란 속에서 남남 갈등을 증폭시키는 결과를 초래했다. 더욱이 민족 지향의 통일 논의는 이명박 정부 들어 2010년 3월 천안함 사건과 그에 따른 '5·24조치'와 11월 연평도 포격 사건을 거치면서 급격하게 후퇴하고 대북 적대성에 기반을 둔 국가 지향의 통일론이 부각되었다.

현재 한국 사회에서 국가 지향 가치와 민족 지향 가치는 남북 관계의 변화와 연동되면서 끊임없이 갈등하는 양상을 보이고 있다. 이상적, 규범적 차원에서 민족 지향의 가치가 일정 정도 수용되고 있는 한편, 남북 및 북미의 군사적 긴장과 체제 경쟁 등 분단 국가의 구조적 제약을 배경으로 국가 지향의 가치 역시 강한 영향력을 행사하고 있다. 통일 담론, 나아가 통일 개념 자체가 '국가 중심의 시각'과 '민족 중심의 시각'으로 서로 갈등을 빚고 대립하면서 남남 갈등의 원천이 되고 있다.

(2) 국가 그리고 민족의 통일론

현재 통일 논의 자체가 양극화 현상을 보이는 이유는 통일 문제를 보는 민족 중심과 국가 중심의 서로 다른 두 가지 시각이 대립하고 있기 때문이다.

"통일 문제를 보는 첫 번째 패러다임은 국가(안보) 중심주의이다. 이 패러다임에서 통일의 염원은 체제 경쟁에서 승리한 어느 한쪽이 다른 한쪽을 흡수하는 것으로 간주한다. 통일이 체제 선택의 문제가 되는 이상 통일 정책은 어쩔 수 없이 북한과의 제로섬 게임의 틀 속에서 수립될 수밖에 없다는 입장을 취한다. 이에 반해서 민족 중심주의적 패러다임은 종족적 · 역사적 · 문화적 단일성과 정체성을 유지해 온 한민족의 존속과 번영을 국가 체제보다 우위의 가치로 삼는 입장이다. 이 패러다임에 기초할 때 분단 그 자체가 남북 국가의 체제 모순에 의한 것이므로 분단 해소를 통해 진정한 민족 발전이 가능하며 민족국가의 설립과 발전은 민족 통일을 통해서만 의의를 갖는다."[3]

국가 중심의 통일론은 냉전기 정부의 통일 정책을 특징짓는 것으로 대한민국을 위협하는 적으로서 북을 설정하고 통일을 대한민국의 국가적 가치를 확장하는 것으로 이해하는 반면, 민족 중심의 통일론은 탈냉전 이후 북한을 민족의 번영을 함께 추구해야 할 동반자

---

3) 최완규, 「김대중 정부 시기 NGO 통일교육의 양극화 현상」, 『북한연구학회보』 제15권 제1호, 2011, 280쪽.

관계로 보면서 분단 해소를 통한 민족공동체 회복을 강조한다. 그러나 두 통일론은 다음과 같은 문제점을 지닌다.

국가 중심 통일론의 문제점은 첫째, 통일을 두 개의 국가(체제)를 하나로 합치는 국가 간의 통일로만 생각한다는 점이다. 국가 간의 통일로만 볼 경우, 통일은 정치경제적인, 거시적 체제 통합일 뿐이다. 그러나 독일 통일이 보여주듯이 사회문화적인 통합을 결여한 통일은 통일 이후 사회적 비용이 매우 크다. 둘째, 통일을 국가 간의 통일로만 여길 때 이질적 체제의 평화로운 통일이란 거의 불가능에 가깝다는 점이다. 특히 한반도의 경우, 체제 갈등이 동족상잔의 전쟁으로 비화된 경험을 갖고 있기 때문에 국가 지향의 통일론은 그것이 쟁점화될수록 오히려 통일에서 멀어질 뿐이다.

민족 중심 통일론의 문제점은 첫째, 순수한 민족동질성을 상정함으로써 차이를 억압하는 '동일성의 폭력'을 낳을 수 있다는 것이다. 원초주의적 동질화의 요구는 가치관, 행동방식의 차이를 단일한 틀에 용해시키는 획일주의를 강요함으로써 민족 내부의 차별을 정당화하거나 다른 인종 구성원과의 충돌의 원인을 제공할 수 있다. 둘째, 분단된 두 국가의 실효적 지배 상태를 무시함으로써 현재 자신이 거주하고 있는 국가 체제를 부정하는 혐의를 낳을 수 있다는 점이다. 같은 민족이지만 엄연히 두 개의 국가로 현존하고 있는 분단 현실을 부정하는 것은 통일지상주의의 위험을 내포한다.

민족 중심적 시각과 국가 중심적 시각으로는 남북 주민이 같은 민족이면서도 서로 다른 체제 속의 '국민'과 '인민'이기도 한 분단 현실을 정확하게 진단하고 극복하는 데 부족함이 있다. 따라서 과도한 민족주의나 국가주의에 치우치지 않고 민족성과 국가성이 함께 고려되는 균형 있는 시각이 요구된다. 민족성과 국가성 문제의 균형과 조화를 잘 보여주는 것이 '남북기본합의서'다. 냉전기에는 국가성과 민족성이 서로 갈등 대립하여 왔으나, '남북기본합의서'는 양자가 서로 양립하고 공존할 수 있는 가능성을 열어놓았다. '남북기본합의서'의 전문은 남북 관계를 "나라와 나라 사이의 관계가 아닌 통일을 지향하는 과정에서 잠정적으로 형성되는 특수 관계"이자 "평화통일을 성취하기 위한 공동의 노력을 경주"하는 관계로 규정하고 있다.

남북 관계 특수성의 핵심은 남북이 비록 두 개의 국가로 존재하지만 일반적인 국가 관계와 달리 통일을 지향하는 특수 관계라는 점이다. 여기에는 분단 후 형성된 서로 다른 국가 체제의 현실을 존중하면서도, 같은 민족이므로 통일해야 한다는 지향이 모두 포함되어 있다. 다시 말해 '남북기본합의서'에 나타난 남북 관계 규정은 국가 중심적 시각이나 민족 중심적 시각 어느 한 편이 아니라 남북의 현실적인 국가성과 민족성의 명분 사이의 균형을 취하고 있다. 민족성과 국가성은 균형과 양립의 문제이지 대체나 대립의 문제가 아니다. 따라서 통일 논의에서 국가 중심의 시각과 민족 중심의 시각의 대립틀에서 벗어나 분단된 두 국가의 실효적 지배 상태를 인정하면서도 민족의 통일을 만들어가는, 민족과 국가가 함께 하는 통일 논의가 필요하다.

민족과 국가가 함께 하는 통일 논의를 위해서는 무엇보다 현단계에서 통일의 의미를 음미할 필요가 있다. 현재 정부의 공식적 통일론은 1989년에 '한민족공동체통일방안'으로 발표되고 2004년에 일부

수정되어 공포된 '민족공동체통일방안'이다. 이 방안은 남북 관계가 화해 협력 단계로부터 남북 연합 단계를 거쳐 최종의 통일 국가 단계로 이행하는 3단계 통일론(화해 협력 단계→남북 연합 단계→통일 국가 단계)을 핵심으로 하고 있다. 여기서 화해 협력과 남북 연합 단계의 내용은 민족 중심이며, 통일 국가 단계의 내용은 국가 중심이다. 현단계에서 통일은 반드시 단일 국가 수립을 의미하는 것이 아니라 남북 상호간의 장기간에 걸친 교류, 협력과 평화 공존, 경제·사회·문화공동체의 형성, 나아가 국가 연합을 통한 민족공동체 수립(1, 2단계)으로 여겨져야 한다. 전통적 통일론에서 말하는 통일 국가(3단계)는 남북 상호간의 장기간에 걸친 교류, 협력과 평화 공존, 나아가 국가 연합을 형성한 이후 그것이 발전적 형태로 제기될 수 있는 이상의 목표이지 당위나 필연은 아니다.[4] 따라서 통일 국가 형성은 국가 연합 형성 이후 남북 교류와 소통의 양과 질에 따라 발전적 형태로 제기될 수 있는 미래적 목표로 열어둘 필요가 있다. 만약 현단계에서 자유민주주의 체제 통일을 명시적으로 선언한다면, 북한은 한국이 흡수통일을 시도한다는 의구심을 가지게 될 것이고 따라서 분단을 지속, 고착화시키는 결과를 가져올 수 있기 때문이다. 서로의 국가성을 승인하면서도 같은 한민족이라는 지점에서 출발하면서 서로 교류 협력하고 소통의 태도와 역량을 증대시켜 '민족적 합력'을 창출하는 방향으로 통일을 사유할 필요가 있다.

나아가 국가와 민족이 함께 하는 통일론을 수용하면서도, 이에 그

---

4) 최완규, 앞의 논문, 299쪽.

치지 않고 기존 통일 방안이 담아내지 못하는 '전 지구적 사상 지형' 까지 포괄할 수 있는 통일 논의도 필요하다. '전 지구적 사상 지형'이 란 근대와 탈근대가 중첩하고, 인권과 생태 등의 가치에 대한 범세계 적인 자각과 대안이 모색되며, 세계화의 진전으로 국민국가의 위상 과 역할이 상대적으로 약화되고 있는 21세기의 사상적 지형을 의미 한다. 국가와 민족을 부동의 전제로 삼고 있는 기존 통일 담론은 이 런 21세기의 사상적 지향에 대한 성찰이 부족하다. 때문에 국가와 민 족을 중심으로, 주로 정치경제 체제의 측면만 논의되던 그간 통일 담 론에서 보다 진전된 발상이 필요하다. 이는 통일을 20세기형 국민국 가의 실현, 분단 이전의 민족공동체 회복이라는 단선적이고 정형화 된 틀로 이해하는 것에서 벗어나 남북 주민이 서로 소통하고 분단의 상처를 치유하는 한편, 인류 보편적 가치의 실현을 지향하는 미래 지 향적 정치공동체의 맥락에서 사유하는 것이다. 이처럼 통일을 민족 의 공존 화해의 정신을 토대로 한 남북 소통과 교류, 나아가 미래지 향적 정치공동체의 수립으로 이해할 때, 국가 중심과 민족 중심의 대 립 틀을 벗어나 양자가 공존할 수 있다. 또한 동시에 한민족 전체의 미래 비전과 희망을 담은 보다 풍부한 통일 논의의 지평이 열릴 수 있다.

2 통일 회의론

(1) 탈민족주의론

통일의 당위성에 대한 가장 흔한 근거는 우리 민족이 역사적으로 오랫동안 단일 민족국가를 이룩해 왔다는 점에 있다. 흔히 우리 민족은 단군 이래 한반도를 터전으로 하여 오랫동안 하나의 민족국가를 형성하여 하나의 언어, 하나의 역사, 하나의 문화를 이루어 살아왔다고 이야기된다. 이렇게 볼 때 분단은 수천 년 동안 단일 민족국가를 형성해 온 역사적 정통성에 부합하지 않는 비정상적인 현상이자, 외세의 강요에 의해 이루어진 역사적 현실이다. 따라서 분단의 장벽을 허무는 일은 단일한 역사문화적 공동체를 이루어 온 우리 민족사에서 볼 때 너무도 당위적인 과제로 여겨졌다. 통일을 원하는 우리의 의식과 동기의 저변에 하나의 언어, 하나의 역사, 하나의 문화 등 민족적 동질성에 대한 확신이 깊게 자리 잡고 있음을 부인할 수 없다.

이러한 우리의 지배적인 민족 관념은 단일 민족의 혈통이나 독자적인 언어와 문화 등 객관적 공통성에 입각해 있다. 혈연적, 문화적으로 매우 동질적인 정체성을 갖는 '종족적(ethnic)' 민족 개념이 우리의 민족에 대한 일상적 이해로 자리 잡은 것은 서구 제국주의와 일본의 식민주의적 폭력에 저항하는 과정에서였다. 저항민족주의는 외세 침략에서 자주독립을 쟁취하는 것을 최우선 과제로 삼기 때문에, 투철한 민족 의식을 전제로 한다. 투철한 민족 의식은 일제에 맞서 목숨을 걸고 지킬 만한 가치가 있는 민족에 대한 정체 의식을 요구한다. 종족적 민족 개념은 우리가 누구인지 왜 단결해야 하는지 왜 싸워야 하는지 목숨을 걸고 지킬 만한 가치가 있는 것인지에 대한 해답이었다. 반만년 유구한 역사, 우수한 고유 문화에 대한 관념 등 고대로부터 한민족이 존재해 왔고 미래에도 그 민족이 영원할 것이라는 민족적 전망을 고수하는 종족적 민족 개념은 제국주의 침략에 대한 저항의 이유를 제공하였다.[5]

하지만 1990년 중반 이후 한국인이 고대부터 혈연·지역·언어 공동체로서 하나의 민족을 형성했다는 것은 허구적인 신화에 불과하며, 따라서 이러한 '종족적' 민족 개념을 해체할 것을 주장하는 탈민족주의적 흐름이 등장하였다.[6] 이들은 백두산, 단군신화 등 '한민족'의 정체성과 관련된 상징은 역사적 기원의 측면에서 볼 때, 당대의 정치적 유용성을 위해 구성(발명 혹은 상상)된 근대의 산물이며, 따라서 신화적 상상물인 단일 민족으로부터 통일의 당위성을 이끌어 내는 것은 부당하다고 주장한다. 또한 종족적 민족 관념은 실천적 기능면에서도 억압과 차별을 가져왔다고 주장한다. 분단 후 한국의 민족주의는 역사적으로 체제나 반체제를 막론하고 민족 내부의 소외된 구성원들에 대한 억압과 차별에 무관심했으며, 자본과 노동의 세

---

5) 이병수, 「통일의 당위성 담론에 대한 반성적 고찰」, 『시대와 철학』 제21권 2호, 한국철학사상연구회, 2010, 358-359쪽.

6) 대표적으로 임지현의 『민족주의는 반역이다』(소나무, 1999), 권혁범의 『민족주의와 발전의 환상』(솔, 2000), 박노자의 『당신들의 대한민국』(한겨레신문사, 2001), 임지현·이성시 편, 『국사의 신화를 넘어서』(휴머니스트, 2004) 등이 있다. 대체로 이들은 에릭 홉스봄의 『만들어진 전통』(박지향·장문석 옮김, 휴머니스트, 2004), 베네딕트 앤더슨의 『상상의 공동체: 민족주의의 기원과 전파에 대한 성찰』(윤형숙 옮김, 나남, 2002) 등의 저서에 이론적으로 의거하고 있다.

계화로 오늘날 이주노동자들이 증가하고 있는 현실에서 다른 인종 구성원과의 충돌의 원인을 제공하고 있다고 주장한다. 나아가 민족주의 이념 자체는 대외적 배타성과 대내적 획일성을 내재한 동일화 이데올로기이기 때문에, 그 앞에 아무리 좋은 수식어를 붙이더라도 그 비이성적 속성이 변할 수 없다고 비판한다.[7]

사실, 혈통, 언어, 문화 등 원초적인 속성이 전근대로부터 이어져 오늘날에도 여전히 우리의 의식을 지배한다는 민족동질성 관념은 이제는 수용되기 어렵다. 민족정체성은 정체성 일반이 그러하듯이 고정불변하는 것이 아니라 역사적 시간의 진행과 공간적 차이에 따라 부단히 변화하는 가운데 형성되는 가변적 특성을 지닌다. 20세기에 국한하더라도 한민족은 망국과 이산 그리고 분단의 역사적 소용돌이 속에서 다양한 정치공동체로 분리되었고, 따라서 민족정체성은 해당 지역(남과 북 그리고 해외 디아스포라)의 정치경제적, 사회문화적 조건에 따라 다양하게 변용되었다. 따라서 혈연과 문화의 불변적 동질성을 고수하여 이를 통일 당위성의 근거로 삼는 것은 분명 문제가 있다.

그러나 혈연과 문화에 기초한 종족적 민족 개념의 해체를 주장하는 탈민족주의적 입장 역시 수용되기 어렵다. 분단을 인위적인 것으로 느끼고 통일을 당연한 것으로 받아들이는 한국인의 정서가 강한 이유는 비록 근대적 민족국가의 역사는 짧지만, 혈연적·문화적 공통성을 유지해 온 역사가 오래되었기 때문이다. 더욱이 민족이 오랫

---

7) 이병수·정진아, 「한국인의 민족정체성 이해와 대한민국중심주의의 극복」, 『코리언의 민족정체성』, 선인, 2012, 63쪽.

동안 같이 살면서 일제의 식민 지배를 받았고, 해방 후에는 강대국에 의해 일방적으로 분단되었다는 역사적 경험은 통일을 향한 염원의 바탕이 되었다. 20세기 전반기의 망국과 후반기의 분단 현실 속에서 힘을 얻은 종족적 민족 개념은 대중들의 삶 속에 깊이 강박된 현실이고 끈질긴 생명력과 현실 적응력을 지니고 있다.

이런 맥락에서 한반도 통일은 종족적 민족 개념의 고수냐 해체냐의 이분법으로 사유될 것이 아니라, 민족공동체와 정치공동체가 한 번도 일치해 본 적이 없는 20세기 한반도의 역사를 염두에 두면서, 다양한 정치공동체에 속하면서 기존의 민족정체성을 다양하게 변형시켜 온 한민족 구성원들이 서로 결합되는 미래 기획적 차원에서 사유되어야 한다. 다시 말해 한반도 통일은 비록 서로 다른 정치적 환경 아래에서 민족정체성을 다양하게 변용시켜 왔지만, 민족적 유대와 정서가 강력한 한민족 구성원들의 욕망과 그 역사성을 인정한 바탕에서 새로운 '민족적 합력'을 창출하는 방향에서 사유될 필요가 있다.

(2) 통일 비용론

통일 비용은 통일 이후 남북 간의 격차를 해소하고 이질적인 요소를 통합하는 데 치러야 할 정치 · 경제 · 사회 · 문화적 비용을 의미한다. 통일이 되면 한국 주민의 삶의 질이 나빠진다는 '통일 비용론'은 1990년대 중반 이후, 독일이 통일 후 치러야 했던 막대한 통일 비용과 북한의 경제난이 우리 사회에 알려지면서 지금까지 큰 힘을 발휘하고 있다. 통일 비용론은 통일에 대한 인식과 접근 태도를 감상적인 것에서 현실적인 것으로 변화시켰으며, 통일에 따르는 부담에 대하여 사전 준비를 할 수 있는 계기를 제공한 측면이 있지만, 통일 기피 심리를 확산시키는 데 큰 힘을 발휘하였다.

무엇보다 통일 비용론은 독일의 흡수통일을 모델로 해 북한 사회를 한국 사회식으로 개조한다는 전제에서 출발하여 통일 비용을 과대 추정한 점에 문제가 있다. 북한 사회의 급격한 한국식 개조 없이 남북의 교류·협력을 통해 서서히 통합을 추진해 간다면 통일 비용은 그만큼 감소된다. 다시 말해 통일 비용은 통일 과정과 통일 방식에 따라 달라진다. 그뿐만 아니라 통일 비용론은, 분단으로 인한 사회적, 경제적, 문화적 낭비와 인력 손실, 곧 분단 비용을 고려하지 않고 있다. 유형의 분단 비용이 군사비, 체제유지비 등 분단 관리를 위해 직접 지불해야 하는 비용이라면, 무형의 분단 비용은 분단으로 인해 사회 전 영역에서 발생하는 비용이다. 이를테면 안보 위협을 빌미로 한 민주주의 지체, 민족 자존 훼손, 이산가족의 고통, 남북 긴장과 전쟁 위험, 흑백 논리의 횡행, 상호 불신과 대화 문화의 결핍 등이 여기에 속한다.

이러한 '통일 비용론'에 대한 대응으로 제시된 것이 '통일 이익론'이다. 통일 이익론은 김대중, 노무현 정부 때 통일의 필요성에 대해 회의를 갖는 사람들을 설득하기 위해 개발된 것으로, 21세기 국제 경쟁 시대에 우리 민족의 경제 발전과 번영을 이룩하기 위해 통일은 반드시 이루어져야 한다는 논리다. 통일은 경제 발전에 필수적인 내수시장을 키우고, 군사비를 투자비로 전환시키며, 인적·물적 자원을 확대시킴으로써 막대한 경제적 실리를 가져다주어 우리 민족의 국제적 지위와 영향력을 향상시킬 수 있다는 것이다. 한마디로 통일은 경제 발전을 통한 민족 역량의 극대화를 가져와 국제 사회의 주역으로 부상할 수 있으며, 개인적 차원에서도 경제가 발전하면 취업의 기회도 확대되고 국민의 생활 수준도 향상된다는 것이다.

통일 비용론이 북한의 붕괴를 전제로 하여 한국이 져야 할 경제적 부담에 초점이 있다면, 통일 이익론은 남북의 평화 공존과 점진적 경제 교류 협력을 전제로 남북 공통의 경제적 이익에 초점을 두고 있다. 통일 이익론은 통일이 가져올 개인의 경제적 이익을 부각시켰다는 점에서 그동안의 통일 논의보다 진일보한 측면이 있다. 1990년대 중반 이후 통일 비용론이 통일에 대한 불신을 조장하는 분단 이데올로기로 작용한 상황에서 이를 역전시켰기 때문이다. 남북 공통의 경제적 이익의 부각은 이념적 접근보다 남북의 평화와 공존에 기여한다. 이념을 앞세우면 남북의 대립을 강화하지만, 공통의 경제적 이익의 부각은 남북 화해의 길을 여는 소프트한 전략일 수 있기 때문이다.[8]

그러나 통일 이익론은 통일 비용론과 마찬가지로 경제적 이익을 모든 것의 우선 가치로 삼는 경제주의적 관점에 매몰될 위험이 있다. 경제적 이익의 관점을 앞세우면 이상과 가치의 차원으로 나아가지 못한다. 분단 비용과 통일 비용이란 말에는 압축적 근대화 과정에서 만연된 경제주의적 관점이 무의식적으로 스며들어 있다. 통일을

---

8) 이병수, 「통일의 당위성 담론에 대한 반성적 고찰」, 『시대와 철학』 제21권 2호, 한국철학사상연구회, 2010, 369쪽.

돈과 관련시켜 논하는 것 자체가 우리 삶의 방식의 반영이라는 뜻이다. 그래서 남북 공통의 경제적 이익을 도모하되 경제주의적 관점이 아닌 인문적 관점에서 볼 필요가 있다. 즉 경제적 이익과 손실의 관점은 상호 신뢰와 평화통일 기반 조성이라는 장기적 목적과 연루되어야 한다. 그것은 정치ㆍ경제ㆍ사회ㆍ문화의 전반적인 측면에서 균형 있게 삶의 질을 고양시키는 총체적인 인간 발전 및 사회 발전의 측면에서 분단과 통일을 사유하는 것을 의미한다. 이러한 관점에 설 때 반세기 이상의 남북 분단은 정치ㆍ경제ㆍ사회의 모든 영역에서 우리의 삶을 왜곡해 왔고 막대한 고통을 초래해 왔기 때문에, 통일은 이러한 질곡을 극복하려는 방향성을 지니게 된다. 이런 맥락에서 통일의 경제적 이익 혹은 손실을 말하기보다 우리가 과거와 현재를 통해 겪고 있는 분단의 고통에 더 방점이 놓여야 한다. 미래의 어떤 도달 상태를 전제로 하는 득실의 계산보다 지금 당장의 고통 해소에 초점을 맞추어야 한다.[9]

(3) 평화 우선론

'자주, 평화, 민족대단결'의 3대 통일 원칙을 합의한 '7ㆍ4 남북공동성명' 이후, 한국의 공식적 통일 방안은 '평화통일론'이었다. '평화통일론'은 무력이 아닌 평화적 방법에 의한 통일을 의미하는 것으로, 이때 평화는 통일이라는 목적 가치를 실현하기 위한 수단으로 위치

---

9) 이병수, 앞의 논문, 372쪽.

지워졌다. 평화는 통일과 다른 독자적인 영역을 지닌 목적 가치가 아니라, 민족의 지상 과제인 통일을 위한 수단적 가치로 여겨졌다. 그러나 한국 사회 내부에서 새로운 변화가 급속도로 진행된 1990년대에 이르러 평화와 통일을 바라보던 기존의 관점에 중대한 변화가 초래되었다.

평화를 통일의 수단이 아니라 통일과는 다른 목적을 지닌 보편적인 가치이며 따라서 평화와 통일의 과제가 반드시 일치하지 않는다는 인식이 점차 확산된 것이다. 나아가 통일이 안 되어도 평화 공존이 가능하다거나 평화를 앞세우면서 통일을 유보하거나 선택적 과제로 여기는 평화 우선론적 경향이 등장하였다. 평화와 통일의 분리는 한국 시민사회의 성장에 따른 평화의 중요성에 대한 관심이 늘어난 데에 따른 산물이었다. 하지만 양자의 분리는 '보편적인 것으로서 평화'와 '특수한 것으로서 통일'이라는 새로운 이분법적 사고를 낳았고, 자칫 평화로운 공존 속에서 두 국가로의 분리와 분단의 현상 유지라는 부정적 사고를 확대할 가능성도 또한 높여 놓았다.[10] 평화 우선론에는 다양한 입장들이 교차적으로 얽혀 있다.

첫째, 단일 민족국가 수립을 민족적 당위로 전제하는 통일이 아니라, 평화를 지향하는 '탈분단'으로 그 담론적 지형을 바꾸자는 주장이 있다.[11] 통일이란 말은 국민을 동원하고 규율해 온 역사가 묻어 있는 오염된 말이기 때문에, 통일이냐 분단이냐의 양자택일을 강요

---

10) 정영철, 「한반도의 '평화'와 '통일': 이론의 긴장과 현실의 통합」, 『북한연구학회보』 세14권 제2호, 2010, 201쪽.
11) 임지현, 「다시 민족주의는 반역이다」, 『창작과비평』, 2002년 가을호, 200쪽.

하기보다는, 남북 주민들의 삶을 황폐화시키는 분단 구조를 극복하자는 의미에서 '탈분단'이란 말을 제안한다. 통일을 두 개의 국가를 통합한 하나의 민족국가 수립으로 여길 때, 오히려 갈등과 전쟁을 불러올 수 있으며, 따라서 지금은 통일을 이야기할 때가 아니라 분단 상황을 극복하고 평화 체제로 가야 할 때라는 것이다. 그러나 통일을 단일 민족국가 수립이 아니라 남북 주민의 삶의 질을 향상시켜 가는 과정으로 본다면, 이런 과정을 통일이 아닌 평화라는 말로 설명하면서 통일이 평화를 위협한다고 단정할 필요는 없다. 오히려 '과정으로서의 통일'에서는 평화와 통일이 서로 배타적이라기보다 불가분의 밀접한 관계를 맺고 있다.[12]

둘째, 통일이 인권, 평화 등 보편적 가치의 하위 수준에 머물러 있기 때문에 통일보다 평화를 우선해야 한다는 주장도 있다. 남북이 하나의 단위가 된다는 의미의 통일은 그 자체로 한반도 주민의 보편적 목표나 기본적 전제가 되기에는 너무 편협하며 인류가 근대사의 우여곡절을 통해서 합의한 기본적 가치의 하위 수준에 머물러 있다는 것이다.[13] 그러나 평화가 비록 보편적 가치라 하더라도, 한반도의 분단 현실에서 요구되는 평화는 분단 극복 및 통일의 노력과 연동될 수밖에 없다. 왜냐하면, 분단은 한반도 평화를 구조적으로 침해할 수밖에 없기 때문이다. 분단을 명분으로 한 권위주의 체제의 정당화뿐만 아니라, 사회적 폭력의 확대 재생산은 단지 전쟁의 위기만이 아니라 일상생활의 폭력적 구조를 강화시켜 왔다. 따라서 평화는 보편적

---

12) 이남주, 「시민 참여형 통일 운동의 역할과 가능성」, 『창작과비평』 2008년 겨울호, 376-377쪽.
13) 권혁범, 「통일에서 탈분단으로」, 『당대비평』 2000년 가을호, 159쪽.

가치로서뿐만 아니라 통일이라는 한반도 가치의 실현을 위해서도 요구되고 또한 그를 통해서만 완성될 수 있다.[14]

셋째, 한국이 1990년대 이후, 민족정체성이 약화되고 민주적인 시민정체성이 강화된 결과, 분단 국가가 아니라 자족적으로 완성된 국가이기 때문에 평화가 통일보다 더 중요한 가치라는 주장도 있다. 이에 따르면 남북 간의 이상적인 관계는 통일이 아니라, 장기간에 걸쳐 남북의 평화 공존과 경제 협력 관계가 안정적으로 정착되고, 북이 국제적으로나 국내적으로 남과 같이 자족적인 독립된 국가로서의 지위와 안정성을 갖게 되는 것이다.[15] 그러나 분단 이후 정치적·경제적 발전을 이룩한 한국 사회의 성취는 "자족적으로 완성된" 한국만의 전유물이라기보다, 오히려 "분단의 창"을 통해 통일한반도를 전망하는[16] 역사적 성취, 나아가 '식민의 창'과 '이산의 창'을 통해 해외동포를 포괄하는 전체 한민족의 역사적 성취라는 보다 넓은 시각에서 이해될 필요가 있다.

이처럼 평화 우선론은 그 논리적 근거들이 다양하지만, 분단 상황에서도 남북의 평화 공존이 가능하며, 두 개의 국가로 공존하는 조건을 만드는 것이 우선되어야 한다는 믿음을 공유하고 있다. 그러나 남북 관계는 분단 국가 간의 관계라는 점에서, 비록 두 개의 국가로 존재하지만 통일 지향적 성격을 지닐 수밖에 없다. 남북의 평화 정착 과정은 여느 국가의 평화 공존과 달리 그 자체가 남북 관계를 진

---

14) 정영철, 앞의 논문, 202쪽.
15) 최장집, 「해방 60년에 대한 하나의 해석: 민주주의자의 퍼스펙티브에서」, 『시민과 세계』 제8호, 45-47쪽.
16) 박순성, 「한반도 분단과 대한민국」, 『시민과 세계』 제8호, 2006, 99쪽.

전시키고, 통일로 나아가는 동력으로 작용한다. 남북 관계의 개선과 평화 공존이 이루어진 만큼 통일의 가능성도 그만큼 열린다는 뜻이다. 다시 말해 한반도에서의 평화와 통일은 각기 독립적으로 존재하는 것이 아니라 상호 긴밀히 연결되어 있다. 한반도 현실에서 평화는 궁극적으로 분단 구조를 해체하지 않는 한 이룩할 수 없고, 통일 역시 평화적인 방도를 통해서만 성취되어야 하기 때문에 양자를 대립적 가치로 인식하기보다는 '평화를 위한 통일'과 '통일을 위한 평화'라는 변증법적 관계로 파악되어야 한다.[17]

---

17) 정영철, 앞의 논문, 189쪽.

2장

인문학적 통일 담론

1970년대 이후 문학, 역사학, 철학의 영역에서 사회과학계와는 다른 분단과 통일에 대한 인문학적 성찰이 시도되어 왔다. 분단시대론에 근거한 통일민족주의를 통해 분단 극복의 사학을 정립코자 한 역사학계의 강만길과, 월러스틴(Immanuel Wallerstein)의 세계 체제론을 차용하여 분단을 하나의 체제로 파악하고 변혁적 중도주의와 시민 참여형 통일론을 통해 분단 체제의 극복을 모색한 문학계의 백낙청, 그리고 '경계인의 사유'를 통해 차이와 다양성을 적극적으로 수용하고, 남과 북의 소통과 연대의 논리를 전개한 철학계의 송두율이 그 대표적인 사례이다. 정치 · 경제적인 통일 담론을 벗어나 인문학적 차원에서 분단과 통일 문제를 사유했다는 점에서 이들의 '인문학적 통일 담론'은 '통일인문학'의 선구적 역할을 하였다.

1 강만길의 분단시대론과 통일민족주의

(1) 분단시대론: 역사학의 현장성

1970년대 강만길의 분단시대론은 당시 국사학계의 내재적 발전론에 대한 비판적 성찰의 결과였다. 1950년대 중반 이후 미국 문화를 일방적으로 수용하는 경향에 대한 비판 의식이 고조되고, 이것이 다시 일본의 식민지 근대화에 대한 성찰로 확대되는 시대적 분위기가 일어났다. 이런 배경 위에서 1960년대 전반기의 국사학계에는 식민사관을 비판하면서 내재적 발전론을 주장하는 국사학자들이 등장하였다. 김용섭은 한국사의 본질을 타율성과 정체성에서 찾는 일제 관학자들의 식민사관을 극복하기 위해 내재적 발전론의 입장에서 조선 후기에 태동하고 있었던 자본주의 맹아를 연구한 선구적인 인물이었다. 이후 내재적 발전의 관점에서 한국의 역사와 문화를 탐구하던 연구가 국사학계에서 확대되어 갔지만, 강만길은 이러한 관점이 식민사관 극복이라는 긍정적 기능에도 불구하고 과거의 사실에만 몰두한 나머지 당대의 분단 현실을 외면하고 있다고 보았다.

"그러나 분단시대 국사학이 식민지 지배에서 해방된 민족의 국사학으로서의 식민사학론을 극복하는 책무는 어느 정도 이룩했으나 분단된 민족의 역사학으로서의 사명을 다하는 일에는 전혀 외면하다시피 하였다. 식민사학론을 극복하는 데서 학문의 마당을 찾는 일이 역사적 현실과 유리된 것이라고는 할 수 없지만, 그러나 민족 분단의 현실이 분단시대 역사학의 보다 더 절실한 현장(現場)이었음을 강조하지 않을 수 없는 것이다."[18]

강만길의 분단시대론은 "보다 더 절실한 현장"을 외면하지 않는 역사학을 수립하려는 실천적 의도에서 성립하였다. 그리하여 그는 당시 널리 사용되고 있었던 '해방 후 시대'란 용어 대신 '분단시대'라는 용어를 의식적으로 채택한다. 해방 이후 우리가 살고 있는 이 시대를 '해방 후 시대'라고 할 때 "언제 끝"나는지 알 수 없고, 따라서 "그 역사적 의미"를 알 수 없는 "너무 막연"한 "비역사적인 용어"[19]라고 판단하고, 역사적으로 극복되어야 할 대상임을 부각시키기 위해 우리가 살고 있는 이 시대를 '분단시대'로 규정하였다. 요컨대 그의 '분단시대' 규정은 분단 현실의 모순을 극복하고 통일을 민족사의 절실한 과제로 부각시키려는 실천적 문제의식에서 비롯된 것이다.

"20세기 전반기의 민족사가 식민지 통치에서 벗어나는 일을 그 최고 차원의 목적으로 삼은 시대라면, 20세기 후반기 즉 해방 후의 시대는 민족 분단의 역사를 청산하고 통일 민족국가의 수립을 민족사의 일차적 과제로 삼는 시대로 보지 않을 수 없으며, 이와 같은 역사의식을 바탕으로 하는 경우 이 시기는 〈분단시대〉, 〈통일 운동의 시대〉로 이름 하지 않을 수 없는 것이다."[20]

---

18) 강만길, 「분단시대 사학의 성격」, 『분단시대의 역사 인식』, 창작과비평사, 1978, 18쪽.
19) 강만길, 「나의 역사연구」, 『한국사학사학보』 28, 2013, 364쪽.
20) 강만길, 『분단시대의 역사 인식』, 창작과비평사, 1978, 14-15쪽.

강만길은 분단시대론을 제기한 후, 분단 극복과 통일을 위한 더 구체적이고 체계적인 연구로 나아갔다. 그는 분단 극복의 역사 연구를 구체화하는 과정에서 무엇보다도 분단을 초래한 근원인 식민지 시대의 역사에 관심을 집중하였다. 강만길이 식민지 시대의 역사 연구로 나아간 것은 식민지 시기가 분단의 근원이 된 점에서, 분단시대론의 자연스러운 귀결이었다.

(2) 민족통일전선론: 분단 극복을 위한 역사 인식의 방향

분단시대론를 제기한 후 강만길은 분단 극복을 위한 역사 인식을 위해 우선, 분단의 근원인 식민지 시기에 대해 집중적인 연구를 하게 된다. 분단 극복을 위한 역사 인식에서 그가 부딪혔던 문제는 일제 강점기 사회주의 계열의 운동을 "공산주의 운동으로서만 다룰 것인가, 아니면 그것을 일제 시대의 민족해방 운동의 일환으로 다룰 것인가 하는 고민"[21]이었다. 1980년대의 국사 교과서에는 식민지하 사회주의 운동의 역사가 누락되어 있었을 뿐만 아니라, 분단 이후 북한의 역사 및 남북 관계의 과정 역시 생략되어 있었다. 강만길은 이러한 학문적 상황이 분단 현실을 외면하는 데서 나아가 분단 현실을 긍정하고 지속시키는 것으로 판단하고, 그동안 냉전 논리에 의해 배제되었던 일제 강점기 사회주의 계열의 운동을 민족해방 운동에 포함시

---

21) 강만길, 「나의 역사연구」, 365쪽("1984년에 출간되는 『한국근대사』와 『한국현대사』를 쓰기 시작했습니다. 집필이 진행되면서 일제시대의 사회주의 운동을 어떻게 할 것인가 하는 문제에 부딪쳤어요.").

켰다.

그가 일제 강점기 민족 운동에 사회주의 세력을 포함시킨 보다 근본적인 이유는 식민지 시대의 민족해방 운동이 민족국가 건설을 위한 통일전선 형성 과정이며, 이것이 분단시대의 통일 운동에서도 그대로 이어진다는 생각 때문이었다. 이는 분단 극복을 위한 역사 인식의 방향이 식민지 시대나 분단시대를 막론하고 좌우를 아우르는 민족통일전선과 통일된 민족국가 건설에 있다는 그의 통합적 역사관을 보여주고 있다. 그는 "상해임시정부가 처음 출발할 때도 좌우합작정부"이며 신간회 운동도 "임시정부 운동이 침체한 조건에서 해외전선에서 일어난 민족유일당 운동의 국내판"이며, 1932년의 "좌우합작운동인 한국통일전선동맹운동"이 "좌우합작을 더 공고히 해서 1935년에 성립되는 것이 조선민족혁명당"[22]으로 보는 등 일제 강점기 민족통일전선의 과정을 실증적으로 보여주는 연구를 수행하였다. 더 나아가 강만길은 통일전선 운동이 비단 일제 강점기에 국한된 것이 아니라 해방 3년의 좌우합작 운동과 남북 협상으로 이어졌다고 보았다. 이는 해방 3년의 역사 역시 또 하나의 통일전선 운동으로 파악함으로써 일제 강점기부터 민족통일전선 운동이 면면히 계승되었다고 보는 일관된 그의 시각을 보여주고 있다. 이처럼 민족국가 수립을 위해 좌우파가 통일전선을 형성한 역사적 사례들에 대한 실증적 연구를 통해 강만길은 민족통일전선이 20세기 우리 역사의 주류임을 역설하였다. 그가 민족통일전선 운동의 연속선상에서 일제 강

---

22) 같은 논문, 366-367쪽.

점기 민족해방 운동과 해방 직후의 좌우합작 운동과 남북 협상을 이
해했다는 점은 무엇을 의미하는가? 이는 분단시대를 극복하는 역사
인식의 방향이 일제 강점기 이래 전개되어 온 좌우 협상의 민족통일
전선 운동을 통한 근대적 민족국가 수립에 있음을 의미한다. 다시 말
해 과거 일제 식민 통치에 저항한 민족해방 운동이나 오늘날 분단시
대를 허물어뜨리는 통일 운동은 기본적인 목표에서는 차이가 나지
만 민족통일전선을 통한 근대적 민족국가 수립을 지향한다는 점에
서 역사적 연속성을 지닌다는 것이다.

(3) 통일민족주의론: 분단 극복을 위한 지도이념

강만길은 민족해방 운동의 주된 흐름을 통일전선 운동의 관점에서
일관되게 바라보았으며, 나아가 남북의 이데올로기적 대립을 극복
하는 분단시대의 통일 운동 역시 식민지 시대 이래의 통일전선 운동
의 연속선상에 있는 것으로 보았다. 통일전선 운동의 관점에서 20세
기 민족사를 바라보는 인식은 저변에 민족주의에 대한 그의 신념이
놓여 있다. 그는 식민지 시대의 민족해방 운동이나 분단시대의 통일
운동의 밑바탕에 민족주의 이념이 면면히 흐르고 있다고 보았다. 그는
민족주의가 근대적 민족국가를 형성하는 사상적 지주로서 기능하고
있으며,[23] 이러한 민족적 과제가 달성될 때까지 지속적인 생명력을

---

23) "'민족'은 근대 이후의 민족이라고 보고 그런 각도에서 민족의 문제를 다루어야 한다고 봅니
다. …… 그렇지 않으면 자칫하면 환상적이고 신비주의적인 민족 개념으로 전락할 우려가 있
다고 봅니다."(강만길 · 정창렬 · 이우성 · 박태순 · 송건호 · 백낙청 좌담, 「민족의 역사, 그 반
성과 전망」, 『창작과 비평』, 1976년 가을호, 40쪽)

가진다고 보았다.

그렇다면 분단시대의 민족주의를 어떻게 이해해야 할 것인가? 그 것은 분단되기 이전에 전개되어 온 민족주의, 곧 항일 민족주의의 연 장이며 계승이라는 차원에서 이해되어야 한다. 항일 민족주의가 좌 우 이념 대립을 극복하고 통일전선을 이룬 역사적 기능을 했듯이, 분 단시대의 민족주의 역시 남북의 사상적 차이를 극복하고 민족의 공 통된 이해와 요구를 담은 통일 국가 수립에 기여해야 한다는 것이다. 그에 따르면 통일 과정에서 필수적인 남북 사이의 다방면에 걸친 교 류와 대화를 지탱할 수 있는 사상적 지주는 자본주의 대 사회주의라 는 체제 경쟁적 이념이 아니라 민족 공통의 이해를 추구하는 통일 민족주의이다. 즉 통일민족주의는 분단을 극복하고 통일을 달성하 는 데 이바지할 수 있는 한국 사회의 올바른 지도적 이념이다. 그는 "7천만 한반도 주민 전체를 하나의 역사 공동체, 문화 공동체로 인식 하고, 그것을 바탕으로 민족의 평화적·호혜적·대등적 통일의 길을 열어가는 이데올로기로서의 통일민족주의를 회복해 가는 것이 분단 시대 역사 인식의 최대 과제"[24]라고 보았다.

이런 점에서 그는 통일민족주의를 분단국가주의와 명백히 구별 한다. 분단국가주의는 두 개의 분단 국가 중 어느 하나의 입장에 확 실히 서서, 다른 쪽 분단 국가에 대한 배타적 권위와 권력의 최고성 등을 경쟁적으로 강조하고 흡수통일이나 우위적 병합을 민족통일 의 방법론으로 인식한다. 그에 반해 통일민족주의는 한반도 지역 전

---

24) 강만길, 『21세기사의 서론을 어떻게 쓸 것인가』, 삼인, 1999, 144쪽.

체를 하나의 역사 단위로 인식하고, 남북 전체 주민의 이익과 발전을 다 같이 추구하며, 따라서 민족통일의 방법론으로서 평화적 · 호혜적 · 대등적 통일론을 추구한다.[25] 요컨대 강만길이 통일민족주의에서 말하고자 하는 핵심 내용은 분단의 역사를 두 개의 역사가 아니라 하나의 민족사로 인식하며, 분단 국가의 어느 한쪽에 역사적 정통성을 부여하는 것이 아니라 식민지 시대 이래의 좌우 협상을 통한 통일전선 운동을 민족사의 주류로 인식하면서, 남북의 협상을 통한 평화적 대등(對等) 통일론을 주장하는 데 있다.

특히 그의 대등통일론은 탈냉전 이후 분단국가주의적 세력이 독일통일에 힘입어 흡수통일을 평화통일의 한 방법인 것처럼 내세우는 데 대한 대응 논리로써 제시되었다. 그에 따르면 독일식 흡수통일은 무력통일과 같이 민족의 다른 한쪽을 정복 혹은 병합하는 일에 지나지 않기 때문에, 옳은 의미의 평화통일은 흡수통일과 같은 한쪽의 우위통일이 아니라 쌍방의 대등통일이 되어야 한다. 그리고 이 점은 남북 쌍방의 대등통일을 분명히 약속한 1991년의 '남북기본합의서'의 정신이기도 하다고 역설한다. 그래서 강만길은 "분단국가주의적 역사 인식도 시대의 추이에 따라 무력통일론에서 흡수통일론으로 변화했지만", 이에 대해 통일민족주의적 역사 인식도 "단순한 평화통일론에서 「남북합의서」의 정신에 따른 남북 대등통일론으로 확실히 전환하는 일이 중요하다"[26]고 본다.

---

25) 같은 책, 155-156쪽.
26) 같은 책, 217쪽.

(4) 의의와 한계

강만길의 사론(史論)은 무엇보다도 인문학 내부에서 처음으로 남북의 정통성 경쟁 속에서 내면화된 '분단의 인문학'을 넘어서 분단과 통일 문제를 학적 대상으로 초점화한 점에 그 의의가 있다. 그는 분단과 통일의 문제를 처음으로 인문학 내부의 자기 성찰, 즉 일제하의 식민사관과 당대 유신 체제의 민족적 주체 사관의 극복으로 연결시키고 역사학 내부의 성찰을 진행시켰다.[27] 그는 우리가 처해 있는 분단 현실이 극복되어야 할 대상이라는 점을 부각시키기 위해 역사적 안목에서 분단시대로 규정하고, 한반도 전체를 하나의 역사로 보면서 민족통일을 역사적 과제로 하는 사학을 제창하였다. 그리하여 분단시대의 강요된 이데올로기로부터 자유롭지 못한 '분단사학'을 돌파하고, '통일 역사학'의 주춧돌을 놓았다.

둘째, 그는 식민지 시대를 집중적으로 연구함으로써 한국 근대사의 인식 체계를 근본적으로 바꾸어놓았다. 그는 분단 현실에 대한 문제의식을 가지고, 분단을 초래한 일차적 원인이었던 식민지 시대 연구의 중요성을 환기시켰다. 특히 통일전선 운동이란 큰 흐름 속에서 그동안 냉전 논리에 의해 망각되었던 일제하 사회주의 운동을 처음으로 민족해방 운동에 포함시켰다. 기존의 독립운동사가 갖는 분단국가주의적 요소를 비판하면서 통일전선 운동에 주목한 강만길의 문제제기와 연구는 그간 반공주의의 장벽에 가로막혔던 민족운동사

---

27) 김성민 · 박영균, 「인문학적 통일 담론에 대한 비판적 성찰」, 『범한철학』 제59집, 2010년 가을, 512쪽.

연구의 불구성을 극복할 수 있는 계기를 마련하였다.[28]

셋째, 근대적 민족국가 수립이라는 관점에서 식민지 시대와 분단 시대를 통합적으로 이해함으로써 20세기 민족사적 과제의 연속성을 강조하였다. 그는 일제 강점기와 분단시대의 민족 운동을 민족국가 수립을 지향하는 민족통일전선 운동의 연속선상에 있는 것으로 파악하면서 민족국가 수립 운동이 20세기를 통해 지속적으로 이어지고 있다는 점에 주목하였다. 그는 이러한 역사 인식으로부터 남북의 대립과 갈등을 극복하는 하나의 방법론으로 민족통일전선 전통의 계승을 의미하는 평화적·대등적 통일론을 주장하였다.

그러나 한국 근현대사에 대한 통합적 이해에 바탕을 두고 분단사학 극복의 커다란 방향을 제시하였지만, 강만길의 사론은 몇 가지 점에서 한계를 지닌다.

첫째, "우리 민족사 위에서의 통일은 반드시 거쳐야 할 하나의 역사적 과정일 수밖에 없으며, 그것을 통해 비로소 역사적 의미의 근대화가 완성"[29]된다는 언급에서 보듯, 통일을 근대의 완성으로 여김으로써 근대 담론의 틀에 갇혀 있다는 점이다. 분단 국가의 형태로 70년 동안 서로 다른 체제로 근대화를 수행해 왔고, 더욱이 오늘날 세계화된 현실에서 국가의 위상이 달라지고 있는 상황을 염두에 둔다면, 통일을 미완의 근대를 달성하는 과제로 설정하는 것은 한계를 지닌다. 왜냐하면 오늘의 현실에서 통일은 미완의 민족국가 건설이라는 과제

---

28) 김정인, 「민족해방투쟁을 가늠하는 두 잣대: 독립운동사와 민족해방운동사」, 『역사와 현실』 62, 2006, 257쪽.
29) 강만길, 『21세기사의 서론을 어떻게 쓸 것인가』, 274쪽.

의 실현이기도 하지만 동시에, 체제 대립의 문제를 해결하는 새로운 공동체 건설과 근대의 모순을 극복하는 탈근대의 과제의 실현이기도 하기 때문이다. 통일은 미완의 근대화를 완성하는 동시에 근대 이후의 방향을 예비하는 이중의 과제를 안고 있다.[30]

둘째, 분단 극복의 이념적 지도 원리라 할 수 있는 '통일민족주의'가 민족적 동일성에 대한 믿음에 뿌리를 내리고 있다는 점이다. 그는 통일민족주의가 이념과 체제의 대립을 극복할 수 있는 분단 극복의 지도 이념이며, 이는 좌우가 연합한 20세기 역사적 경험을 통해 실증된다는 점을 강조할 뿐, 통일민족주의의 바탕이 되는 단일한 역사적·문화적 공동체로서 민족적 동일성에 대해 비판적으로 성찰하지 못했다. 물론 그는 단순한 통일지상주의자가 아니라 탈냉전 이후 한반도 평화의 중요성과 더불어, 통일과 21세기 동북아 평화의 연관성을 깊이 있게 사유하고 있다. 하지만, 그의 통일민족주의는 남북의 이질성을 극복하고 민족동질성을 회복하는 데 초점이 있다는 점에서 동일성에 입각한 민족공동체라는 민족주의적 상상력의 틀에 사로잡혀 있다.

셋째, 식민지 시대와 분단시대 그리고 남북 각각의 역사를 아우르는 통사적 연구에 치중한 나머지, 사론의 측면에서 분단 극복의 커다란 방향성을 제시했을 뿐, 남북의 적대적 상호 의존성 등 복잡성을 지닌 분단 구조를 구체적으로 다루지 않았다. 남북을 아우르는 민족사적 차원에서 북한을 어떻게 인식해야 할지에 대해서 명확히 답하

---

30) 이병수, 「통일의 당위성 담론에 대한 고찰」, 『시대와 철학』 제21권 2호, 한국철학사상연구회, 2010, 201쪽.

고 있지 않으며, 또한 대북 문제나 대미 문제 등 민족 문제를 둘러싼 중층적 변수들에 대한 분석이 소홀[31]하였다.

2 백낙청의 분단 체제론

(1) 분단 체제의 의미

월러스틴(Immanuel Wallerstein)의 세계 체제론을 차용하여 남북의 분단 현실을 해명한 백낙청의 분단 체제론은 원래 '민족문학론'의 일환으로 등장하였으나, 시대 상황의 변화와 더불어 근대 적응과 극복의 이중 과제론, 변혁적 중도주의, 시민 참여형 통일론 등 그 주안점을 달리하면서 외연을 확대하고 내용을 심화시켜 왔다. 분단 체제론은 1987년 6월 항쟁으로 독재 권력이 무너지면서 분단 체제가 동요되는 한편, 동서 냉전 종식이라는 국제 정치의 일대 변화가 분단 체제에 심각한 타격을 가한 1990년대의 시대적 상황에서 구체적 모습을 드러내었다.

백낙청에 따르면 분단 체제론은 "한반도의 분단을 두 개의 체제, 이념 또는 (정상적인) 국민국가 사이의 대립으로 보기에 앞서, 남북을 아우르는 하나의 분단 체제가 있고, 이 또한 완결된 체제이기보다 세계 체제의 하나의 독특한 시·공간적 작동 형태에 해당한다고 보는

---

31) 김정인, 「분단과 통일에 관한 인문학적 성찰」, 『우리 안의 보편성』, 한울, 2006, 276-277쪽.

관점이다."[32] 여기서 알 수 있는 것은 분단 체제가 세계 체제라는 상위 체제와 남북의 두 국가 체제라는 하위 체제 사이에 존재하는 중간 체제로 설정되어 있다는 점이다. 다시 말해 분단 체제란 자본주의 세계 체제와 남과 북의 두 분단 국가 체제 사이에 존재하는 독자적인 체제를 말한다.

통상적으로 분단 체제는 동서 냉전 체제의 한반도판인 적대적인 남북 두 분단 국가의 관계로 이해된다. 그러나 백낙청은 분단 체제를 동서 냉전 체제의 일부로 보는 것에 반대하고 자본주의 세계 체제의 작동과 맞물려 있다고 이해하고 있다. 이는 분단 체제론이 현실 사회주의 국가 패망 이후 세계 자본주의가 압도적인 규정력을 발휘하는 1990년대의 시대적 상황에 힘입고 있음을 보여준다.

또한 우리는 상식적으로 남북의 두 국가 체제를 서로 이질적이고 대립적인 체제로 이해한다. 그러나 백낙청은 남북의 두 체제는 국경을 접하고 있는 이웃나라와 같은 외적 관계로 치부할 수 없는 상호 영향과 의존성을 지니고 있다고 보며 따라서 남북 두 체제를 "아우르는 하나의 분단 체제"를 주장한다. 분단 체제가 남북의 정치. 경제, 사회적 현실을 통합하는 상위의 체제라는 것이다. 따라서 남북의 두 분단 국가는 분단 체제의 하위 체제이므로, 남북 내부에서 일어나는 사회적, 정치적 현상은 분단 체제와의 관련을 떠나서는 제대로 파악할 수 없다.

---

32) 백낙청, 『한반도식 통일, 현재진행형』, 창비, 2006, 81쪽. "분단 체제는 세계 체제의 하위 체제이면서 일정한 독자성을 갖는 남북한 체제의 독특한 결합"(『민족문학의 새 단계』, 창비, 1990, 83쪽)이다.

나아가 "분단 체제론은 한반도의 분단 구조가 '체제'라고 불릴 만큼의 일정한 자생력과 안정성을 확보했다는 점을 부각시킨다."[33] '체제'라는 용어는 일정한 독자성을 가지며 자기 재생산의 힘을 지니고 있다는 것을 의미한다. 따라서 분단 체제론은 한반도의 분단 구조를 자기 재생산 체제로서 이해해야 할 것을 주장하는 셈이다. 분단 체제는 이데올로기 면에서도 상당한 기반을 구축하고 있고, 남북 주민의 일상생활에 뿌리를 내리고 있으며, 남북 기득권 세력 사이에 일정한 공생 관계, 즉 상호 적대하면서도 의존적인 공통된 이해관계를 지니고 있기에, 체제라는 이름에 값하는 재생산 기반을 지니고 있다는 것이다.

(2) 이중 과제론과 변혁적 중도주의

분단 체제론은 포스트모더니즘의 등장 이후 벌어진 근대성 논쟁의 와중에서 근대 적응과 근대 극복의 이중 과제론이라는 거대 담론과 결합한다. 백낙청은 월러스틴의 세계 체제론적 근대 인식을 수용하면서 근대를 자본주의가 다른 무엇으로 변모하기까지의 시대, 즉 세계사에서 자본주의의 시대로 이해한다. 그는 자본주의를 도외시한 근대론 혹은 탈근대론을 부정한다. 자본주 선발 지역에서 이룩한 특정한 성취들을 세계 체제 전체의 맥락에서 떼어내어 근대성 그 자체로 규정하는 논리나 근대성이 다른 속성으로 대치되고 있다는 탈

---

33) 백낙청, 앞의 책, 45쪽.

근대론 모두 자본주의 근대의 전체상을 외면하고 있다고 비판한다.

백낙청은 이러한 세계 체제론적 근대론에 입각하여 근대 적응과 극복의 이중 과제론을 제기한다. 이중 과제론은 근대화를 일방적으로 긍정하는 근대론에도 반대하고, 근대에의 적응을 통해 성취되어야 할 성과를 소홀히 하는 탈근대론에도 반대한다. 그에 따르면 이중 과제는 두 개의 동시적 과제들이 아닌 양면적 성격을 지닌 단일 과제를 의미한다. 근대 극복이 결여된 근대 적응은 적응으로서도 실패하기 마련이고 근대 적응이 못 되는 근대 극복은 성사될 수 없기 때문이다.[34]

그에 따르면 분단 체제론은 분단 체제 극복이 곧바로 근대 이후를 실현한다고 믿지 않는 의미에서 근대성의 일정한 성취를 빼버린 탈근대론과 다르며, 분단 체제 극복이 자본주의 세계 체제 변혁의 중요한 계기가 될 수 있다는 점에서 근대 극복론이다. 여기서 분단 체제 극복은 세계 체제의 변혁과 남북 내부의 개혁 운동의 중간항이며 두 차원을 이어주는 연결고리에 해당한다. 따라서 통일은 통일지상주의가 아니라 분단 체제보다 나은 체제를 한반도에 건설하는 문제로서 남북 각각이 삶의 개선을 지속하는 단기적 목표와 세계 체제 전체를 좀 더 나은 체제로 만드는 장기 목표 사이의 중간 목표의 성격을 지닌다.[35] 따라서 분단 체제의 변혁은 세계 체제로부터의 이탈은 아닐지라도 세계 체제에 타격을 줄 수 있다는 점에서 세계사적 의의가 있다.

---

34) 같은 책, 115쪽.
35) 백낙청, 앞의 책, 97쪽.

변혁적 중도주의는 한국 사회를 중심으로 한 분단 체제의 극복 방법론이다. 백낙청은 2000년 남북정상회담을 계기로 분단 체제가 동요기에서 해체기로 들어섰다는 판단 아래, 이러한 열린 상황에서 다양한 세력들을 수렴하는 변혁적 중도주의를 제창하였다. 그에 따르면 2000년 '6·15 선언'은 분단 체제 극복을 위한 획기적인 계기를 마련했다.

그가 말하는 분단 체제의 변혁은 남북 주민의 삶이 향상되는 방식의 통일, 현재보다 나은 사회를 한반도에 건설하는 문제다. 분단 체제를 그대로 둔 개혁, 이를테면 북의 강성대국론이나 남의 선진화론은 남북 현실을 분단 체제와 관련시켜 보지 않기 때문에 불가능하며, 또 바람직하지도 않다. 한편, 백낙청이 중도주의를 주장하는 이유는 분단 체제 극복의 방식에 적절하기 때문이다. 분단 체제의 극복이 광범위한 대중이 참여하는 평화적이고 점진적 과정이라면, 이에 적합한 것이 바로 광범위한 중도 세력의 결집이다. 그는 '성찰하는 진보'와 '합리적 보수'의 만남을 통해 폭넓고도 줏대 있는 중도 세력을 형성해야 한다고 주장한다.[36]

(3) 시민 참여형 통일론

분단 체제 변혁 과제를 수행할 역량이 있는 중도주의적 실천 주체의 형성 문제는 곧 시민 참여형 통일과 관련된다. 그는 정부 당국자

---

36) 백낙청, 『어디가 중도며 어째서 변혁인가』, 창비, 2009, 279~280쪽.

나 통일 운동가들 위주의 이념적 통일 운동이 아니라, 분단 체제와 관련된 삶의 현장의 문제를 고민하고 해결하려는 광범한 시민들의 일상적 실천이야말로 분단 체제 극복의 중요 동력이라고 본다.

다수 시민들의 각성과 참여를 전제로 한반도식 통일에서 획기적인 의의를 가진 것은 2000년 '6 · 15 공동선언'이다. 평화적 · 점진적 통일 과정에 합의한 '6 · 15 공동선언'으로 시민 참여의 가능성이 열렸다고 보기 때문이다. 즉, 남북 교류가 활발해질수록 남북 정권의 통제력과 외세의 지배력이 그만큼 약화되고 대중들의 능동성과 창의력이 발휘될 공간을 확대될 가능성이 열렸기 때문이다. 즉 '6 · 15 공동선언' 제2항이 국가 연합 등 중간 단계를 통일 과정의 1차 목표로 설정한 점, 동시에 그 이상의 명쾌한 규정을 안 한 것 자체가 시민 참여의 양과 질에 따라 얼마든지 달라질 여지를 남겨놓았기 때문이다. 자유민주주의 통일이냐, 사회주의 통일이냐의 근본 문제를 미리 결정하지 않고 남북 교류를 통해 '시민 참여의 양과 질에 따라 얼마든지 달라질 여지를 남겨 놓는 것' 자체가 민주적 방식이다.[37]

특히 시민 운동의 역할이 빛을 발할 기회는 남북의 점진적 재통합 과정을 관리할 수 있는 느슨한 정치적 연합 형성과 관련해서다. 그는 분단 체제 극복을 통해 우선 도달해야 할 국가 형태가 국가 연합이어야 한다고 본다. 국가 연합은 일종의 과도기적 국가 형태이자, 강력한 군사력에 의하지 않고는 유지하기 힘든 불안정한 체제에서 파국적 혼란의 유일한 대안이다.[38] 정치 교과서적으로 보면 두 주권 국

---

37) 같은 책, 104쪽.
38) 백낙청,『한반도식 통일, 현재진행형』, 86쪽.

가의 연합이므로 느슨한 국가 연합은 통일로 인정될 수 없다. 그럼에도 한반도 현실의 맥락에서 1단계 통일로 간주될 수 있는 이유는, 주권 국가들의 연합인 유럽 연합과는 달리 남북의 국가 연합은 오랫동안 한민족으로 살아오던 한반도 주민이 외세에 의해 강제로 분단되었기 때문이다. 그렇기에 전쟁과 혼란의 위험성을 관리하는 정도의 국가 연합만 달성해도 더 높은 수준의 통일을 향한 움직임이 불퇴전의 단계에 안착하며 통일 과정에서 발생할 수 있는 온갖 위험을 관리할 요긴한 장치가 마련된다는 것이다.[39]

그리고 그 국가 연합에서 더 진전된 정치공동체의 형태는 민중의 지혜를 모아 건설되는 새로운 형태, 복합적 국가여야 한다고 본다. 그에 따르면 그 국가 연합에서 더 진전된 정치공동체의 형태는 "단일형 국민국가보다는 다민족사회를 향해 개방된 복합국가"이다.[40] 다만 그러한 복합국가의 구체적인 형태는 "'과정'과 '종결점'의 구분 자체가 모호한 상태에서 그 과정의 실상에 따라" "통일이라는 목표의 구체적 내용마저 바뀔 수 있는 개방적 통일 과정"[41]에 의해 결정된다. 통일 국가의 최종 형태를 열어두자는 이유는 쌍방 정권이 결코 합의할 수 없는 현실주의적 고려가 작용하기 때문이기도 하지만 무엇보다도 그가 시민 참여를 중시하기 때문이다.

---

39) 백낙청, 『어디가 중도며 어째서 변혁인가』, 108쪽.
40) 백낙청, 『한반도식 통일, 현재진행형』, 83쪽.
41) 백낙청, 『어디가 중도며 어째서 변혁인가』, 69-70쪽.

(4) 의의와 한계

분단 체제론의 의의는 무엇보다도 1980년대 이래 한국 사회 운동의 실천적 과제를 꾸준히 성찰하는 과정에서 변혁적 중도주의, 시민 참여형 통일론과 같은 분단 체제 극복을 위한 구체적이고 실천적인 방향과 방법론을 제시했을 뿐만 아니라, 이를 근대 적응과 극복의 이중 과제론, 동양적 지혜론과 같은 거대 담론과 결합시킴으로써 한국의 인문학적 사유의 지평을 넓힌 점에 있다. 이를테면 백낙청은 한반도 분단 체제 극복을 근대성의 일정한 성취인 동시에 근대 극복의 적극적 계기로 인식함으로써 자본주의 세계 체제 변혁에서 지니는 의의와 중요성을 설파하였다. 나아가 근대 특유의 진리관이 자본주의 세계 체제의 정당성을 강화했다는 판단 아래, 근대적 지식 체계 자체를 비판하는 한편, 한반도 분단 체제를 극복하는 사상문화적 자원으로 동아시아의 문명적 유산에 주목하였다.

또한 백낙청의 분단 체제론은 분단을 남과 북, 또는 반외세의 측면에서만 단순화하는 관점을 벗어나 세계 체제, 분단 체제, 두 개의 분단 국가 체제라는 세 가지 층위들의 복잡한 지형 속에서 읽을 수 있도록 했다.[42] 분단이 단순히 동서 냉전 체제의 일부가 아니라 그보다 훨씬 복잡하고 중층적인 성격을 지닌다는 그의 통찰은 동서 대립은 물론 미국의 패권주의적 지배 등 한반도 수준을 넘어 자본주의 세계 체제가 작동하는 구체적인 양상뿐만 아니라 남북의 정치, 사회 현상

---

42) 김성민 · 박영균, 「인문학적 통일 담론에 대한 비판적 성찰」, 『범한철학』 제59집, 2010년 가을, 515쪽.

의 상호 의존성을 이해하는 데 기여하였다. 일견 대립하는 듯이 보이는 남북의 기득권 세력 사이에 일정한 공생 관계가 성립한다거나, 분단이 남북을 포함하는 한반도 전체의 민주주의와 자주성, 그리고 평화를 구조적으로 침해할 수밖에 없다는 인식 등이 그러하다.

그럼에도 불구하고 백낙청의 분단 체제론은 분단이 남북 두 국가의 적대적 상호 의존을 강화시키는 체제적 성격을 지닌다는 점을 통찰했지만, 남북 주민의 일상적 삶에 내면화된 사회 심리와 상처를 분석하지 못했다. 남북 분단이 일정한 체제적 성격을 띠고 있다는 말은 분단 구조가 남북 주민 모두의 일상생활에 그 나름의 뿌리를 내렸다는 말을 의미한다.[43] 그러나 백낙청은 분단 체제가 단순한 정치군사적 차원에서만 작동하는 것이 아니라 우리의 몸과 마음을 병들게 만들고 있다는 점을 자각했지만, 분단 체제가 일상의 신체들에 뿌리내린 심리와 가치-문화들을 구체적으로 분석하지 않았다. 단지 과정으로서의 통일을 제시하면서 국가 연합과 변혁적 중도주의를 주창하는 데 머물렀다. 그는 분단이 우리 마음속의 모든 병들과 결합되어 있다고는 했지만, 사람들의 무의식까지를 포함하여 스며들어 있는 분단의 상처를 충분히 고려하지 못했다.[44]

물론 그가 말하는 마음의 수양 혹은 마음 공부는 일상 세계로부터 도피하는 금욕적이거나 개인주의적 수양을 의미하는 것은 아니다. 백낙청은 분단 체제의 극복 과정을 새로운 주체 형성을 포함하는 과정으로 이해하기 때문에, 마음의 수양을 분단 체제 극복 과제와 분리

---

43) 김정인, 「분단과 통일에 관한 인문학적 성찰」, 『우리 안의 보편성』, 한울, 2006, 285쪽.
44) 김성민·박영균, 앞의 논문, 518쪽.

시키지 않으며, 오히려 분단 체제 극복의 시대적 과제를 위해 요구되는 중도적 지혜의 함양으로 본다. 그러나 분단 체제가 남북 주민들의 몸과 마음에 각인시킨 분단의 상처와 사회 심리, 비합리적인 증오심 등은 단순히 중도적 지혜에 의거한 마음 공부만으로 극복된다고 할 수 없다. 분단의 적대성과 증오심은 위로부터의 이데올로기적 강제가 아니라 대중의 일상적 삶에 무의식적으로 내면화된 사회 심리에 근거하고 있기 때문이다. 따라서 남북의 적대성을 재생산하는 대중들의 자발적 동조가 왜 일어나며, 대중의 어떠한 사회심리적 토양 속에서 작동하면서 대립과 분열을 낳고 있는지에 대한 구체적 분석이 동반될 필요가 있다.

3 송두율의 통일 철학

(1) 경계인의 철학

분단 극복과 통일에 대한 송두율의 사상을 한 마디로 표현하면, 남과 북을 동시에 사유하는 경계인의 철학이라고 할 수 있다. 그는 남과 북의 소통과 연대를 추동하는 힘을 경계인의 사유에서 찾는다. 휴전선은 남과 북의 경계를 상징적으로 보여준다. 휴전선은 남북이라는 두 분단 국가 사이의 대립과 적대를 드러낼 뿐만 아니라 동시에 같은 민족으로서 서로 무관심할 수 없는 '경계 체험'을 제공한다. 이러한 경계 체험에 대해 송두율은 "휴전선이라는 경계는 타자로서의

나(alter ego)를 끈질기게 긴장 속에서 상기"시키도록 한다고 말한다.[45] 경계를 중심으로 안과 밖을 나누어 자기 동일성을 고수하면서 차이를 배제하는 이분법적 사유는 이러한 긴장된 경계 체험이 결여되어 있다. 그러나 송두율은 경계 체험을 강조하면서 남북의 관계가 "남 속에 북이 들어 있고 북 속에 남이 들어 있"는[46] '타자로서의 나' 즉 '내 안의 타자'와 같다고 본다. 따라서 경계인의 사유는 '남이냐 북이냐'의 양자택일의 이분법적 논리가 아니라 '남' 속에서 '북'을, '북' 속에서 '남'을 발견하면서 남북의 경계를 허물고 틈을 만드는 사유, 곧 서로를 적대하고 배제하는 분단 구조를 해체하는 사유라고 할 수 있다.

나아가 '경계인의 철학'은 남과 북의 경계를 한반도 차원만이 아니라 오늘날 지구화 시대의 보편적 과제와 연관시켜 사유한다. 송두율에 따르면 "'경계인'은 민족분단으로 생긴 '남'과 '북' 사이에, '동양과 서양' 사이에 그리고 '부국'과 '빈국'이라는 '북과 남' 사이에 있는 '경계'에서 살고 있다는 세 가지 의미를 담고 있다."[47] 따라서 그는 한반도의 통일된 민족국가 형성 과제를 고수하면서도 이를 민족적 동질성에 입각한 전통적인 민족주의가 아니라, 오늘날 지구화 시대의 철학적 사유의 보편성과 결합시키고자 한다.[48] 그가 생각하는 통

---

45) 송두율, 『역사는 끝났는가』, 당대, 1995, 259쪽.
46) 송두율, 『민족은 사라지지 않는다』, 한겨레신문사, 2000, 181쪽.
47) 같은 책, 189-190쪽.
48) 송두율은 통일을 이루기 위해 민족주의의 중요성을 강조하지만 타자를 배제하는 민족주의의 위험성에 대해서도 경고한다. 그가 제시하는 민족주의는 "'밖'만을 의식하는 민족주의가 아니라" "'안'을 반성하는 민족주의"이며, 이러한 '반성된 민족주의'를 통해서 다른 민족과 공존할 수 있는 보편성"(같은 책, 127쪽)도 획득될 수 있다고 본다.

일은 민족국가를 형성하는 작업인 동시에 보편적 사유의 지평을 개척하는 작업이다. 우리 민족이 당면한 분단 극복의 문제는 동과 서, 남과 북이라는 세계 전체와의 연관을 떠나서 파악될 수 없기 때문이다.

분단을 '경계인'의 관점에서 사유하는 것은 상대방의 경험 세계를 무시하는 것이 아니라, 서로를 '내 안의 타자'로 인식하면서 남북의 소통과 연대를 만들어가는 것을 의미한다. 송두율에 따르면 남북 관계를 '내 안의 타자'로 인식함으로써 남북의 경계를 허물고 "연대성 속에서" "집합적 단수로서의 우리"[49]를 확인하고 남과 북의 공통분모를 만들어갈 수 있다. 그 이유는 비록 남과 북이 분단 70년 동안 적대적 대립을 거듭하고 서로 다른 가치·정서·생활문화를 형성해 왔지만, 다른 나라와의 관계와는 달리, 같은 민족, 곧 '집단적 단수'로서 오랜 역사를 함께 해온 특수한 타자이기 때문이다. 송두율은 남북의 소통과 연대를 가능하게 하는 '내 안의 타자'가 지닌 특수성을 다음과 같이 말하고 있다. "서로 다른 경험 세계를 구축해 온 분단 반세기의 의미를 결코 무시할 수는 없지만, 통약하고 대화할 수 있는 공통의 역사를 전제하고 있고, 남북 사회의 다른 경험 세계가 단순히 독립된 개별적인 이야기들이 아니고 집단적 단수로서의 역사 속에 응축되어 있다."[50]

---

49) 송두율, 『전환기의 세계와 민족지성』, 한길사, 43쪽.
50) 송두율, 『역사는 끝났는가』, 258쪽.

(2) 내재적 · 비판적 방법과 해석학적 순환

송두율은 남북을 '내 안의 타자'로 인식함으로써 상호 대화와 소통을 통해 남북의 연대와 공통분모를 만들어내기 위해 필요한 방법론으로 내재적 · 비판적 해석과 해석학적 순환을 제안하고 있다. 우선 "내재적-비판적 접근방식은 타자의 이해를 위해서는 우선 타자의 본질을 타자의 내부에서 찾아야만 하지, 선험적으로 구성된 가치 체계를 절대화해서 타자에게 그것을 받아들이도록 강요해서는 안 된다고 본다."[51] 남쪽 체제의 우월성과 정통성을 전제하면서 이루어지는 북한에 대한 일방적 이해는 북한의 역사적 경험과 현실을 부정하는 것과 같다. 그는 비록 오랜 기간 동안 같은 역사와 문화를 공유해 왔다고는 하지만, 남북한 사회가 70년 동안 "서로 다른 경험 세계를 구축해 온" 차이를 무시하고 어느 한쪽의 '경험 세계'를 다른 '경험 세계'로 단순하게 환원시킬 수 없다고 본다. 요컨대 송두율이 제안하는 내재적 · 비판적 해석은 한국의 가치 체계를 준거로 북의 역사와 사회를 선험적으로 규정하던 그동안의 북한 인식을 비판하고 북한의 체제, 가치관과 행위규범을 북한의 역사와 사회 내부의 경험으로부터 이해하자는 것이다. 다시 말해 북한의 '경험 세계' 속에서 그들이 제기하는 가치와 관점을 평가하는 것이다. 북한 역시 분단 이후 한국의 경험 세계 속에서 한국의 가치와 관점을 평가해야 하는 것은 물론이다.

---

51) 송두율, 『통일의 논리를 찾아서』, 한겨레신문사, 1995, 242쪽.

그러나 내재적 · 비판적 해석은 상대를 부각시킴으로써 자신을 끊임없는 긴장 속으로 몰아넣을 가능성이 있다. 나는 타자가 타자로 남아 있다는 사실에 불안을 느끼고 타자를 정복 또는 파괴하려는 강박증에 시달리거나 이와 반대로 타자를 신비화하는 동시에 자신을 비하시키는 정반대의 양상으로 나아갈 수 있다. 또 이와 다르게 나와 타자 사이의 담이 너무 높아 극복 불가능하다는 무력감이나 회의주의에 시달릴 수도 있다.[52] 따라서 송두율은 이런 불안과 실망으로부터 벗어나기 위해서는 내재적 · 비판적 방법은 서로 관점을 바꾸는 타자와 나 사이의 해석학적 순환으로 보완되어야 한다고 본다.

송두율은 타자에 대한 내재적 해석만으로는 남북의 소통이 이루어지지 않기 때문에 해석학적 순환을 제안한다. 해석학적 순환은 타자를 통해 나를 보고 나를 통해 타자를 보는 것이며, "내가 원하는 것을 네가 해준다면, 네가 원하는 것을 내가 해준다"라는 역지사지(易地思之)의 방법이다.[53] 바로 그렇기 때문에 그는 내재적 방법이 비판적으로 자기를 성찰하는 반성의 계기가 될 수 있다고 생각한다. 타자를 통해 나를 보고 나를 통해 타자를 본다는 점에서 "상대방을 향한 비판은 엄격한 자기 비판을 전제로 할 때에만 공동으로 추구하는, 또 추구해야만 하는 보편적 가치도 드러난다"[54]고 말하고 있다. 해석학적 순환은 "우리의 관점이 그들의 관점과 반드시 동일하지는 않지만 우리와 그들의 관점은 곧 수렴될 수 있고, 또 쉽게 서로 배울 수 있다

---

52) 송두율, 『역사는 끝났는가』, 259쪽.
53) 송두율, 『경계인의 사색』, 한겨레신문사, 2002, 104-105쪽.
54) 같은 책, 166쪽.

는 연대성 속에서"[55] 이루어지기 때문에 새로운 것을 창출하는 소통이 될 수 있다. 내재적 · 비판적 방법과 해석학적 순환은 남과 북을 비판적으로 해석하면서 두 개의 분단 국가를 넘어 민족적 차원에서 대화와 교류의 가능성을 제공한다.

(3) 마음의 장벽을 넘어

송두율은 통일을 일회적인 '사건'이 아니라 지속적인 '과정'으로 본다. 통일을 "하나의 사건이 아니라 과정"으로 본다는 것은 남북의 "두 체제가 상당 기간 공존하는 것을 전제"[56]하는 것을 의미한다. 그러나 그가 말하는 '과정으로서의 통일'은 단순히 두 체제의 장기간 공존에만 머무는 것이 아니라, 그러한 공존 속에서 남과 북의 '일치점', '공통분모'를 점진적으로 만들어내는 것을 의미한다. "내가 통일을 하나의 사건이라기보다는 지속적인 과정이라고 보는 까닭도 대화를 통해서 서로 이해의 지평을 넓혀간다면 통일이 담는 삶의 형식과 내용에서 많은 일치점을 발견할 수 있"기 때문이다.[57]

그는 독일의 통일을 직접 목격하면서 '마음의 장벽'을 허무는 것이 중요하다고 보았다.[58] 송두율은 독일 통일의 가장 큰 문제점을 동독 사람과 서독 사람 사이의 '마음의 장벽'이라고 진단하고, 독일과 달리 동족상잔의 전쟁을 겪은 한반도의 경우, 더욱 골 깊은 마음의 장

---

55) 송두율, 『전환기의 세계와 민족지성』, 42-43쪽.
56) 송두율, 『민족은 사라지지 않는다』, 94쪽.
57) 같은 책, 189쪽.
58) 송두율, 『통일의 논리를 찾아서』, 8쪽.

벽이 가로놓여 있다고 보았다. 따라서 '과정으로서의 통일'은 그에게 무엇보다도 마음의 장벽을 허무는 작업이었다. 마음의 장벽을 허무는 과정에서 취해야 할 강령적 입장으로 그가 제시하는 것은 6개의 테제이다. 이 6개의 테제는 "전쟁이 있어서는 안 된다"는 평화의 철학, "함께 변화하는 변증법적인 성격"을 가지는 대화의 철학, "연대성 속에서 집합적 단수로서 우리를 확인"하는 연대의 철학, 실체가 아닌 관계를 통해 변화를 모색하는 과정의 철학, "과거의 고향으로의 단순한 회귀가 아니라 미래를 끌어당기는" 희망의 철학 , 미래세대에 대한 책임을 성찰하는 "책임의 철학"이다.[59]

그런데 송두율은 '마음의 장벽'을 허물기 위해서는 "단순하게 '경제의 논리'로만 해결할 수 없"고, "현재 식량 위기에 처한 북을 돕는 행위" 등을 정당화하는 "'사회·문화적인 논리'를 개발"해야 하며, 나아가 이러한 이론적 차원만이 아니라 정치, 경제, 사회, 법률 등 다양한 분야에 걸쳐 남과 북의 "각계각층의 폭넓은 접촉과 대화"가 이루어져야 한다고 본다.[60] 그는 정부나 민간 차원의 '폭넓은 접촉과 대화'를 통해 '남 속에 들어 있는 북'과 '북 속에 들어 있는 남'의 내용을 확인함으로써 남과 북의 공통분모를 부단히 만들어가는 노력이 동반될 때 '마음의 장벽'은 서서히 해소될 수 있다고 본다.

나아가 그는 마음의 장벽을 허물기 위해서는 남과 북이 "평화와 연대를 위한 계몽" 활동을 강화해야 한다고 보았다. 왜냐하면 "냉전적 사고를 철폐하기 위한 지적인 노력 없이는 내외적인 요건의 변

---

59) 송두율, 『전환기의 세계와 민족지성』, 38–46쪽.
60) 송두율, 『민족은 사라지지 않는다』, 188–189쪽.

화에 따라 주동적으로 남북 간의 '결합'을 변화시킬 수 없기 때문이다."[61] 그는 계몽의 대상이 되는 구체적 사례로서 북한을 "무한"히 "저주"하거나, 북한을 "이상화"하거나 혹은 "민족 문제에 대해서" "아무런 관심도 보이지 않"는 등 북한에 대한 "다양한 인식과 태도"를 거론하면서 "분단 비극의 객관적인 기본 구조를 파악하고, 이에 근거한 끈질긴 계몽 작업"[62]이 필요함을 역설하고 있다. 그리고 이러한 계몽 활동에서 송두율은 학계와 언론계의 역할, 특히 "남한 '시민운동'의 자발성과 공개성"에 기대를 걸고 있다. 왜냐하면 "동서 냉전이 끝났다고 해도 아직도 냉전이 지속되고 있는 한반도의 특수한 정치 · 군사적 상황"에서 통일 운동과 결합된 시민 운동은 "극단적 상호불신을 넘어서서 진실한 남북 상호이해를 확충하는 바탕이 될 것이"기 때문이다.

(4) 의의와 한계

무엇보다 송두율의 경계인의 철학은 통일에 대한 인문학적 성찰을 위한 여러 가지 시사점을 제공하고 있다. 그는 이분법적 적대를 끊임없이 재생산하는 '동질성 대 이질성'이라는 전통적인 틀을 벗어나, '경계인의 사유'를 통해 차이와 다양성을 적극적으로 수용하고 있다. 분단 이후 남과 북의 가치 · 정서 · 생활문화의 차이를 부정해야 할 이질적인 것으로 보지 않고 오히려 남북 소통과 연대의 필수적인 계

---

61) 송두율, 『경계인의 사색』, 97쪽.
62) 송두율, 『통일의 논리를 찾아서』, 242쪽.

기로 보았다. 그는 단순히 차이의 인정에 머무는 것이 아니라 차이들의 접속을 통해 차이와 "다양성의 비폭력적 통일"을 만들고자 하였다. 또한 경계인의 사유를 통해 통일의 과정이 마음의 장벽을 허무는 데 있으며, 이를 위해 사회문화적 논리가 개발되어야 한다는 점을 그 누구보다도 명확히 천명하였다. 나아가 이쪽과 저쪽 어느 한 곳에 정착하고자 하는 이들이 통일을 과거의 복원으로 보는 것과 달리, 경계인의 사유를 통해, 아무도 밟지 못한 미래의 고향을 만들어가는 일로 보았다.

둘째, 그는 분단 극복과 통일의 문제를 한반도 차원에만 국한하지 않고 오늘날 지구화 시대의 보편적 과제와 연관시켜 사유하였다. 일반적으로 한반도 현실의 특수성만 강조하는 이들은 분단을 한반도에 국한된 차원에서 다루는 경향이 있는 반면, 서구적 보편성을 지향하는 이들은 분단의 현실에 전혀 주목하지 않는 경향이 있다. 송두율은 이런 경계를 넘어, 분단 극복과 통일은 한반도의 특수적 문제이면서도 그 안에 보편적 문제를 가지고 있다고 보았다. 그리하여 송두율은 울리히 벡(Ulrich Beck)이 말하는 위험 사회를 극복하는 세계사적인 과제와 한반도의 특수성으로서 분단 사회를 극복하는 과제를 분리하지 않고, 이 두 과제를 함께 해결하는 방향에서 통일을 사유한다.[63]

이러한 의의에도 불구하고 송두율은 분단이 남북 주민 신체에 아로새긴 삶의 양식들과 체화된 문화들을 구체적으로 다루고 있지 않

---

63) 박영균, 「분단을 사유하는 경계인의 철학: 송두율의 통일 담론에 대한 비판적 검토」, 『철학연구』 제114집, 대동철학회논문집, 2010, 71쪽.

다는 점에서 한계를 지닌다. 그는 마음의 장벽을 허물기 위해서는 사회문화적 논리의 개발이 필요하다고 보았으나, 그것이 지적인 계몽 활동에 국한된다는 점에서 계몽주의적 합리성의 한계를 지닌 것이었다. 냉전적 사고를 극복할 수 있는 시민의 각성을 위해 계몽 활동을 강조하고 남북 사이의 합리적 소통이 이루어지기를 원했지만, 그는 분단 국가의 상징적 폭력에 의해 몸과 마음에 아로새겨진 성향과 믿음들이 유발하는 인식적, 실천적 장애를 과소평가하였다. 냉전적 이분법의 논리를 거부하였지만, 우리의 일상적 삶에 깊숙이 뿌리를 내리고 있는 분단 체제의 이분법적 적대성의 희생양이 된 점은 이를 상징적으로 보여주고 있다.

또한 이와 관련하여 그가 말하는 내재적·비판적 방법 그리고 해석학적 순환은 북이라는 타자가 가지고 있는 근본적인 '타자의 타자성'을 사유하지 않고 있다. '내 안의 타자'는 내가 이해할 수 있는 타자이지, 내가 이해할 수 없는 타자가 아니다. 그러나 한국 주민에게 북은 '내 안의 타자'가 아니라 이해 불가능한 매우 낯설고 기괴한 존재, 내 밖에 있으면서 끊임없이 나를 위협하는 타자로 인식된다. 이것은 70년 동안 우리의 몸과 마음에 각인된 믿음과 성향 그리고 분단의 적대성이 내가 이해할 수 있는 합리적인 의식의 차원을 넘어 비합리적인 무의식의 차원에 작동하고 있기 때문이다. 송두율은 의식 차원의 합리적 소통만 강조할 뿐 이러한 무의식 차원에서 작동하는 타자성을 깊이 있게 사유하지 못했다.

3장

통일인문학의 패러다임과
연구 대상

통일인문학은 '인문학적 통일 담론'의 총론적 문제의식을 발전적으로 계승하고 그 이론적 한계를 비판적으로 검토함으로써, '사람의 통일'이라는 통일 패러다임의 전환을 통해 소통·치유·통합이라는 통일에 대한 새로운 인문학적 성찰을 시도하려는 학문적 노력이라고 할 수 있다.

1 통일인문학의 패러다임

(1) '과정으로서의 통일' 개념의 불충분성

'과정으로서의 통일' 개념은 탈냉전 이후 남북 관계가 진전되면서 자연스럽게 확대되었다. 이 개념은 사람들마다 강조점은 조금씩 다를지라도, 현재 사회문화적 통합을 중시하는 많은 이들에 의해 광범위한 지지를 받고 있다. 왜냐하면 이질적인 남북의 두 체제를 하나의 체제로 합치는 일회적 사건으로 통일을 이해할 경우, 통일의 노력은 오히려 체제 대립과 갈등을 증폭시키고 평화를 위협하기 때문이다. '과정으로서의 통일'을 지지하는 대부분의 사람들은 남북 긴장완화와 교류의 확대 그리고 화해 협력을 통해, 무력이 아닌 평화적 과정으로서의 통일, 흡수에 의한 급격한 통일이 아닌 점진적이고 장기적인 과정으로서의 통일이라는 원칙적 방향성에 대해 대부분 동의하고 있다. 이때 '과정으로서의 통일' 개념은 장기간에 걸친 평화적 과정이라는 통일 과정의 과도기적 시간성과 평화적 방법의 측면에 초점을 두고 있다.

강만길·백낙청·송두율 역시 과정으로서의 통일이 지닌 이러한 원칙적 방향성에 대해서는 동의하면서도, 각자가 '과정으로서의 통일'에 부여하는 강조점은 차이가 있다. 강만길은 과정으로서의 통일이란 말 자체를 특별히 강조하지는 않았으나, '남북기본합의서'의 정신에 입각하여 남북의 사상적·이념적 차이를 극복하는 평화적·호혜적·대등적 통일론을 통일의 방법론으로 제시하였다. 백낙청은 특히 시민들의 참여가 보장되고 확대되는 과정을 중시했으며, 통일 방안의 측면에서 평화 공존에서 국가 연합의 단계를 거쳐, 복합적 국가로 나아가는 과정으로 이해하였다. 나아가 송두율은 '과정으로서의 통일'의 핵심을 마음의 장벽을 허무는 과정으로 보았다. 그러나 이들은 '과정으로서의 통일'이라는 개념을 명료하게 정초 짓지는 못했다.

　　　　　　　　　　　　　　　　　　　　　통일인문학

왜냐하면 '과정으로서 통일'에서 해체되어야 할 대상과 새롭게 창조되어야 할 대상을 제시하지 못했기 때문이다.[64]

그렇다면 '과정으로서의 통일'에서 해체되어야 할 것은 무엇인가? 그것은 분단 체제가 한반도 주민의 일상적 삶 속에 각인시킨 가치 · 정서 · 문화 혹은 사람들의 신체와 마음을 통해 작동하는 분단 체제의 메커니즘이다. 강만길은 분단 체제를 재생산하는 사람들의 성향과 믿음 그리고 적대성에 대한 문제의식이 불충분했으며, 백낙청은 이를 자각하기는 했지만, 마음의 병이라는 지극히 추상적인 수준에 머물렀으며, 송두율은 의식적인 계몽 활동을 통해 충분히 극복할 수 있는 냉전적인 잔재로 보았다. 그러나 분단의 세월 동안 강화되어 온 남북의 적대성과 불신, 공포 등은 의식의 차원을 넘어 무의식적으로 우리의 몸과 마음에 새겨져 있기 때문에 그것이 허위의식임을 자각하기 힘들 뿐만 아니라, 또 자각한다고 해서 쉽사리 극복될 수 있는 것은 아니다. 다시 말해 합리적 인식과 의지적 결단, 혹은 계몽 활동을 통해 간단히 해소될 수 있는 성격의 것이 아니다. 우리의 일상적 삶에 뿌리내린 분단의 가치 · 정서 · 문화는 심지어 남북의 화해와 평화를 위한 이론적, 실천적 노력에도 은연중에 스며들어 힘을 발휘할 수도 있다. 따라서 분단을 극복하는 과정에서 우리의 인식적, 실천적 장애가 되는 이러한 가치, 정서, 생활문화가 어떤 성격을 지니며, 어떻게 작동하고 있는지에 대한 구체적 분석이 필요하다.

그렇다면 '과정으로서의 통일'에서 창조되어야 할 것은 무엇인가?

---

64) 김성민 · 박영균, 「인문학적 통일 담론과 통일인문학:통일패러다임에 관한 시론적 모색」, 『철학연구』 제92집, 2011, 151쪽.

그것은 동질성과 이질성이라는 대립적인 틀을 넘어 남과 북 그리고 해외 디아스포라들이 다양하게 변용시켜 온 사회문화적 차이들의 접속을 통해 생성되는 통일한반도의 새로운 가치·정서·문화라는 공통 규칙이다. 강만길·백낙청·송두율은 '과정으로서의 통일'에서 창조되어야 할 대상을 설득력 있게 제시하지 못했다. 강만길은 남북을 포괄하는 한반도 전체적인 시각을 강조하기는 했으나, 민족동질성과 이질성이라는 인식론적인 틀을 전제하면서, 통일 과정을 과거부터 이어져 내려온 민족동질성의 회복으로 보는 전통적 민족주의 시각에 머물렀다. 백낙청은 통일한반도의 미래상을 미리 결정하지 않고, 남북 교류의 진전과 함께 시민 참여의 양과 질에 따라 달라질 여지를 남겨놓고 있지만, 가치·정서·문화적 맥락에 대한 분석을 누락하고 있기 때문에 서로 다른 가치관이나 정서 그리고 욕망들이 부딪히면서 어떻게 통일한반도의 새로운 공통 규칙을 창출할 수 있는지에 대한 사유를 생략하였다. 송두율은 동질성과 이질성의 틀을 부인하고 남북의 서로 다른 가치관과 욕망의 부딪힘을 적극적으로 수용하면서 '미래의 고향'을 만드는 사회문화적 통합을 사유하였지만, '집단적 단수'로서 오랜 역사를 함께 해온 특수한 타자(내 안의 타자)에 과도하게 집착한 나머지, 남북의 타자성을 온전히 사유하지 못하고, 결과적으로 민족동질성과 이질성의 인식론적 틀을 완전히 해체할 수 없었다.

(2) 통일 패러다임의 전환과 '사람의 통일'

　토마스 쿤(Thomas Kuhn)은 1962년 『과학혁명의 구조』라는 책에서 과학의 발전이 객관적 지식의 축적에 의해 진행된다는 전통적 과학관을 전면적으로 부정하고, 패러다임(paradigm)의 교체를 통해 이루어진다고 주장하였다. 그에 따르면 패러다임은 전문 과학자 집단이 공유하고 있는 신념, 가치 등의 총체를 가리키는 개념으로 어떤 문제가 중요한지를 설정하고, 그 문제를 어떻게 해결하는지를 결정하는 등 과학 활동 전반에 걸쳐서 지배적인 영향력을 행사한다. 같은 물리학자라도 어떤 패러다임 아래서 활동하느냐에 따라, 객관적 세계는 전혀 다른 모습으로 보이게 된다. 그런데 과학자들은 자신이 속한 과학자 집단 속에서 특정 패러다임을 습득하고 익혀 왔기 때문에 당연히 진실이라 여긴다. 따라서 과학적 탐구 활동은 문제설정과 문제해결의 방식이 이미 정해진 패러다임에 따라 세계를 탐구하는 퍼즐 풀이 게임(조각 그림 맞추기나 글자 맞추기)과도 같다. 그러나 기존의 지배적인 패러다임 내의 정상적인 퍼즐 해결 활동의 실패가 확인된 후 새로운 패러다임이 출현한다. 기존 패러다임으로는 제대로 답해 내지 못하는 변칙 사례가 계속 반복됨으로써 위기감이 조성될 때 새로운 패러다임이 출현한다는 것이다.

　'과정으로서의 통일'론은 토마스 쿤이 말하는 패러다임의 전환에 비유될 수 있다. 분단 이후 지배적인 통일 담론은 체제 우월성에 바탕을 둔 이데올로기적 가치 지향이 주류를 이루었으며, 정치경제적 체제가 핵심이고 사회문화는 부수적이라는 시각을 견지해 왔다. 이런 통일 패러다임에 따를 때, 한반도 통일은 남북의 이질적인 두 체제가 하나로 통합된 민족국가 건설을 의미했으며, 통일 연구의 주제 및 내용은 정치경제적인 측면이 주도했고, 그 해결 방향도 특정 체제와 이념의 우월성으로 귀착되었다. 이러한 체제 중심의 통일 담론은 체제 대립이 강화되어 온 냉전 시기에 지배적인 통일 패러다임으로 자리 잡았다. 그러나 탈냉전 후 남북 화해의 분위기가 성숙하면서, 체제 중심 통일론의 현실적 가능성이 의문시되는 한편, 평화를 위협하는 그 실천적 함축에 대한 반성이 광범위하게 일어났다. 그 결과 통일 개념에 대한 발상의 전환, 패러다임의 전환이라고 할 수 있는 '과정으로서의 통일'론이 확산되었다.

'과정으로서의 통일'론은 남북의 두 정치 · 경제적 체제가 통합된 하나의 국가를 상정하는 기존 체제 중심 통일 담론의 틀에서 벗어나, 한반도 통일이 남북의 화해 협력을 통한 점진적이고 평화적인 과정을 거쳐 이루어져야 한다고 본다. 그러나 탈냉전 이후 많은 사람들은 통일 과정의 이러한 원칙적 방향성에 동의함에도 불구하고, 앞서도 언급했듯이 통일 과정에서 해체되어야 할 대상과 새롭게 창조되어야 할 대상을 명료하고 구체적으로 제시하지 못했다. 그렇기 때문에 '과정으로서의 통일'론은 기존 체제 중심 통일 담론의 문제점을 인식하기는 하였지만, 그 한계를 충분히 성찰하지 못했으며, 또한 새로운 대안적 통일 담론을 제시하는 데 이르지도 못했다. 다시 말해 '과정으로서의 통일'론은 기존 통일 패러다임의 전환을 충분하게 이루지 못했다고 할 수 있다.

'사람의 통일'론은 '과정으로서의 통일'론의 문제의식을 이어받으면서도, 그 불충분성을 숙고함으로써 체제 중심의 통일 담론을 극복할 수 있는 새로운 통일 패러다임을 지향하고 있다. '사람의 통일'론은 분단이 체제 대립으로 환원될 수 없으며, 따라서 통일 역시 체제 통합만으로 이해할 수 없다는 단순하고도 명백한 사실에서 출발한다. 분단이 체제 대립으로 환원될 수 없는 이유는 분단이 남북의 각 체제 속에서 살고 있는 구성원들의 가치·정서·문화의 분열이기도 하기 때문이다. 그렇기 때문에 통일 역시 단순히 체제의 통합만이 아니라 남북 주민이 하나의 공동체를 이루며 살아가는 사회문화적 통합일 수밖에 없다. 정치경제적 체제 통합 이전에 가치·정서·문화적인 차원에서 사람의 통일이 필요한 이유는 사람의 통일이 정치경제의 통합을 떠받치는 바탕이자 통일을 진정한 사회적 통합으로 만드는 근본적인 힘이기 때문이다. '사람의 통일' 과정은 남북의 평화 공존이 절실한 지금 당장의 현실에서 필요할 뿐만 아니라, 사회 통합의 새로운 과제에 직면하게 될 통일 이후의 미래 문제를 위해서도 필요하다. 통일의 과정은 예측 불가능하기 때문에 체제 통합이 먼저 이루어질 수도 있다. 하지만 체제 통합은 다시금 구성원들 사이의 가치와 정서와 그리고 문화의 소통과 통합을 요청할 수밖에 없다. 요컨대 사람의 통일은 통일을 앞당기는 동시에 통일 이후를 대비한다는 의미를 내포하고 있다.

남북 간 상호 신뢰의 축적과 정서적, 문화적 소통 그리고 분단 상처의 치유 없이 이루어지는 통일은 서로 다른 가치·정서·문화가 빚어내는 혼란과 파국을 낳을 가능성이 높다. 독일 통일이 보여주듯이 사회문화적인 통합을 결여하면 통일 후유증이 클 수밖에 없다.

따라서 정치경제적인 거시 체제의 통합이 아니라 그것을 튼튼하게 떠받칠 수 있는 사회문화적인 통합, 사람의 통일이 중요하다. '사람의 통일'론이 분단 체제를 작동시키는 사람들의 가치 · 정서 · 문화에 주목하는 이유도 여기에 있다. 즉, 남북의 상호 이해를 가로막는 믿음과 성향들 그리고 적대적인 사회 심리에 대한 성찰을 통해 분단 상황 속에서 발생한 원한 감정을 치유하고 서로의 사회문화적 차이를 인정하고 소통함으로써 통일한반도의 새로운 가치 · 정서 · 생활문화의 통합을 모색하기 위한 것이다. 요컨대 사람의 통일론은 남북 주민들 사이의 정서적 · 문화적 소통, 분단 상처의 치유 그리고 가치 · 정서 · 생활상의 공통성을 창출하려는 소통 · 치유 · 통합의 노력이라고 할 수 있다.

통일에 관한 인문학적 성찰, 곧 통일인문학은 이러한 '사람의 통일'이란 관점에서 소통 · 치유 · 통합의 패러다임을 학문적으로 사유하는 데 있다. 이처럼 통일인문학은 체제 중심의 기존 통일 패러다임을 넘어서는 새로운 관점에 입각해 있다. 따라서 통일인문학은 기존 통일 담론의 틀 내에서 그동안 간과되어 왔던 인문학적 성찰을 시도하는 차원에 머무는 것이 아니라 통일 담론 자체를 근원적으로 재구성하는 학문적 모색의 도정을 밟을 수밖에 없다. 이 책에서 자주 언급되는 '민족공통성(national commonality)', '분단 아비투스(habitus of division)', '분단 트라우마(trauma of division)' 등 기존 통일 패러다임 속에서 찾아볼 수 없는 새로운 개념도 이상과 같은 학문적 모색의 산물이라고 할 수 있다.

2 통일인문학의 관점과 연구 대상

(1) '이질성과 동질성' vs '차이와 공통성'

'민족'은 분단 극복과 통일 문제의 사유에서 생략할 수 없는 개념이다. 흔히 '민족'만 거론되면, 과거 회귀적인 본질주의나 개인을 억압하는 집단주의를 떠올리는 것은 민족 혹은 민족주의에 대한 강박에 다름 아니다. 단순히 민족의 틀에 기초한 사고를 넘어서자는 주장은 왜 사람들이 민족에 기초해 사고할 수밖에 없는지를 문제 삼지 않는다. 문제는 민족이나 민족주의 그 자체가 아니라 그러한 민족적 정서와 유대를 불러일으키도록 만드는 현실에 있다. 사람들을 "민족으로 결집시키는 억압이나 고난이 없어지지 않는 한, 바꿔 말하면 민족의식 형성의 하부구조가 변혁되지 않는 한, 억압받고 있는 사람들은 그 상상을 계속 필요로" 한다.[65] 민족이 사회적 요구로서 호명될 수밖에 없는 현실을 소홀히 하고 그 이데올로기적 억압성만 강조하는 것은 전도된 것이다. 따라서 어떤 이념의 본질적 억압성이나 해방성을 거론하기보다, 그것을 불러일으키는 현실적 모순에 더 주목할 필요가 있다.

20세기 한반도의 역사에서 민족 및 민족주의가 지닌 강한 생명력은 식민 지배의 경험은 물론 해방 이후에도 식민주의와 분단 상황이 여전히 지속되고 있다는 한반도의 현실과 깊게 관련되어 있다. 한반

---

65) 서경식 지음, 권혁태 옮김, 『언어의 감옥에서: 어느 재일조선인의 초상』, 돌베개, 2011, 174쪽.

도는 오랫동안 예외적으로 종족적 단위와 정치적 단위가 일치하는 '역사적 국가(historical states)'[66]를 형성했다. 이러한 역사적 국가의 경험은 민족적 단결과 유대의 집단적 열망을 형성시킨 사회적 토양이 되었다. 그러나 20세기 전반기의 망국과 후반기의 분단 속에서 '민족＝국가'를 향한 집단적 열망은 좌절되었다. 무릇 모든 열망이 그 좌절로 인해 더욱 강렬해질 수밖에 없듯이, 통합된 단일 국가를 이루려는 한민족의 열망 역시 식민과 분단으로 좌절되었기 때문에 그 강도와 깊이에 있어 매우 강렬하였다.

우리 사회에서 남북통일이 단일한 혈연적, 문화적 공동체의 회복을 의미하게 된 것도 바로 이러한 역사적 경험과 관련된다. 현재, 남북의 이질성은 분단 상황에서 민족적 동질성이 훼손되어 하나의 민족으로 불릴 수 없을 정도로 체제적, 사회문화적 대립이 심화된 부정적 의미를 지니는 데 반해, 민족적 동질성은 남북의 통합에 기여하는 긍정적 의미로 통용되고 있다. 기존의 통일 담론은 통일을 남북 이질성을 극복하고 민족동질성을 회복하는 것으로 바라본다는 점에서 '이질성과 동질성'의 프레임에 기초하고 있다. 그러나 이러한 프레임은 이론적, 실천적 측면에서 많은 문제점을 지니고 있다.

우선, 이론적 측면에서 볼 때, 혈연과 문화의 순수성, 원형이 전근대로부터 이어져 오늘날에도 불변적으로 지속되고 있다는 믿음은 신화에 가깝다. 개인이든 민족이든 다른 존재와 구별하게 만드는 불변적 속성이란 존재하지 않으며, 시간의 진행과 더불어 부단히 변화

---

66) 에릭 홉스봄, 『1780년 이후의 민족과 민족주의』, 강명세 옮김, 창작과비평사, 2008, 94쪽.

하는 가운데 형성되는 가변적 속성을 지닌다. 따라서 민족동질성이 순수한 원형으로 지금까지 불변적으로 지속되고 있다는 것은 인식론적인 오류라 할 수 있다. 또한 분단 이전에 공유해 온 민족동질성이 남북의 이념 대립과 체제 차이를 극복하는 문화적 자원으로 기능할 수 있다는 믿음 역시, 규범적 한계를 지닌다. 남북이 분단 이전에 공유한 동질성은 권위주의적 위계나 가부장적 여성관 등 분단 극복의 보편적 규범이 되기에 적합하지 않은 전근대적 가치이기 때문이다.[67]

그뿐만 아니라 순수한 민족동질성을 상정하는 것은 실천적 차원에서 차이를 억압하는 '동일성의 폭력'을 낳을 수 있다. 하나의 핏줄, 하나의 문화에 집착하는 것은 민족 내부의 차별을 정당화하거나 다른 인종 구성원과의 충돌의 원인을 제공할 수 있다. 특히 민족동질성의 요구는 그동안의 남북 관계의 역사에서 볼 때, 통합의 힘이 아니라 오히려 분열과 갈등의 힘으로 기능하였다. 분단 상황에서 남북은 자신의 국가 체제가 민족을 대표한다고 여기는 정통성 경쟁을 벌여 왔다. 따라서 하나의 민족이므로 통일되어야 한다는 명분에도 불구하고 상대 체제를 순수한 민족동질성을 변질, 오염시킨 반민족적 존재로 규정하였다. 이처럼 분단 상황 아래에서 '민족'이란 말은 한쪽 체제의 정당성을 수식하는 말이었기 때문에, 민족동질성을 강조할수록 남북의 적대성은 오히려 심화되어 왔다고 할 수 있다.

따라서 민족 개념은 '이질성과 동질성'이라는 이원적 프레임을 벗

---

67) 이병수, 「민족공통성 개념에 대한 고찰」, 『시대와 철학』, 제22권 3호, 2011, 118-121쪽.

어나 새롭게 사유되어야 한다. 이를 위해서는 우선 "근대의 한 세기를 통해 식민 지배를 당하고 남북이 분단되어 대립하고 국외로 이산되는 경험을 거듭하면서 오늘날에 이른 우리 조선 민족은 한 국가의 국민(정치적 주권자)으로 형성된 적이 없"[68]는 20세기 한민족의 역사적 상황에 주목할 필요가 있다. 한민족은 20세기 들어 망국과 이산 그리고 분단의 역사적 소용돌이 속에서 다양한 정치공동체로 분리되었고, 해당 지역(남과 북 그리고 해외 디아스포라)의 정치경제적, 사회문화적 조건에 따라 그들의 민족정체성은 오늘날 더 이상 동질적인 것으로 간주할 수 없을 만큼 다양하게 변용될 수밖에 없었다. 문제는 이러한 민족정체성의 다양한 변용들을 단일 정체성으로 통합해야 할 정체성의 분열 상태, 혹은 탈민족의 징표가 아니라, 새로운 민족 개념을 사유하는 역사적 상황으로 이해할 필요가 있다는 점이다. 달리 말해 민족정체성의 다양한 변용들을 남과 북 그리고 해외 디아스포라가 처한 각각의 독특한 사회·역사적 환경 속에서 응전해 온 문화적 차이들로 이해하고, 상호소통을 통해서 민족적 유대를 모색할 필요가 있다.

이러한 모색은 동질성 대 이질성이라는 이원적 대립의 프레임을 벗어나서 통일한반도의 건설 과정에 민족 구성원 전체가 참여하는, 새로운 관점에서의 통일 비전을 창출하는 것[69]과 긴밀하게 관련되어 있다. 여기서 새로운 관점이란 통일을 이질성의 극복과 동질

---

68) 서경식 지음, 『난민과 국민 사이』, 임성모·이규수 옮김, 돌베개, 2006, 225쪽.
69) 김성민·박영균, 「통일학의 정초를 위한 인문적 비판과 성찰」, 『통일인문학』 제56집, 2013, 100쪽.

성 회복으로 이해하는 것이 아니라, '차이'를 통한 '공통성'의 창출 과정으로 이해하는 관점을 말한다. 따라서 '민족적 공통성(national commonality)'은 과거로부터 이미 주어져 있는 순수한 원형, 혹은 차이들의 생성적 힘을 억압하는 동질성이 아니라, 각각의 코리언 집단이 지니고 있는 차이들이 만나서 미래 기획적으로 생성되는 것이다.

이런 맥락에서 "통일이란 미리 주어진 어떤 것, 우리 민족에게 내재적으로 주어진 '원형', '동질성'을 회복하는 것이 아니라 오히려 '소통'의 '과정'을 통해서 창출되어야 하는 어떤 것이다. 남과 북, 재외동포들은 서로에 대해 이질적인 것이거나 배제되어야 할 것이 아니라 나름의 환경 속에서 변용(affectio)을 수행해 온 '차이들'로서, 통일한반도를 창출해 가는 생성적 힘이자 '민족적 공통성'의 자산으로 간주한다. 'commonality'는 '차이들'이 만나서 그 관계성 속에서 형성되는 '공통성'이다. 이런 점에서 민족적 공통성이란 미래의 고향으로서 통일한반도의 건설에 제공되어야 할 문화와 가치, '공통의 언어 규칙'을 '남과 북, 해외동포'들의 문화적 변용들 속에서 만들어지는 것이라고 할 수 있다."[70]

(2) 분단 아비투스와 분단 트라우마

분단 이후 남북 관계의 역사를 돌이켜보면, 타자와의 관계에서 전

---

70) 김성민 · 박영균, 「인문학적 통일 담론과 통일인문학: 통일패러다임에 관한 시론적 모색」, 『철학연구』 제92집, 2011, 152쪽.

제되는 상호이해의 쌍방향 소통이라는 최소한의 합리성은 고사하고, 적대와 원한 감정이 압도하고 있다. 물론 '7 · 4 남북공동성명', '남북기본합의서', '6 · 15 공동선언' 등에서 보듯 국면에 따라 남북 관계의 소통과 화해가 진전되기도 했지만, 그것도 잠시, 다시 적대 관계를 반복해 왔다. 그뿐만 아니라 분단의 적대성은 집단 무의식으로 내면화되어 있을 정도로 남북 주민의 일상생활 속에 깊이 뿌리를 내리고 있다. 다른 문제에 관한 한 합리적인 사람들도 남북 문제만 불거지면, 합리적으로 판단하는 것을 반사적으로 멈추고, 불편한 정서나 적대감을 앞세우는 경우를 종종 볼 수 있다. 이는 합리적 의식과 계몽의 차원에서 접근하기 힘든 비합리적인 충동이 남북 관계에서 작동하고 있음을 의미한다. 남북 관계를 특징짓는 비합리적 충동은 분단 체제가 단순히 체제적 차원에서만 작동하는 것이 아니라 분단 체제 속에 살아가는 사람들의 일상적 삶에 내면화되어 무의식의 영역에서도 작동하고 있음을 보여준다. 합리적인 판단 영역을 벗어나 사람들의 신체와 마음을 통해 작동하는 이와 같은 비합리적 충동을 어떻게 설명할 수 있을까? 분단 아비투스와 분단 트라우마는 이를 설명하기 위한 개념이다.

프랑스의 사회학자 피에르 부르디외(Pierre Bourdieu)의 아비투스(Habitus) 개념을 차용 · 변용시킨 '분단 아비투스'는 단순한 지배 이데올로기나, 주입된 의식이 아니라 분단의 적대성이 우리의 신체에 아로새겨져 있는 내면화된 믿음의 체계[71]를 의미한다. 분단 체제는

---

71) 김성민 · 박영균, 「통일학의 정초를 위한 인문적 비판과 성찰」, 『통일인문학』 제56집, 2013, 97쪽.

정치경제 체제의 적대성뿐만 아니라, 이런 적대적 체제가 분단 체제 속에서 사는 사람들의 신체에 분단의 적대성과 관련한 가치와 성향들을 아로새긴다. 우리는 서로 다른 견해의 차이를 인정해야 한다는 일반적인 논의를 수용함에도 불구하고, 북에 관한 한, 도저히 이해될 수 없는 존재. 기괴하고 불합리한 대상으로 여기는 데 익숙하다. 이런 점에서 단순히 서로의 차이를 존중하자는 관점은 분단 국가에 의해 '신체'에 아로새겨진 성향과 믿음들이 유발하는 인식적, 실천적 장애를 과소평가하고 있다. 북에 대한 이해 불가능성과 기괴한 이미지의 형성은 분단 70여 년의 세월 동안 적대적 믿음과 성향들이 우리의 신체에 아로새겨진 결과이다. 요컨대 분단 체제는 단순한 두 국가의 대립만을 낳는 것이 아니다. 그것은 국가 장치와 제도, 의식, 교육 등을 통해서 분단의 아비투스를 우리의 신체에 각인시킨다. 자기 검열과 거의 직접적이고 즉각적인 북에 대한 이해 불가능성과 기괴한 이미지의 형성은 이런 아비투스의 산물이다.

특히 반공주의적 아비투스는 분단 체제의 고착화에서 결정적 의미를 지닌다. 반공주의는 탈냉전 이후 민주주의의 발전에도 불구하고 제도적 현상과 별도로 일상생활 영역에서 개인의 의식과 행위를 통해 재생산되고 있다. 일상이란 반복되고 체화되어 무의식적으로 행해진다는 점에 그 특징이 있다. 반공주의는 공산주의에 대한 비판적 태도와 부정적 반응과는 차원을 달리하는, 그것에 대한 이성적 토론을 완전히 '압도하는 감각(the sense of overriding)'이다.[72] "반공주의의

---

72) 권혁범, 「반공주의 회로판 읽기」, 조한혜정 · 이우영 엮음, 『탈분단시대를 열며』, 삼인, 2000, 32쪽.

의미 확장은 일상적 내면화를 통해 사회 구성원의 정신 속에 특정한 정치사회적 사고와 행위를 자발적, 자동적으로 유발하는 일종의 회로판"을 형성한다. 그리하여 "반공주의를 통해 사람들의 사유 체계에 들어선 자기 검열성/감시성의 일상화"를 통해 체제 규범의 이탈 행위를 억제시키는 "체제 순응력을 강제하는 정치사회화"가 이루어진다.[73] 우리의 일상적 무의식에 깊숙이 자리 잡은 이러한 정치사회화는 개개인의 신체에 대한 국가에 의한 강력한 규율과 집단적 동원을 가능하게 만들며, 다양한 자기 검열 체계를 발전시켰고, 심지어 문화적으로 습속화되어 하나의 시민종교로까지 자리 잡고 있다.[74]

그러나 분단 아비투스만으로 남북의 상호 적대성과 증오심이 작동하는 메커니즘 전체를 파악할 수는 없다. 왜냐하면 분단 아비투스는 신체에 체현된 특정한 성향들, 믿음들의 체계들을 인식하도록 하지만 왜 그런 성향과 믿음들이 내면화될 수 있었는가 하는 심리적 중핵을 보여주지는 않기 때문이다. 분단의 적대성과 상호 증오심은 단순히 위로부터 강제된 것이 아니다. 그것은 아래로부터의 적극적인 동의에 기반을 두고 있다.[75] 분단 트라우마는 남북 주민이 적대적인 믿음과 성향을 내면화하고 자발적으로 분단 국가에 동의하게 만드

---

73) 권혁범, 앞의 논문, 55-56쪽.
74) 강인철은 반공주의를 한국 사회를 통합하는 시민종교로 보면서, 반공주의＝교주·신, 전쟁영웅＝신을 호위하는 천사, 국민＝숭배자, 聖所＝국립묘지, 충혼탑 등을 시민 종교의 구성 요소로 규정(「전쟁의 기억, 기억의 전쟁」, 『창작과비평』 제28권 2호, 2000, 348쪽)하면서, 대중적 호소력과 생명력, 그리고 집권 세력에게 헤게모니적 지도력을 제공함으로써 국민적 통합의 시멘트가 되었다고 본다.(350쪽)
75) 김성민·박영균, 「인문학적 통일 담론과 통일인문학:통일패러다임에 관한 시론적 모색」, 『철학연구』 제92집, 2011, 157쪽.

는 사회심리적 중핵이다. 분단 아비투스를 작동시키는 분단 트라우마는 감당할 수 없는 한 개인의 실존적 상처를 의미한다기보다, 남북 주민에게 증오와 공포를 유발하고 있는 집단적 사회심리를 의미한다.

이러한 집단적 사회심리는 흔히 생각하듯이 자본주의와 사회주의의 이데올로기적 대립이라기보다 근원적으로 볼 때 20세기 한민족의 독특한 경험의 장에서 발생한 '민족 동일성' 욕망과 그 좌절에 뿌리박고 있다. 한(조선)민족에게 20세기의 식민 지배와 분단은 오랜 세월 하나의 민족이 단일한 정치 단위를 이루어온 '역사적 국가'와 그로부터 배태된 '민족＝국가'를 향한 열망을 좌절시키는 사태로 다가왔다. 일제의 식민 지배 역시 '민족＝국가'의 열망을 좌절시켰지만, 분단은 그 좌절을 민족 외부가 아니라 민족 내부에 대한 적대와 증오의 방식으로 전환시킨 것이라는 점에서 식민 지배와는 그 성격이 달랐다. 분단 트라우마는 민족국가를 향한 집단적 열망의 좌절 책임을 남북이 상대에 대한 원한과 복수의 감정으로 전치(displacement)시킴으로써 생겨난 것이다. '민족＝국가'를 향한 열망이 강할수록 이를 훼손하는 상대의 체제와 이념은 소멸해야 할 반민족적인 것으로 여겨졌다. 오늘날 불신과 증오의 깊은 골을 형성하고 있는 남북의 적대성은 과거의 역사적 사건에 대한 기억을 끊임없이 환기하여 현재화함으로써 작동하고 있다. 이러한 분단 트라우마의 지속적인 환기와 현재화로 인해, 동서냉전이 해체된 지금까지도 한반도에는 냉전문화가 강고하게 유지되면서 좌우 이념이 공존 불가능하다는 진영모순의 극단화가 유독 두드러지게 나타나고 있다.

분단 아비투스와 분단 트라우마는 사람들의 신체와 마음을 통해 작동하는 분단 체제의 메커니즘, 혹은 남북의 합리적인 소통을 가로막는 '마음의 장벽'이라고 할 수 있다. 남북의 합리적인 소통을 구조적으로 제약하는 이러한 비합리적인 영역에 대한 분석과 진단이 필요한 이유는 그러한 분석을 통해 남북의 적대성을 치유하고, 민족적 열망을 적대가 아니라 긍정적이고 능동적인 에너지로 되돌릴 수 있는 대안적 방향을 찾을 수 있기 때문이다. 다시 말해 남북의 소통을 가로막는 분단 아비투스와 그리고 적대적인 사회심리인 분단 트라우마에 대한 성찰을 통해 분단 상황 속에서 형성된 사회문화적 차이를 소통하고 적대적 감정을 치유함으로써 통일한반도의 새로운 미래상을 모색할 수 있기 때문이다.

(3) 통일한반도의 미래상

분단 아비투스와 분단 트라우마에 대한 연구는 궁극적으로 분단을 극복할 수 있는 통일한반도의 미래적 가치와 규범, 사회문화적이고 정신적인 대안들의 창출 과제와 관련된다. 통일은 분단 아비투스를 반성적으로 성찰하고, 분단 트라우마를 남북 모두의 고통으로 받아들이는 과정을 통해 새로운 가치, 정서, 생활문화의 공통성을 서서히 그리고 새롭게 형성하는 문제이다. 그렇기 때문에 분단 극복과 통일의 과제는 단순한 정치·경제적인 체제 통합의 문제가 아니라 생활과 정서, 그리고 문화의 공통성을 확장하는 작업을 통해서만 이룩될 수 있다. 통일인문학이 민족적 유대에 기초하여 통일한반도의 정신과 가치, 문화의 상을 연구 대상으로 삼는 것도 이 때문이라 할 수 있다.

이제까지의 북한 및 통일 연구는 한국의 관점과 이해관계가 투영된 지역학(Area Studies)적 특징을 지니며, 북한을 통일의 주체라기보다 통일의 대상으로 사유하였다. 하지만 통일이 통일한반도의 정신과 가치, 문화의 미래상을 만들어가는 것이라고 할 때, 그것은 남북 어느 한편에 의해 이루어질 수 없으며, 따라서 한국 중심의 지역학적 연구에서 벗어나서 남북의 역사, 문학, 철학을 아우르는 연구가 되어야 한다. 또한 북한의 '조선학'의 성과를 포괄하면서, 한국의 '한국학'과 북한의 '조선학'을 비교 평가하는 방향으로 연구가 이루어질 필요가 있다. 나아가 정치학 및 군사학, 그리고 경제학 분야를 중심으로 한 정책 지향적인 연구 경향을 탈피하고, 사람의 분열을 극복할 수 있는 사회문화적 통합의 연구 방향이 요구된다. '사람의 통일'이란 관점과 더불어 가치, 정서의 사회문화적 통합 위에서 체제 통합을 다룰 때만 명실상부한 '통일학'의 위상을 갖출 수 있기 때문이다.

시야를 보다 넓혀 보면, 한국학과 조선학을 아우를 뿐만 아니라 해외 거주 코리언이 일제 강점기 이후의 역사적 경험과 정신문화적 자산들을 포함하면서 한(조선)민족의 통합 서사로 만들어가는 방향으로 통일한반도의 미래상에 대한 연구가 이루어져야 한다. 이는 통일한반도의 건설 과정에 민족 구성원 전체가 참여하는, 새로운 관점의 통일 비전과 밀접하게 관련되어 있다. 즉 통일은 남과 북만의 문제가 아니라 해외 코리언도 포함하는 한(조선)민족 전체의 문제로서 모든 민족 구성원이 민족적 합력을 창출하고 민족적 연대를 만들어가는 것이다. 통일이 단순한 남북의 통일이 아니라 해외 디아스포라를 포함하여 민족적 연대를 새롭게 창조하는 문제라고 할 때, 해외에 거주하는 코리언이 발전시켜 온 역사적, 문화적 자산들을 한(조선)민족 공통의 자산으로 연구하는 것은 통일한반도의 미래상을 위해 매우 중요한 의의를 지닌다. 따라서 과거 일제 식민지 시기 특수한 역사적 이유로 세계 곳곳에 흩어져 살아가고 있는 해외 코리언의 아픈 역사를 공유하고, 혈연적·문화적 동질성 프레임에서 벗어나 각 코리언들이 처해 있는 지정학적 위치와 다양한 생활문화를 고려하면서, 이들이 통일한반도에서 지닌 역할과 가치를 평가할 필요가 있다.

그러나 우리는 통일을 남과 북의 문제로만 보는 경향이 있기 때문에 그동안의 통일 논의에서 해외에 거주하는 코리언에 그다지 주목하지 않았다. 이것은 한(조선)민족의 독특한 역사가 낳은 '이산'의 문제를 우리가 망각한 점, 보다 근본적으로는 70여 년 동안 남북이 분단 책임을 서로에게 돌리면서 이산과 분단이 궁극적으로 일제 식민 지배의 결과라는 것을 자각하지 못한 점과 깊게 관련되어 있다. 그러나 코리언 디아스포라의 형성은 '민족＝국가'의 좌절, 구체적으로 말해 일본의 제국주의적 지배와 분단의 현실이라는 20세기 한(조선)민족의 역사 속에서 이루어졌다. 이 때문에 코리언 디아스포라는 '식민'과 '분단'이라는 20세기 한반도의 역사적 수난을 남북 주민과 더불어 공유하고 있다. 식민과 분단이라는 역사적 상처를 공유하고 있기에, 비록 거주국의 서로 다른 사회적, 정치적 환경 속에서 국적도 다르고 언어도 다르고 문화도 상당 정도 변용되었지만, 타민족과 구분되는 한(조선)민족으로서의 정서적 유대를 지니고 있다. 또한 그들은 이산하여 거주하면서 나름의 정체성을 만들어왔으나, 이들이 지닌 민족정체성은 남도 북도 아닌 '한반도'를 향하고 있다는 점에서 분단 극복과 통일의 열망 또한 강하다고 할 수 있다. 남과 북 그리고 해외 코리언들의 삶이 서로 결합될 수 있는 것은 식민, 그리고 이산과 분단의 상처가 고통의 연대와 유대의 끈으로 연결되면서 살아 있기 때문이다. 이런 점에서 해외 코리언이 지니고 있는 민족적 유대의 열망은 분단 극복과 통일을 위해 매우 중요하다고 할 수 있다.

백낙청은 해외 디아스포라를 망라하는 '범세계적 민족공동체(ethnic community)'와 통일한반도의 미래적 정치 형태인 '복합국가(compound state)'의 관계에 대해 다음과 같이 말한다. "1민족＝1국가라는 공식은 한반도의 사정에 국한된 특수 명제임을 먼저 인정하고 한반도에서도 단일형 국민국가보다는 다민족사회를 향해 개방된 복합국가(compound state)가 민중의 이익에 더욱 충실한 국가 형태일 수 있음을 인정할 때, 국적과 거주 지역을 달리하는 느슨한 범세계적 민족공동체(ethnic community) 내지 네트워크로서의 한인공동체를 유지 또는 건설하는 작업이 현 세계 체제 속에서 어떻게 가능하고 더 나은 세계를 위해 얼마나 바람직한가를 진지하게 검토할 길이 열리는 것이다."[76]

그는 통일한반도의 새로운 정치 형태가 '1민족＝1국가'의 단일형 국민국가가 아니라 복합국가여야 한다는 점에서, 분단 극복과 통일을 남과 북의 문제에 국한하지 않고 해외 디아스포라를 포함하는 범세계적 민족공동체의 문제와 결합하고 있다. 통일한반도의 미래상을

76) 백낙청, 『한반도식 통일, 현재진행형』, 창비, 2006, 83쪽.

모색하기 위해서는 남과 북 그리고 해외 코리언이 분단 이전에 형성된 민족 공통의 생활과 정서로부터 함께 할 수 있는 통합 서사를 개발할 수도 있으며, 분단시기 동안 각기 다른 역사적 경험 속에서 형성되어온 정치적, 문화적 차이를 통합 서사를 위한 중요한 자원으로 삼을 수도 있다. 남과 북 그리고 해외 코리언이 서로 다른 체제와 역사적 환경 속에서 발전시켜 온 다양한 역사적 경험과 문화적 자산은 단일 체제 속에서는 얻을 수 없는, 통일한반도의 미래상 구축을 위한 풍부함과 새로운 가능성을 열어준다고 할 수 있다.

제2부

소통의 패러다임

: 미래의 고향을 만들어가는
형재애적 소통

1장

'소통'의 전제조건:
둘과 다름, 그리고 '트임'

'소(疏, 트일 소)+통(通, 통할 통)'이란 말 그대로 '트여서 통함'을 의미한다. '통'이라는 것은 어떤 것과 어떤 것이 서로 통하는 것이기 때문에 언제나 '둘'을 전제한다. 그러나 이 둘이라는 것도 서로 동일한 둘이라면 '통함'은 가능하지 않다. 동일한 위치와 부피를 가지고 있는 두 개의 물통을 연결한다면 그 둘 사이에서 물은 흐르지 않는 것처럼 서로 간의 통함은 둘이 서로 다르기 때문에 일어난다. 따라서 '통'을 말한다는 것 자체가 이미 두 개체가 존재하며 그 둘이 서로 '다르다'는 것을 전제하고 있는 것이다. 이것은 의사소통이나 '대화'에 대한 개념적인 정의에서도 마찬가지이다.

우리말 사전에서 의사소통(意思疏通)은 "(둘 이상의 사람이, 또는 어떤 사람이 다른 사람과) 가지고 있는 생각이나 뜻이 서로 통함"이라고 뜻을 가지고 있으며 우리말의 '대화'를 의미하는 영어 'dialogue'는 어원적으로 'dia+logos'의 합성어로서, 둘 사이를 통과하여(dia) 흐르는 말(logos)이라는 의미를 가지고 있다. 따라서 '대화'든, '소통'이든 간에 그것이 기본적으로 전제하고 있는 '서로 다른 둘'이라고 하는 존재라고 할 수 있다. 그러나 사람들은 일반적으로 모든 대화나 소통의 출발점이 되는, 전제조건인 '둘'이나 '다름'에 대해서는 생각하지 않고 무조건 '대화나 소통이 중요하다'는 식으로 생각하는 경향이 있다.

물론 인간을 '언어적 존재'라고 정의하는 것처럼 모든 인간의 관계 맺음이 대화를 반드시 동반한다는 점에서 대화는 인간의 관계 맺기에서 가장 중요한 요소라는 점은 분명하다. 그러나 모든 대화가 '소통'에 이르는 것은 아니다. 그것은 무엇보다도 대화의 전제조건인 '둘'이 '다름, 차이'를 가지고 있기 때문이다. 개개인들이 가지고 있는 욕망은 그 수만큼 다양할 뿐만 아니라 복잡하며 가변적이다. 심지어 동일한 개인이라고 하더라도 그가 가진 욕망은 시시때때로, 그가 만나는 사람이 누구이며 어떤 관계인가에 따라 달라지는 경향을 가지고 있다.

그렇다면, 사람들이 많이 만나거나 대화를 자주 나누는 것이 중요한 것은 아니다. 오히려 보다 더 중요한 것은 두 개체가 가지고 있는 서로의 욕망이나 가치 지향성이 공명하는 만남과 대화를 만드는 것이다. 두 개체 사이에서 이루어지는 대화란 이 공명을 만들어낼 수 있을 때 지속될 수 있으며 소통으로 나아갈 수 있다. 하지만 사람들은 둘이 대화를 한다는 사실을 받아들임에도 불구하고 실제로 대화

를 할 때, 상대가 가지고 있는 욕망이나 가치 지향성의 '다름'을 망각
하는 경향이 있다. 그리고 자꾸만 자신의 욕망이나 가치 지향성을 가
지고 타인을 설득하거나 그곳에서 '합의' 또는 '동의', '일체화'를 만
들려고 하는 경향이 있다.

그러나 그렇게 되면 각각이 가지고 있는 '다름, 차이'는 대화에서
자꾸만 '배제'되거나 '삭제'되며 각각이 가지고 있는 욕망은 억압될
수밖에 없다. 게다가 '공명'은 '다름'이 없기 때문이 아니라 오히려
다르기 때문에 이루어진다. 다르지 않다면 그것은 '울림'을 줄 수 없
다. 따라서 '다름, 차이'는 배제되거나 삭제되어야 하는 것이 아니라
오히려 각각의 차이로 보존되어야 하며 그럴 때에만 대화는 '소통'으
로 나아갈 수 있는 것이다. 즉, '소통'으로 나아가는 대화는 '하나'가
되는 것에 있는 것이 아니라 오히려 각각의 차이들이 보존되면서 나
누어지는 것이라고 할 수 있다. 남과 북의 대화 또한 마찬가지이다.

남북 간의 대화를 부정하는 사람은 없다. 그들은 남북의 적대적 관
계를 청산하고 '평화'를 진전시키기 위해서는 무엇보다도 먼저 대화
를 나누어야 한다고 주장한다. 이것은 옳은 이야기이다. 서로 만나서
대화를 나누지 않는다면 서로 간에 쌓인 앙금이나 오해를 털어낼 수
없다. 그러나 대화 그 자체가 해결책이 되는 것은 아니다. 그것은 해
결을 위한 출발 지점을 제공할 뿐이며 보다 중요한 것은 어떤 방식
의 대화냐이다. '둘'이 함축하는 '차이와 다름'을 배제한 대화는 오히
려 서로의 관계를 이전보다 더 악화시킬 수도 있기 때문이다. 바로
이런 점에서 사람들과의 대화에서도, 남북 간의 대화에서도 그것이
'소통'이 되기 위해서는 '둘'의 차이와 다름에 주목하고 항상 둘의 대

화가 될 수 있도록 만들어가는 것이 중요하다.

그러나 '둘'의 '다름, 차이'라는 것이 대화의 전제조건이며 소통을 가능케 하는 것이라는 점을 알고 있음에도 불구하고 대화는 종종 실패할 수도 있다. 이것은 둘의 '다름, 차이' 이외에도 둘 사이의 관계가 만들어온 역사적 경험 때문에 만들어진 '장벽'이 서로의 소통을 방해할 수도 있기 때문이다. 이런 경우, 대화를 하면 할수록 서로 간의 편견과 선입견을 강화하는, 역설적 결과를 유발한다. 소통이 '통'을 목적으로 하면서도 '소'를 이야기하는 것은 바로 이런 '막힘' 때문이다.

앞에서 말한 것처럼 '소'는 '트임'이다. 통하는 데 트임이 필요한 것은 무언가 막혀 있는 것이 있기 때문이다. 그것은 곧 둘 사이에 '다름'이 '막힘'이 되거나 다른 어떤 이유로 인해 '막힘'이 생겨서 둘 사이가 통하지 않고 있다는 것을 의미한다. 따라서 소통은 '둘', '다름' 이외에 '막힘'이라는 것을 전제하고서 출발하는 대화이라고 할 수 있다. 여기서 소통의 목적은 단순히 둘 사이를 통과하여 흐르는 말로서 '대화'라는 의미를 넘어서 '막힌 것'이 뚫고 트여서 '서로가 통함'을 만들어가는 데 있다고 할 수 있다. 그런데도 '둘', '다름'까지 생각하면서 만남과 대화를 만들어가는 사람들조차 자신들이 진정한 '소통'을 위해 노력하고 있다고 주장하면서 '차이'까지는 받아들이지만 '막힘'에 이르러서는 인내를 잃어버리는 경우가 많다.

그러나 소통에서 진정으로 어려운 일은 '막힘'을 뚫어가는 것이다. 남북 대화 또한 마찬가지이다. 지난 2000년 한반도에서는 역사상 처음으로 남북 두 정상이 만나 회담을 개최하고 서로 대화를 통해서

'6·15 남북공동선언'이라는 합의문을 발표하였다. 그리고 그것은 이전까지 남북 역사에서 볼 수 없었던 성공적인 대화, 곧 '소통'처럼 보였다. 왜냐하면 '6·15 남북공동선언' 이후 남북 간에는 화해 무드가 조성되었으며 이전에는 상상할 수도 없었던 개성공단이나 금강산관광을 비롯하여 다양한 남북 교류와 협력 사업이 추진되었기 때문이다. 그러나 그 뒤에 이어진 2007년 '10·4 선언' 이후 남북 관계는 '탈냉전'이 아니라 오히려 '냉전'으로 회귀했으며 남북 간의 대화 모색은 있었으나 그것은 서로에 대한 불신과 적대적 감정을 가중시키는 방향으로 전개되어 왔다.

그렇다면 왜 그렇게 되었던 것일까? 그것은 남북 간의 만남과 대화에도 불구하고 그들의 만남과 대화가 서로의 '막힌 것'을 허물고 서로 간의 '다름'을 나누는 대화가 되지 못했기 때문이다. 이처럼 남과 북의 관계 진전이라는 문제는 서로 만나 대화하는 횟수를 늘린다고 이루어질 수 있는 것이 아니다. 오히려 이보다 훨씬 중요한 것은 단 한 번의 만남과 대화라고 할지라도 그것이 서로의 '막힘'을 뚫고 '다름'을 나누면서 남북 간에 말이 흐를 수 있는 '소통'을 만들어가는 것이라고 할 수 있다. 그러나 그렇게 하기 위해서는 '둘의 차이', '막힘'만이 아니라 둘 사이의 대화가 흐를 수 있는 '리비도의 흐름'을 창출하는 대화가 필요하다.

일반적으로 대화가 막히는 것은 둘 사이에서 이루어지는 대화가 목적하고 있는 관계 안에서 그들의 욕망이 상호 교환되지 못하거나 배제·억압되기 때문이다. 따라서 셋째로 '소통'적 관계맺음에서 주목해야 할 것은 그 둘의 대화를 규정하고 있는 관계맺음의 고유한 특성에 맞춘 만남과 대화를 만들어가는 것이다. 사람들이 누군가와 관계를 맺고 대화를 시도하는 것은 그 둘 각각이 가진 가치와 욕망, 기호가 서로의 관계를 통해서 획득될 수 있기 때문이다. 여기서 대화는 관계맺음을 지속시키고자 하는 수단이다. 대화의 수단으로는 '말'만 사용되는 것이 아니다. 거기에는 눈빛이나 낯빛과 같은 '몸짓'을 포함하여 '시각적이고 청각적이면서 음향적인', 다양한 수단들이 사용된다. 하지만 그 수단이 무엇이든 간에 그들 간에 이루어지는 소통 수단과 대화의 방식을 결정하는 것은 그들이 맺고자 하는 관계맺음이다.

예를 들어 내가 부모와 관계하는 방식으로 연인과 대화한다거나 욕망을 투영한다면 그것은 실패할 수밖에 없다. 또한, 직장에서 상사와 맺는 대화 방식으로 스승과 제자가 대화를 할 수는 없다. 이것은 이 둘의 관계맺음이 가지고 있는 형식 자체가 이미 그들 사이에서 추구하는 이해, 가치, 욕망을 규정하고 있기 때문이다. 내가 연인과 맺는 관계에게 원하는 욕망이나 가치는 내가 부모와 맺는 관계에서 가지고 있는 욕망이나 가치와 다르다. 그런데 내가 이런 각각의 관계가 가지고 있는 고유한 형식들을 무시하고 연인과의 관계에서 부모에게 사용하는 언어들을 가지고 내가 대화를 진행한다면 그 대화는 필연적으로 실패할 수밖에 없다.

남과 북 사이에서 맺어지는 다양한 소통적 관계맺음 또한 마찬가지이다. 오늘날 '6 · 15 남북공동선언'과 '10 · 4 선언'과 같은 남북 간의 대화 및 교류 관계의 진전에도 불구하고 남북 대화가 중단되거나 오히려 적대성을 강화하는 식으로 역전되는 것은, 그 이후 진행된 남북 간의 대화가 '소통을 만들어내는 대화'가 되지 못했기 때문이다. 그러므로 남북의 다양한 만남과 대화가 소통을 향해 나아가기 위해서는 마치 만나서 이야기만 나누면 될 것처럼 생각하면서 막연하게 만남과 대화만 주창할 것이 아니라 남북의 관계맺음이 가지고 있는 ① '관계맺음의 독특한 형식'이 무엇이며 ② 남과 북이 가지고 있는 '둘의 차이와 다름'뿐만 아니라 ③ 그 둘 사이를 가로막고 있는 '막힘'들이 무엇인지를 고려하면서 대화를 전개하는 '소통의 전략'을 만들어갈 필요가 있다.

2장

남북 관계의 역사적 독특성과
관계맺음의 형식

1 국가 간의 관계를 초과하는 남북 관계의 독특성

현상적으로 볼 때 남과 북의 관계맺음에서 가장 먼저 드러나는 특성은 관계맺음의 형식 자체가 개인들의 관계가 아니라 '대한민국'과 '조선민주주의인민공화국'이라는 국가 간의 관계라는 점이다. 오늘날 이런 국가 간의 관계는 미국-일본, 독일-중국, 한국-미국, 영국-프랑스 등 각국의 이해관계를 둘러싼 국제 정치의 장을 만들고 있으며 세계의 모든 국가들은 다른 나라들과의 관계를 관장하는 '외교부'를 두고 있다. 대한민국만 하더라도 외교부에서 한국-일본, 한국-중국, 한국-미국, 한국-프랑스 등 다른 무수한 국가들과의 관계를 관장하고 있다.

하지만 이런 국가 간의 관계는 남북 관계가 가지고 있는 형식의 고유성을 보여주는 것이라고 할 수 없다. 왜냐하면 만일 '두 국가 간의 관계'가 남북 관계의 전부라고 한다면 그것은 대한민국이 독일이나 일본, 프랑스, 미국과 맺는 관계와 다르지 않는 관계라고 해야 할 것이나 이것은 남과 북에 거주하는 주민들의 정서나 감정상 그대로 받아들이기 힘들 것이기 때문이다. 그래서 대한민국 정부만 하더라도 '외교부' 이외에 다른 나라들에는 없는 '통일부'를 두고 있으며 조선민주주의인민공화국도 '통일전선부'와 같은 특별한 부서를 국가의 핵심 기관으로 두고 있다. 따라서 남북 관계는 '두 국가 간의 관계'이면서도 그것을 초과하는 어떤 것, 즉 '통일'로 표현되는 독특한 욕망을 가진 두 국가 간의 관계라고 할 수 있다.

하지만 최근 대한민국 정부 안에 '통일부'를 두고 있는 것에 대해 문제를 제기하는 사람들도 있다. 그들은 대한민국과 조선민주주의인민공화국도 명백한 실체를 가지고 있는 '두 개의 국가'이며 '두 국가 간의 관계'라는 점에서 다른 나라들과 맺는 외교적 관계와 다르지 않기 때문에 통일부를 없애야 한다고 주장하고 있다. 왜냐하면 그들이 보기에는 통일부를 두는 것이, 정상적인 국가 관계로서 남북 관계의 형성을 방해하는 걸림돌이기 때문이다. 즉, '대한민국'과 '조선민주주의인민공화국'이 서로 상대의 국가를 정상 국가로 인정하지 않고 통일시키려고 하기 때문에 오히려 한반도를 전쟁 위협과 같은 냉전 상태로 몰아넣고 있다는 것이다. 따라서 이들은 남북의 평화를 위해서라도 남북 관계를 정상적인 국가 간의 관계인 '외교적 관계'로 만들어야 한다고 주장한다.

게다가 더 나아가 그들은 '남과 북이 꼭 통일을 해야 하는가'라고 물으면서 '민족'은 근대 국가의 산물일 뿐인데, 이것을 '초역사적인 실체'로 만들고 있다고 비판하고 있다. 게다가 역사적으로 다양한 종족과 국가들이 생성 소멸하였듯이 남과 북에 살고 있는 한민족도 이 상태로 지속된다면 두 개의 국가가 될 것'이라고 말하면서 '통일을 해야 한다'는 생각은 '민족지상주의'라는 함정에 빠져 '현실'을 직시하지 못하고 있는 것이라고 주장한다. 그러나 이것은 역사적으로 남북 관계가 형성·발전되어 오면서 그 안에 내재되어 있는 남북의 국가가 가질 수밖에 없는 관계의 독특성을 전혀 고려하지 못한 채, 서구의 이론을 수입하여 현실을 일방적으로 재단하고 있는 것일 뿐이다.

그들이 비판하고 있듯이 원초적 민족주의론이나 민족지상주의가 주장하듯이 '민족(nation)'이라는 개념이나 원리가 '근대 국가'의 산물이며 그렇게 형성되었다는 점에서 한민족이나 서구의 민족이나 근본적으로 다른 것은 아니다. 왜냐하면 현재 우리가 살고 있는 정치·경제·사회적 시스템은 서구적 근대화의 산물로 출현한 대의제민주주의·자본주의·대중사회 시스템으로서, 그들과 우리가 살아가고 있는 삶의 형식이나 체계가 약간의 차이가 있더라도 근본적인 골간 체계가 다른 것은 아니기 때문이다. 따라서 유독 우리의 '민족', '민족국가' 개념이나 원리만은 서구와 근본적으로 다르다고 주장하는 것은 우리 삶의 형식이 서로 연관되어 있으며 그 삶의 형식 속에서 만들어진 것이라는 점을 부정하는, 이론적 도그마에 빠지는 것일 수밖에 없다.

'민족본질주의'이나 '민족지상주의'가 범하는 오류는 크게 두 가지이다. 첫째, 그들이 주장하듯이 근대 국가 출현 이전에 혈연이나 문화 등을 공유하는 '공동체'가 있었으며 특정한 정치적 삶을 관리하는 기제로서 '국가(states)'가 존재했었다는 것은 우리만의 특수한 사례가 아니다. 그것은 서구에서도 마찬가지였다. 서구의 근대 국가들도 이전의 역사적으로 만들어진 공동체로부터 자원을 끌어모아 '정치적이면서 문화적인 공동체'로서 상상된 공동체, 즉 민족을 만들었다. 따라서 그들이 '민족의 본질적인 지표'로 간주하는 혈연, 언어, 문화를 공유한 종족적 공동체로서의 민족이라는 개념은 한민족만 가지고 있는 독특성이라고 할 수 없다.

둘째, 그들의 민족 개념은 근대적인 민족 개념의 핵심이라고 할 수 있는 본질적인 특성을 사실상 이론적으로 아예 무시하고 있다는 점이다. 근대에 출현한 국가는 '국민국가'이자 '민족국가'였다. 여기서 모든 공동체의 구성원은 단순히 혈연, 언어, 문화를 공유한 종족의 일원이라는 의미를 넘어서 국가라는 정치공동체의 일원으로서 국민이 되었으며 국민과 민족은 중첩되거나 아니면 그렇게 일체화하고자 했다. 그리고 이런 노력이 바로 '보편적 규범과 가치에 따른 법제도적 정비와 국어와 같은 언어의 보편화 노력' 등으로 나타났다. 근대 민족주의자들은 민족이라는 공동체적 묶음의 일차적 지표를 '혈연'과 같은 '생물학적으로 부여된 자연'에서 찾든지 아니면 '언어, 풍속'과 같은 문화에서 찾든지, 또는 이 둘 모두에게서 찾든지 간에 이들은 모두 다 국민국가와 민족을 직접적으로 관련시키고 있다.

하지만 역사적으로 조선시대까지 포함하여 한반도에 존재했던 국가들은 이런 평등한 개체들의 공동체가 아니었다. 노비를 포함하여 그 사회를 구성하고 있는 대부분의 사람들은 '상상된 정치공동체'로서의 국가를 구성하는 성원이 되지 못했다. 따라서 우리의 경우에도, 민족본질주의나 민족지상주의의 주장과는 반대로, 그 이전까지의 국가를 민족국가라고 할 수 없으며 근대적인 민족 개념이 탄생한 것은 한반도에 최초로 출현한 대한제국 이후라고 할 수 있다. 또한, 근대의 개화파나 애국계몽운동도 바로 이런 역사적 변동 과정 속에서 근대적인 민족을 만들어가려는 시도라고 할 수 있다.

하지만 그럼에도 불구하고 한민족의 근대적인 민족 개념의 형성이 가지고 있는 독특성이 없는 것은 아니다. 역사적으로 볼 때, 불행하게도 한반도의 이런 민족 개념의 구성은 일본 제국주의에 의한 식민화로 인해 좌절될 수밖에 없었기 때문이다. 따라서 한반도에서의 민족주의는 서구의 민족주의가 자신의 이익을 위해 타인종과 지역을 정복하고 약탈하는 제국주의라는 '지배적 민족주의'로 발전한 반면 일본의 제국주의에 의해 식민지로 전락함으로써 이에 저항하는 이념, 즉 '저항적 민족주의'로 발전했다. 게다가 둘째로, 8·15 해방과 더불어 일제 식민지 지배로부터 벗어나기는 했지만 그 이후 또다시 분단됨으로써 한반도의 민족주의는 아직까지도 근대적인 의미에서의 국민과 민족이 일체화된 근대적인 국민국가를 건설하지 못한, '좌절당한 민족주의'이다.

바로 이런 점에서 '통일 지향의 특수한 관계를 부정하는 이들은 오늘날 남북 관계가 다른 국가들과의 정상적인 외교 관계처럼 되지 못하고 냉전적 관계로 전화되는 원인을 잘못 파악하고 있다. 즉, 그들은 남과 북이 자꾸만 '통일을 해야 하는 한 민족'이라는 이념을 가지고 있기 때문에 '두 국가 간의 냉전 상태'를 만들어낸다고 생각하고 있지만 이것은 오히려 그 역이라고 할 수 있다. 왜냐하면 서로 다른 민족이라고 생각하는 두 국가 간에는 '국가 간의 이해 충돌'이 발생해도 그것을 감정적으로 받아들이지 않으며 합리적으로 각자의 이익을 추구하는 방식의 외교관계를 맺는 반면 남북 관계에서의 두 국가 간의 충돌은 오히려 비합리적인 감정과 정서의 충돌로 나아가는 경향을 가지고 있기 때문이다.

그렇다면 왜 그런 것일까? 그것은 남과 북에 사는 사람들이 서로 '한 민족'이라고 믿는 '동일화'의 욕망과 '믿음의 체계'를 가지고 있기 때문이다. 그것은 마치 타인과의 관계에서 작동하는 이해타산적인 합리성이 형제간에는 오히려 상대에 대한 서운함과 미움의 감정을 낳는 것처럼 타인과의 관계에서는 전혀 문제되지 않는 것들이 형제간의 관계에서는 문제를 유발하는 것이다. 그러므로 남북 관계가 다른 국가들과의 관계와 매우 다른, 기괴한 양상을 보이는 것은 '두 개의 독립 국가를 승인'하지 않기 때문이 아니라 이와 반대로 '두 국가로 분단'되어 그들 사이에서 '형제애'와 같은 욕망이 제대로 흐르지 못하고 있기 때문이다.

바로 이런 점에서 남북의 소통이 시작될 수 있는 첫 번째 출발 지점은 바로 이런 민족적 동일화의 욕망에 대한 남북 양 국가의 상호 승인이라고 할 수 있다. 남과 북의 두 국가가 과거 첨예하게 대결해왔던 냉전적 구도에서 벗어나 역사상 처음으로 남과 북 두 국가가 합의한 것은 1972년 '7·4 남북공동성명'이었다. 여기서 두 국가는 무엇보다도 먼저 '같은 민족'이라는 점에 근거하여 '조국통일 3대 원칙'을 합의하였다. 따라서 남북 소통이 시작되기 위해서는 단순히 두 국가의 관계라는 점을 승인함으로써 이루어질 수 있는 것이 아니라 오히려 이 둘의 관계가 단순한 두 국가의 관계를 초과하는, 특별한 욕망인 '민족적 동일화의 욕망'을 가지고 있다는 점을 승인하는 데에서 출발할 필요가 있다.

2 '7 · 4 남북공동성명'과 남북유엔동시가입 : 통일 개념의 재정립

'7 · 4 남북공동성명'에서 남과 북 두 국가는 '자주, 평화, 민족대단 결'이라는 세 가지 원칙에 합의하였다. 이 합의문에 나오는 자주의 원칙은 "외세에 의존하거나 외세의 간섭을 받음이 없이 자주적으로" 통일을 수행해 간다는 것이며 평화의 원칙은 "상대방을 반대하는 무력행사에 의거하지 않고 평화적 방법으로" 통일을 실현한다는 것이다. 또한, 민족대단결의 원칙은 "사상과 이념 · 제도의 차이를 초월하여 우선 하나의 민족으로서 민족적 대단결을 도모"한다는 것이다. 따라서 '평화의 원칙'을 제외한다면 '7 · 4 남북공동성명'에서 합의한 '자주의 원칙'과 '민족대단결의 원칙'은 기본적으로 '우리는 하나의 민족'이라는 '민족적 동일화의 욕망'에 근거하고 있다고 할 수 있다. 게다가 '평화의 원칙'도 '통일을 실현하는 수단, 방법'으로 제안된 것이기 때문에 '조국통일 3대 원칙'은 기본적으로 '같은 민족'이라는 점에 근거하고 있다고 할 수 있다.

따라서 남북 관계의 독특성은 '우리는 한 민족'이라는 '민족적 동일화'의 욕망이라고 할 수 있으며 바로 그렇기에 '7·4 남북공동성명'이 가지고 있는 역사적 의미는, 그것이 최초의 남북 두 국가 간의 합의문이라는 사실 이외에 그것이 이후 모든 남북 관계의 기본적인 원류가 되는 정신과 원칙들을 명문화하고 있다는 점에 있다고 할 수 있다. "7·4 공동성명 이후에 한국과 북한이 가까워질 때나 멀어질 때 남북 관계의 어떠한 합의에서도 그 원류를 7·4 남북공동선언의 기본정신에서 찾고 있다. 앞으로 어떠한 형태의 대화가 남북 간에 진행되더라도 그리고 어떠한 형태의 통일 과정이 진행되더라도 그 기본은 7·4 공동선언에서 이룩한 3개 원칙은 지켜질 것이고 지켜져야 한다."[77]

그러나 이런 원칙만으로 남북 대화는 '소통'적 관계맺음으로 나아가지 못했다. 역사적으로 볼 때, '7·4 남북공동성명' 이후 남은 반공에 기초한 유신 체제로, 북은 주체 유일 체제로 나아갔다. 이것은 남과 북이 통일 원칙에 합의했음에도 불구하고 이에 정반대로 나아갔음을 보여주는 것이다. 그들은 '냉전'을 청산하기 위해 교류와 협력으로 나아가는 대신에 각기 분단 국가의 내부 통제를 강화하고 상호 적대적 대결을 조장하였다. 그렇다면 왜 남과 북은 이런 식의 모순적인 행보를 보였던 것일까? 그것은 바로 '통일'이 현재 한반도에 존재하는 남과 북의 두 국가를 넘어서 하나의 국가를 건설하려는, 현존 국가에 대한 자기 부정을 포함하기 때문이다.

---

77) 이광규, 「남북 관계의 어떠한 합의에서도 그 원류를 7·4 남북공동선언의 기본에서 찾고 있다」 『북한』 379호, 북한연구소, 2003, 37-38쪽.

'민족대단결'과 같은 원칙은 '남과 북은 서로 하나'라는 환상 속에서 작동하며 위와 같은 남과 북의 합의는 통일한반도의 건설이라는 열망을 함축하고 있다. 그러나 그렇기 때문에 이것은 국가가 가지고 있는 자기를 보존하려는 충동, 즉 코나투스(conatus)를 근본적으로 침해하는 '위험스런 열정'을 동반한다. '4 · 19 혁명' 이후, 민주화의 열기 속에서 터져 나왔던 그 시기에 대학생들이 '가자 북으로, 오라 남으로'와 같은 구호를 외친 데에서 보여주듯이 '통일'에 대한 열망은 현존하는 분단 국가의 틀을 순식간에 넘어서는 경향이 있다. 그런데 그렇게 되었을 때, 분단 국가는 자신이 현재 실효적으로 지배하고 있는 권력 자체를 부정당하는 '근본적인 체제 위기의 위험'에 놓이게 된다.

남쪽의 국가인 대한민국도, 북쪽의 국가인 조선민주주의인민공화국도, 비록 분단 국가이기는 하지만 각각의 영역에서 독립적인 영토와 국민, 그리고 법 제도적 체계를 가지고 있는 하나의 독립적인 국가로서 자기를 보존하려는 충동을 가지고 있다. 따라서 이들은 자신들이 가지고 있는 모든 물리적이고 이데올로기적인 장치들을 동원하여 국가를 보존하고자 한다. 4 · 19 혁명 이후 5 · 16 쿠데타 세력이 '반공'을 명분으로 하여 제2공화국을 무너뜨렸다는 것은 이런 반작용을 보여주는 예라고 할 수 있다. 그러나 '우리는 하나다', 또는 '민족대단결'과 같이 '통일을 지상의 최대 목표'로 삼는 통일지상주의는 남북 관계를 오히려 위험에 빠뜨리는 결과를 낳을 수도 있다.

물론 어떤 사람들은 이런 역사적 사실이 보여주는 것은 "적어도 통일에 관한 한 국가는 믿을 수 없으며 중요한 것은 시민의 각성과 운동이라는 점"이라고 주장할지도 모른다. 그러나 이것은 여전히 남북 관계의 복잡성을 지극히 단순화하는 것일 뿐이다. 한국과 조선이라는 두 개의 분단 국가가 남북 관계에서 겪을 수밖에 없는 이 딜레마는 분단 국가 수준에서만 작동하는 것이 아니라 그 국가에 소속되어 있는 국민들 내부에서도 작동한다. 예를 들어 2000년 '6·15 남북공동선언'과 2007년 '10·4 선언' 이후 남북 관계의 해빙 무드는 오히려 이것에 대해 극단적으로 반발하는 세력들을 성장시켜 왔으며 남북 관계는 곧바로 남남 갈등으로 전화되었다.

여기에는 그 어떤 합리성도 작동하지 않으며 '친북이냐 반북이냐'는 이분법적인 이념적 대결만이 존재하는 것처럼 보인다. 그러나 친북이냐 반북이냐의 이분법은 남과 북의 하나됨을 지상 최대의 목표로 삼는다는 점에서 동일하다. 친북은 통일이라는 관점에서 북을 민족의 일원으로 간주하고 그 속에서 현존하는 남과 북의 국가를 부정하는 '체제 부정 세력'으로 단죄된다. 반면 반북은 통일이라는 관점에서 북을 반민족적 집단으로 간주하고 그들을 절멸시키고자 하는 '냉전 세력'으로 드러난다. 여기서 작동하는 환상 체계는 '하나'라는 동일성이다. 친북은 '하나로서 민족'을, 반북은 '하나로서 국가'를 건설하고자 한다.

그러나 현실적으로 한반도에서 남과 북은 '하나'가 아니다. 그들은 비록 하나의 민족이라고 할지라도 이미 분단된 지 70여 년이 흐르는 동안 각기 적대적으로 분단된 국가의 국민으로 살아왔다. 따라서 그들의 신체에 아로새겨져 있는 것들은 비록 하나의 민족이라는 욕망을 가지고 있다고 하더라도 생활양식이나 가치적인 측면에서 '하나'

가 아니라 '둘'이다. 따라서 '목표로서의 통일'은, 그것은 '국가'적이든 '민족'적이든 간에 지금 여기서 '하나'로 작동할 수 없다. 그런데도 그것이 '하나'이기를 고집한다면 그것은 자신과 다른 타자를 배제함으로써만 작동할 수 있다. 바로 이런 점에서 '민족적 동일화의 욕망'과 더불어 '둘'을 받아들일 필요가 있다.

이런 '둘의 존재'에 주목하고 있는 것이 오늘날 '탈분단 평화론'이라고 할 수 있다. '탈분단 평화론'은 무엇보다도 먼저 남북 관계에서 '목표로서의 통일'을 이야기하면서 '하나됨'을 주창하는 것이 야기하는 위험, 즉 '둘'을 부정하고 양자 간의 냉전을 부추길 수 있는 위험에 착목하고 있다. 그들이 보기에 현재 목표로서의 통일을 이야기하는 것은 그 의도와 달리, 남과 북 사이에 존재하는 '대화의 단절'과 '대결 상태', 즉 '냉전 상태'를 만들어 놓는다. 따라서 그들은 '하나'가 아니라 '둘'에서 출발하고자 한다. 즉, 그들은 이런 냉전 상태를 극복하고 '평화'를 만들어가기 위해서 '통일'이라는 '하나됨'을 지상 최대의 목표로 삼을 것이 아니라 오히려 '둘'이라는 현존 국가 상태에 대한 승인과 국가 관계의 정상화로부터 시작해야 한다고 주장하고 있다.

이것은 매우 현실적인 판단이라고 할 수 있다. 왜냐하면 남과 북의 국가인 한국과 조선이 현재 한반도의 반쪽을 각기 실효적으로 지배하고 있을 뿐만 아니라 거기에 살고 있는 국민들의 대표체로서 남북 관계의 대화 주체이기 때문이다. 그리고 역사적으로도 이와 같은 실례가 없었던 것이 아니다. 남북 관계에서 '둘의 상호 승인'을 보여주는 대표적인 사례가 1991년 이루어진 '남북유엔동시가입'이라고 할 수 있다. 1991년 9월 17일 유엔은 총회에서 대한민국과 조선민주주의인민공화국을 유엔에 동시 가입하는 것을 승인하였다. 이것은 '한국'과 '조선'이라는 두 국가를 승인하는 것이라는 점에서 대화와 교류를 위한 '둘'의 승인이었다고 할 수 있다.

그러나 이렇게 '남북유엔동시가입'이 이루어지기까지의 역사를 보면 그것이 그리 쉬운 것은 아니었다. 왜냐하면 그것은 '민족적 동일화의 욕망'을 배반하는 것처럼 보이기 때문이다. 1972년 '7·4 남북공동성명'을 발표한 이후, 박정희 정부는 1973년 '6·23 평화통일외교정책선언'을 발표하였다. 이것은 그 명칭이 보여주듯이 남과 북의 평화를 이룩하기 위한 조치라는 차원에서 제안된 것이었으며 그 핵심 제안이 '남북유엔동시가입'이었다. 그러나 남쪽이 '6·23 평화통일외교정책선언'을 발표한 바로 그날, 북은 체코공산당 대표단 환영 평양시 군중대회에서 남측이 제안한 '남북유엔동시가입' 정책을 "두 개의 조선"이라는 민족 분열 책동이라고 맹비난했다.[78]

또한, 그로부터 이틀 후인 6월 25일 조선로동당 중앙위원회 정치위원회 확대회의에서 오늘날 북이 '조국통일 3대 헌장' 중의 하나라고 주장하는 '조국통일을 위한 전민족대단결 10대 강령'의 역사적 기원이 되는 '조국통일 5대 방침'을 발표하였다.[79] 따라서 남측의 '남

---

78) 김일성, 「민족의 분렬을 방지하고 조국을 통일하자」, 『김일성 저작집』 28권, 조선로동당출판사, 1984, 390-392쪽.

79) 김일성, 「조국통일을 위한 전민족단결 10대 강령」, 『김일성 저작집』 44권, 조선로동당출판사, 1996, 161-164쪽. 북은 '전민족대단결 10대 강령'이 "조국광복회10대강령의 정신을 오늘의 현실에 맞게 발전시킨 것"(김일성, 「조국통일의 유일한 출로는 전민족의 대단결이다」, 『김일성 저작집』 44권, 조선로동당출판사, 1996, 166쪽)이라고 주장하고 있지만 실제로 그것이 정착되어가는 역사적 과정은 1990년 5월 최고인민회의 제9기 제1차 회의 연설에서 내놓은 '조

북유엔동시가입'에 대항하여 북측이 내세운 논리는 '민족적 동일화의 욕망'에 따른 '민족대단결'이라는 원칙이었다고 할 수 있다. 하지만 그럼에도 불구하고 1990년 9월 남북유엔동시가입에 반대하던 소련이 한국과 외교 관계를 맺고 곧이어 중국마저 무역대표부 설치에 합의하면서 북은 태도를 바꾸어 동시가입에 동의함으로써 남북유엔동시가입이 이루어졌다.

물론 남북유엔동시가입은 북측이 주장하듯이 외형적으로 보았을 때, 한반도에 두 개의 국가라는 존재를 국제 사회가 승인함으로써 '분단'을 고착화하는 것으로 보일 수 있다. 그러나 역사적으로 볼 때, '남북유엔동시가입' 이전까지만 하더라도 대한민국과 조선은 국제 사회에서 서로에 대해 매우 적대적인 냉전적 태도로 일관했으며 북이 주장하는 '하나의 조선' 정책이 둘의 관계를 민족적 우애의 관계를 형성하도록 만들었던 것도 아니다. 왜냐하면 한국은 대한민국만이 한반도의 유일 합법 정부라면서 한국 단독의 유엔 가입을 추진했으며 조선은 조선대로 조선만이 한반도의 유일 합법 정부라면서 조선 단독의 유엔 가입을 추진했기 때문이다.

반면 '남북유엔동시가입'은 국제 사회가 남과 북의 두 국가를 승인함으로써 오히려 국제 사회에서 전개되었던 양 국가 사이의 적대적 대결을 청산하고 '평화'를 만들 수 있는 기본적인 계기를 제공해 준다고 할 수 있다. 8 · 15 해방 이후 남과 북의 분단이 가속화되면서

국통일 5대 방침', 1991년 8월 1일 조국평화통일위원회와 조국통일범민족연합 북측본부 간부들과의 담화를 거쳐 1993년 4월 5일 '조국통일을 위한 전민족대단결 10대 강령'으로 정립되었다.

양 국가가 한국전쟁이라는 동족상잔의 비극으로 나아가고 있던 바로 그 시점이었던 1949년 10월 21일 유엔 총회에서는 '대한민국이 한반도 유일의 합법 정부'라는 선언이 이루어졌으며 그 이후 한국은 이를 중요한 정통성의 상징으로 삼아오면서 '조선'이라는 국가를 부정하였다. 그러나 남북유엔동시가입은 유엔으로 하여금 '대한민국은 휴전선 이남의 정부이고, 조선민주주의인민공화국은 휴전선 이북의 정부'라는 점을 승인하게 함으로써, 이와 같은 정통성 경쟁에 종지부를 찍을 수 있는 계기를 제공하기 때문이다.

바로 이런 점에서 남북유엔동시가입이 낳은 역사적 효과는 '북'이 주장하는 '민족 분열 책동'과는 정반대라고 할 수 있다. 물론 외형적으로 드러나는 논리로만 보았을 때, 남북유엔동시가입은 '두 개의 한국(두 개의 조선)'을 국제 사회가 인정함으로써 남과 북이 '통일을 지향하는 특수 관계'를 부정하고 있다는 점은 명백하다. 게다가 독일의 경우 자신들의 관계가 특수한 관계라는 것을 밝히는 기본 조약을 체결한 이후 유엔에 동시 가입했다. 하지만 우리의 경우에는 어떤 조약이나 협정 없이 유엔에 동시 가입했다. 따라서 남북유엔동시가입은 아무리 조건 없이 현재 한반도에 두 개의 국가가 존재한다는 것을 국제 사회가 승인한 것처럼 보인다.

그러나 실제로 '남북유엔동시가입' 이후 역사적으로 전개된 과정을 본다면 '둘의 승인'은 남북 관계에서 '분단의 고착화'가 아니라 오히려 그 역으로 '분단 극복'의 길을 열어주는 효과를 낳았다. 왜냐하면 독일과 같이 어떤 조약이나 협정 같은 내외적 공포 없이 남북한이 유엔에 동시 가입함으로써 한반도에 두 국가가 존재한다는 실체를 내외적으로 선포하였음에도 불구하고 바로 그해 말인 1991년 12월, 남과 북은 둘의 관계가 단순한 국가 관계가 아니라 통일을 지향하는 특수 관계라는 점을 밝히는 '남북기본합의서'를 채택했기 때문이다. 따라서 남과 북이라는 둘을 승인하는 '남북유엔동시가입'은 역사적으로 볼 때, 북이 주장하는 '민족 분열 책동'은 물론이고 남쪽 내부에서 일부 통일 세력들이 '분단의 영구화를 초래'할 것이라는 비판과는 정반대로 효과를 낳았다.

그렇다면 왜 이런 정반대의 효과를 낳았던 것일까? 그것은 남북 관계에서 작동하는 '민족적 동일화'의 욕망과 같이 특별한 사랑의 감정을 동반된 관계에서 '둘'의 상호 승인은 결코 남남의 관계로 남을 수 없으며 그것을 없애고자 해도 '하나됨의 욕망'을 완전히 제거하지 못하기 때문이다. 그리고 그렇기 때문에 이런 관계에서 '둘의 승인'은 오히려 그들의 '욕망'이 유발하는 동일성의 폭력을 제어하고 그들 사이의 '차이와 다름'을 승인함으로써 둘의 관계를 발전시키는 효과를 낳을 수 있다. 게다가 대화의 전제 조건은 대화의 주체로서 '둘'을 정립하는 과정 없이 이루어질 수 없기 때문에 남북 관계에서의 만남과 대화가 '소통'이 되기 위한 두 번째 조건은 남과 북이라는 '둘의 승인'이라고 할 수 있다.

하지만 이렇게 둘의 승인이 낳는 효과는 여기서 멈추지 않는다. 남북유엔동시가입 이전과 이후에 설정되는 '통일'의 개념은 같을 수 없기 때문이다. 실제로, 남북유엔동시가입 이전에 남북이 합의한 '7 · 4 남북공동성명'에서의 통일은 '민족의 하나됨'이라는 욕망에 근거하고 있는 '통일' 즉, 목표로서의 통일이었기 때문에 이 당시의 통일 개념은 '남북통일'이라는 결과만을 상정한 통일 개념이라고 할 수 있다. 그러나 남북유엔동시가입 이후 남북이 합의한 '남북기본합의서'에서 제시된 통일 개념은 '결과로서의 통일'이 아니라 '과정으로서의 통일'이라고 할 수 있다. 왜냐하면 여기서의 통일은 남과 북이라는 두 국가가 존재로부터 출발하기 때문이다.

3 '남북기본합의서': '둘'의 승인과 과정으로서의 통일, 그리고 평화의 원칙

역사적으로 볼 때, 남북유엔동시가입이 이루어진 이후, 남북이 합의한 '남북기본합의서'는 '7·4 남북공동성명'에서 작동하고 있는 '민족적 동일화'의 욕망에도 불구하고 남과 북이라는 두 국가의 실체를 인정하고 있고 있기 때문에 그 둘의 관계 속에서 통일을 만들어가는 '과정으로서의 통일'이라는 개념에 기초할 수밖에 없다. 이 합의문의 전문에서 두 국가의 정상은 통일 문제를 단순히 '민족적인 문제'로만 다루지 않고 '두 국가 간의 관계 문제'로 다루고 있다. 여기서 남과 북의 두 정상은 "쌍방 사이의 관계가 나라와 나라 사이의 관계가 아닌 통일을 지향하는 과정에서 잠정적으로 형성되는 특수 관계라는 것을 인정하고 평화통일을 성취하기 위한 공동의 노력을 경주할 것을 다짐"하고 있다.

바로 이런 점에서 '남북기본합의서'는 전문에 밝힌 바와 마찬가지로 '7·4 남북공동성명'을 역사적으로 계승하고 있지만 그것을 넘어

서고 있다. 여기서 '통일'은 '지향하는 과정'과 '공동의 노력'이 낳는 결과로 상정되어 있으며 이런 과정을 만들어가는 두 주체로 한국과 조선이라는 두 개의 국가를 전제하고 있다. 따라서 '남북기본합의서'는, '7 · 4 남북공동성명'처럼 단순히 '우린 하나의 민족'이라는 열정으로, '민족적 동일성'을 강조하면서 통일을 하자고 하는 것이 아니라 현실적으로 한반도의 남쪽과 북쪽을 실효적으로 지배하고 있는 두 국가의 적대적 관계를 통일을 위한 '공동의 노력'의 상대자로 만들고 있다.

그렇기에 '남북기본합의서'는 '7 · 4 남북공동성명'과 달리 '자주, 민족대단결'과 같은 민족적 가치에서 나오는 원칙보다 우선적으로 '두 국가 간의 관계'를 '평화'롭게 만드는 문제에 집중하고 있다. 이것은 '평화'의 원칙이나 가치 비중이 완전히 달라지고 있다는 점에서도 드러나고 있다. '7 · 4 남북공동성명'에서 '평화'는 단순히 '수단적 지위'를 가지는 '통일의 방법'이라는 차원에서 제시되었다. 그러나 '남북기본합의서'에서 '평화'는 '통일'과 거의 동일한 수준에서의 지위와 가치를 가지고 있는 것으로 설정되고 있다. 이것은 양 선언문이 동일하게 '평화'라는 단어를 사용하고 있음에도 불구하고 그것이 서술되는 체계와 그 단어가 놓이는 맥락적 위치가 달라졌다는 점에서도 드러나고 있다.

'7 · 4 남북공동성명'에서 '평화의 원칙'은 단순히 '평화적 방법', 즉 "상대방을 반대하는 무력행사에 의거하지 않고 평화적 방법으로 실현"한다는 의미만을 가지고 있었다. 또한, 그 서술 체계에서도 '조국통일 3대 원칙'에 대한 합의로부터 시작하여 그 다음 '긴장완화와 상호비방 중단, 군사충돌방지'와 같은 '평화를 위한 조치들'에 대한 합의들로 나아가고 있다. 따라서 여기서의 평화는 단순히 '상호 간의 분란이나 다툼이 중단된 상태'라는 정도의 의미만을 가지고 있다. 그러나 '남북기본합의서'에서 '평화'는, '평화통일'과 같이 통일과 동일한 비중으로 격상되며 그 서술 방식에서도 '평화'가 제일 앞에 놓여졌다. 또한, 서술 체계상에서도 '통일을 지향하는 특수 관계'를 밝힌 '전문' 다음에 1장 1조를, '상호 체제 인정'으로부터 시작하고 있다.

그런데 이 중에서 주목해야 할 것은 '상호 체제 인정'이라는 개념이다. 이것은 '둘'을 '대화와 만남의 상대자'이자 '국가적 실체'로 인정하는 것으로, '7 · 4 남북공동성명'에는 전혀 등장하지 않았던 개념이다. 하지만 '남북기본합의서'는 "남과 북은 서로 상대방의 체제를 인정하고 존중한다."라는 분명하게 적시하고 있으며 그로부터 그 이후의 제반 '평화를 위한 조치들'을 서술하고 있다. 따라서 '7 · 4 남북공동성명'에서 제시되고 있는 '평화의 원칙'은 '7 · 4 남북공동성명'과 질적으로 다를 뿐만 아니라 '소통'의 전제조건이 되는 '남북의 특수한 관계맺음'의 형식을 '둘'이라는 존재론적인 기반 위에 세웠다고 평가할 수 있다. 하지만 그렇기 때문에 존재론적으로 '하나'에 근거하고 있는 '통일'과 '둘'에 근거하고 있는 '평화'는 현실적으로 상호 긴장 관계를 가질 수밖에 없다.

오늘날 '평화통일'은 사람들에게 자명한 원칙처럼 간주되며 그렇기에 사람들은 일반적으로 '평화통일'이라는 두 개념의 조합에서 어떤 긴장이나 충돌을 느끼지 못한다. 그러나 '평화'와 '통일'은 앞에서 말한 것처럼 그것이 출발하는 존재론적 차원이 다르기 때문에 자연스럽게 연결될 수 있는 개념도 아니다. 이것은 실제로 통일 문제를 둘러싼 남북 관계의 역사를 보면 더욱 확연하게 드러나는 것이기도 하다. 왜냐하면 '7 · 4 남북공동성명' 이후, '하나', '하나됨'이라는 '민족적 동일화'를 강조하면서 일관되게 이 원칙을 주창하면서 '남'쪽을 비판하는 것은 '북'인 반면, '둘', '과정'을 내세우면서 '평화'를 강조하고 '북'을 비판하고 있는 것은 '남'이기 때문이다. 그리고 그 정점에 '연방제' 대 '연합제'라는 통일 방안을 둘러싼 남북 상호 간의 경쟁이 놓여 있다.

북은 지금까지도 '7 · 4 남북공동성명'을 '조국통일을 위한 전민족 대단결 10대 강령', '연방제통일방안'과 더불어 '조국통일 3대 헌장'으로 규정하고 '6 · 15 남북공동선언'과 '10 · 4 선언'에서 나오는 '우리 민족끼리'라는 문구를 일방적으로 선전하고 있으며 남쪽을 '반통일 세력', 또는 '민족 분단 획책 세력'으로 비난하고 있다. 반면 남쪽은 '7 · 4 남북공동성명' 이후, 줄곧 남북 간의 평화를 실현하는 데 노력해 왔으며 김영삼 정부 이후, '남북기본합의서'를 "남과 북이 세계와 민족 앞에 그 실천을 약속한 화해와 협력의 대장전"이라고 규정하면서도 정작 '6 · 15 남북공동선언'이나 '10 · 4 선언'에 나오는, 합의된 문구임에도 불구하고 '우리 민족끼리'와 같은 문구들은 '북쪽의 일방적 주장'인 것처럼 비난하고 있다.

하지만 남북 관계의 역사를 볼 때, 이런 통일 방안을 둘러싼 남북 대결이 고착화된 것은 1990년대 중반이라고 할 수 있다. 북은 1991년 '남북기본합의서'가 채택되었을 때만 해도 남쪽과 별로 다르지 않은 관점, 즉 평화의 원칙이라는 관점에서 이를 '평화통일촉진강령'이라고 하면서 매우 높게 평가했다. 즉, "근 반세기 동안 지속되어 온 북남 사이의 첨예한 대결 상태를 끝장내고 상호신뢰의 바탕 위에서 민족적 단합을 이룩하여 나라의 평화와 평화통일의 새 국면을 열어가는 데서 획기적인 의의를 가지는 평화통일촉진강령"[80]라고 칭송했던 것이다. 그러나 북핵 문제가 수면으로 떠오른 1992년 중반부터 북은 '남북기본합의서'를 주변화하기 시작했다.

반면 남은 1994년 김영삼 정부가 '7·4 남북공동성명'에서 합의한 '조국통일 3대 원칙'을, '자주·평화·민주'라는 '통일 3원칙'으로 바꾸면서 제안한 '민족공동체통일방안'이 국가의 공식 통일론으로 정립된 이후 '조국통일 3대 원칙'은 거의 언급되지 않고 있다. 물론 남쪽 내부에서만 보았을 때, '자주·평화·민주'라는 3원칙을 처음으로 공식화한 것은 1989년 노태우 대통령의 국회 연설이었다. 하지만 이 당시만 하더라도 그것은 '자주·평화·민족대단결'이라는 3대 원칙과 병렬적으로 다루어졌다.[81] 하지만 1994년 8·15 경축사에서 김영삼 대통령은 '민족공동체통일방안'을 제안하면서 '민족대단결의 원칙'에 대해서는 아예 언급조차 하지 않은 채 자주, 민주, 평화라는 통일의 3원칙만을 내세웠다.

그렇다면 왜 남과 북은 '7·4 남북공동성명'과 '남북기본합의서'에 대해 이런 상반된 태도를 보이고 있는 것일까? 그것은 무엇보다도 '평화'와 '통일' 사이에 간극 또는 균열의 가능성이 존재하기 때문

---

80) 『로동신문』, 1991. 12. 25.
81) 이 제안을 내놓았던 연설문에서조차 노태우 정부는 "통일을 이루는 원칙은 어디까지나 민족자결의 정신에 따라 자주적으로, 무력행사에 의거하지 않고 평화적으로, 그리고 민족대단결을 도모하고 민주적으로 실현되어야" 한다는 점을 분명히 하였다.

이다. '7·4 남북공동성명'은 '같은 민족'이라는 점에서 통일을 당위론적으로 제안하는 데 반해 '남북기본합의서'는 '두 국가 간의 관계'라는 점에서 통일을 매우 현실적으로 다루고 있다. '상호 체제 인정'을 포함하는 통일이라는 개념은 기본적으로 통일을 '결과'가 아니라 '과정'으로 보기 때문에 가능하다. 따라서 그 당시 '남북기본합의서' 작성에 관여했던 임동원 통일부 장관은 '남북기본합의서'를 "통일을 과정으로 인식하는 토대 위에서 남북 관계의 성격을 잠정적 특수 관계로 규정한 문서"[82]로 규정하고 있다.[83]

그러나 문제는 바로 그렇게 통일 문제를 두 국가의 관계로 접근하기 때문에 남북 관계의 특수성은 다른 국가와의 관계에서는 존재하지 않는, 매우 기묘한 자기 모순을 드러낸다는 점이다. 이 합의문에 따르면 남북 관계는 '통일을 지향하는 관계'이면서 '잠정적으로 형성되는 특수 관계'이다. 여기서 '잠정적'이라는 것은 현재 관계를 맺고 있는 한국과 조선이라는 두 개의 국가가 영원히 존속하는 국가가 아니라 통일 이후에는 사라질 수밖에 없는 국가로서, 자기 부정을 함축하고 있다. 즉, 한국과 조선이라는 두 개의 국가는 '통일을 지향'하기 때문에 적어도 둘의 관계 내에서는 통일 이전까지만 '잠정적으로' 독립 국가라는 것을 의미한다.

그렇다면 당장 다음과 같은 항의의 목소리가 이어질 것이다. "아

---

82) 임동원, 「남북기본합의서와 6·15 남북공동선언」, 『역사비평』 97, 역사문제연구소, 2011, 122쪽.
83) 바로 이런 점에서 "첫째, 남북기본합의서는 통일을 결과가 아닌 과정으로 전제하고, 남북 관계 개선과 평화 공존, 나아가 통일을 향한 기본틀을 제시하였다는 점에 핵심적 의의가 있다."는 평가는 매우 정확한 평가라고 할 수 있다(정규섭, 「남북기본합의서: 의의와 평가」, 『통일정책연구』 20-1, 통일연구원, 2011, 17쪽).

니, 이게 무슨 소리야. 우리나라가 온전한 자립적 독립 국가가 아니라 '잠정적인 독립 국가라니?" 그러나 이것은 '나'를 규정하는 것이 '나'란 개체가 아니라 내가 맺고 있는 '관계'라는 것을 전혀 고려하지 못하고 있는 것일 뿐이다. 예를 들어 부모와 관계할 때 나는 자식이지만 내가 자식과 관계할 때 나란 존재의 규정은 바뀔 수밖에 없다. '대한민국'이라는 국가가 맺는 관계들 또한 마찬가지이다. 대외적 관계에서 대한민국은 자신의 국가에 살고 있는 국민들의 대표성을 위임받은 '정상 국가'로 행동하며 대한민국이라는 국가와 관계를 맺는 다른 외국의 국가들도 그렇게 간주한다.

하지만 '통일을 지향하는' 남북 관계에서 대한민국과 조선민주주의인민공화국이라는 두 국가는 '한국 또는 조선에 살고 있는 국민'이라는 '국민의 대표성'만으로 행동할 수 없으며 다른 한편으로 '민족'적 가치를 가지고 행동할 수밖에 없다. 왜냐하면 여기서의 국민들은 두 국가의 국민이면서도 '한민족'이라는 민족적 동일화의 욕망을 가지고 있는 자들이기 때문이다. 따라서 다른 국가 간의 관계와 달리 남북 관계에서 대한민국과 조선이라는 국가는, 국가 간의 관계를 초과하는 어떤 욕망, '민족'이라는 동일성의 욕망을 대표해야 하며 그렇게 행동해야 한다. 또한, 그렇기 때문에 남과 북의 국가들은 모두 다 한반도에 살고 있는 사람들 전체, 즉 한민족이라는 민족의 대표성'을 보여주기 위해 노력해 왔다.

'분단국가주의'는 이런 '민족의 대표성'을 '분단 국가'로 전치시킨 것이라고 할 수 있다. 왜냐하면 현실적으로 두 국가는 분단으로 인해 '한민족이라는 민족 전체를 대표'할 수 없기 때문이다. 이런 점에서

'통일을 지향하는 특수 관계'는 한국과 조선이라는 두 국가 내부에서 본다면 한반도 전체를 대표하지 못하는 '분단 국가'라는 '결핍'을 함축하고 있다. 이 결핍은 근대 국민국가가 민족＝국가라는 대표성을 가지고 있음에도 불구하고 한국과 조선이라는 두 국가의 관계에서는 "민족≠국가"[84]라는 어긋남이라는 결핍이며 그런 의미에서 한국과 조선이라는 국가는 "결손 국가(a broken nation states)"[85]이기도 하다. 분단국가주의는 이 결핍을 감추기 위해 '민족＝국가'를 '국가＝민족'으로 전치시킨다.

하지만 이렇게 되었을 때, 남과 북의 두 국가는 서로를 부정할 수밖에 없다. 왜냐하면 민족의 대표자는 한국 또는 조선이라는 국가이기 때문이다. 따라서 대한민국과 조선민주주의인민공화국이라는 두 국가의 실체를 인정하는 것은 역으로 그들의 국가가 '결핍된 국가'이며 '불안정한 국가'라는 것을 인정하는 것이기도 하다. 이것은 국가의 입장에서 드러나지 않아야 할 치부이다. '남북기본합의서'에서 남과 북이 유엔에 동시가입하고 상호 체제를 인정하기로 합의했음에도 불구하고 여전히 그에 부합하는 헌법 개정이나 실질적인 조치를 취하지 않는 것은 바로 이 때문이다.

하지만 대화 상대자를 부정하거나 무시 또는 적대하면서 그와 '소통적 관계'를 만들어간다는 것은 애초부터 실현 불가능한 이야기일 뿐이다. 물론 '소통' 없는 무력통일 또한 가능하다. 그러나 그것은 한

---

84) 류보선, 「민족 국가라는 상황과 한국 근대문학의 정치적 (무)의식」, 『한국 근대문학과 민족-국가 담론』, 소명출판사, 2005, 24쪽.
85) 임현진·정영철, 『21세기 통일한국을 위한 모색』, 서울대학교출판부, 2005, 1쪽.

반도 전체를 전쟁이나 극한적인 물리적 대결로 몰아넣음으로써 한 민족 전체의 공멸이라는 '위험'을 야기할 가능성이 높다. '남북기본합의서'를 만들어냈던 남과 북의 정상들도 이런 점을 너무나 잘 알고 있었다. 그래서 그들은 '남북기본합의서' 전문에서 '통일 지향'만이 아니라 "평화통일을 성취하기 위한 공동의 노력을 경주할 것을 다짐"하고 있다. 바로 이런 점에서 남과 북은 자기 모순을 인식하고 '남북기본합의서'의 정신으로 돌아가 '상호 체제 인정'으로부터 시작되는 '평화의 구축', 특히 이에 대한 구체적인 실천들을 적시하고 있는 '10 · 4 선언'의 합의들의 이행으로부터 남북의 소통적 관계맺음을 시작해야 한다.

3장

남북 소통의 패러다임과
소통의 방식들

1 하나와 둘의 변증법: '내 안의 타자'와의 대화

통일은 당위가 아니라 현실이다. 이것은 남과 북이, 사랑하는 사람들 사이에 존재하는 '동일화의 욕망', '동일성'이라는 환상적 믿음 체계를 가지고 있기 때문이다. 국제 사회에서 남과 북이라는 두 국가의 실체를 공식적으로 승인한 이후, 남과 북은 '두 개의 정상 국가가 맺는 관계'가 아니라 '통일을 지향하는 특수 관계'로 나아갔다. 이것은 그들 사이에 작동하는 독특한 욕망을 보여주고 있다. 하지만 그렇기 때문에 남북의 대화와 교류는 다른 국가들의 소통적 관계맺음과 달리 더 밀접한 관계를 만들어갈 수 있음에도 불구하고 오히려 더 많은 갈등과 충돌을 동반하면서 상호 적대적 관계를 만들어낼 가능성을 가지고 있다.

다른 국가들 사이에서 이루어지는 외교적 관계는 대한민국과 조선민주주의인민공화국은 두 개의 독립적인 정상 국가이다. 또한, '외교'라는 말이 보여주듯이 그들 국민의 대표체로서 국가가 자기 나라의 국민적 이익을 위해서 협력하거나 갈등하면서 국익을 최대화하기 위한 대화나 교류를 진행하면 된다. 그러나 남북 사이의 대화나 교류 협력은 이것만으로 이루어질 수 없다. 게다가 그것은 '분단 국가'의 자기 결핍을 드러낸다. 따라서 남북의 만남과 대화는 다른 국가들과의 관계보다 훨씬 더 많은 장애물을 가지고 있다. 그것은 무엇보다도 '민족적 동일화의 욕망'을 동반하기 때문에, 또한 그것이 자기 자신의 내적 결핍, 분열, 불안정성을 드러내기 때문에 합리적으로 작동할 수 없다.

국가는 국가의 대표체이면서 민족의 대표체여야 한다. 여기에는 '국익'으로 환원될 수 없는, 민족적 대표체로서의 경쟁과 민족적 동일성이라는 환상이 언제나 동반되어 있다. 이것은 이율배반적인 두 얼굴의 국가를 생산한다. 한편으로는 '정통성 경쟁'이라는 적대적 경쟁 관계하에서 대한민국 또는 조선민주주의인민공화국이라는 국가의 이익을 대변하기 위한 '이해 타산적인 논리'가 작동하면서 다른 한편으로는 '우리가 남이가!'와 같은 하나의 민족이라는 환상 체계가 작동한다. 이것은 '둘'이면서도 '둘'이 아니고 '하나'면서도 '하나'가 아니다. 따라서 남북 관계의 가변성과 이율배반적인 '야누스의 얼굴'은 이런 딜레마를 표현하고 있다.

그런데 이 이율배반적인 두 얼굴이 바로 남북 관계에서 대한민국이라는 분단 국가와 조선이라는 분단 국가가 취할 수밖에 없는 현실적인 태도이기도 하다. 대한민국과 조선이 상호 관계에서 이율배반적일 수밖에 없는 것은 현실적으로 그 두 개의 국가가 맺는 관계 하에서는 둘 다 분단 국가로서 '비정상적인 국가'이기 때문이다. 따라서 이것은 북의 국가인 '조선'만 취하는 태도가 아니라 남의 국가인 '대한민국'이 취하는 태도이기도 하다. 조선은 한국인의 입장에서 '북한'이며 한국은 조선인의 입장에서 '남조선'이다. 여기서 부정되는 것은 한국인의 입장에서 '조선'이며 조선인의 입장에서 '한국'이다. 이 경우, 한국이라는 국가와 조선이라는 국가가 취하는 태도는 대화 상대자인 남 또는 북의 국가를 서로 인정하지 않으면서 그것을 절멸시키고자 하는 '부정적 제스처'로서 적대성에 빠져들 수밖에 없다.

바로 이런 점에서 남북 대화에서 필요한 자세는 남북의 동일성을 '당위'적으로 강조하면서 이것을 부각시키는 것이 아니라 오히려 '둘의 차이'라는 현실을 강조하고 그에 입각해서 남과 북의 소통적 관계를 만들어가는 것이다. 일반적으로 남남의 관계에서는 '하나됨'이라는 동일화의 욕망이 작동하지 않기 때문에 서로의 차이로부터 출발하며 '타산적 계산'에 의한 행동이 자연스러운 것으로 간주된다. 또한, 서로 잘 모르는 남일수록 사람들은 그가 가지고 있는 생각과 성향들이 무엇인지를 배우려고 하며 '자신의 욕망'에 대해 거리를 두고 이를 객관화하는 경향을 가지고 있다.

그러나 사랑이라는 감정을 동반한 관계에서는 이와 같은 '객관화', '자기 자신의 욕망에 대한 거리 두기'가 쉽지 않다. 이것은 사랑하는 관계가 지속적으로 '하나됨'이라는 동일화의 욕망을 생산하기 때문이다. 여기서 서로의 '다름'이나 '차이'는 '하나'가 아니라 '둘'이라는 분열로, 마치 서로에 대해 타인이 되어버린 것과 같은 자기 욕망에 대한 부정으로 다가온다. 따라서 타인과의 관계에서 발생하는 소통의 장애와 사랑하는 사람들 사이에서 발생하는 소통의 장애는 다르다. 타인과의 관계에서 소통의 장애는 너무 이해 타산적이라는 점에서 발생한다면, 사랑이라는 감정을 동반한 관계에서는 '사랑'이라는 감정의 과잉이 '소통의 장애'를 유발한다. 따라서 소통의 장애는, 그 관계의 고유한 형식을 만들어주는 욕망의 과잉화가 이루어질 때, 발생한다는 점에서 '역설적'이라고 할 수 있다.

즉, 남남의 경우, 장애가 되는 것은 '이익 추구의 형식'을 따라 자신의 이익을 과도하게 취하려는 이기심에 있다면, 사랑하는 사람의 경우, 장애가 되는 것은 그 형식에 따라 과도하게 '하나라고 생각하거나 하나가 되려는 욕망'을 발산할 때라는 것이다. 그렇다면 왜 이런 '역설'이 발생하는 것일까? 그것은 바로 관계의 고유한 형식에도 불구하고 그 안에서 맺는 관계는 서로 다른 두 개체이며 그 두 개체 사이의 믿음 체계는 단순히 '이해관계'나 '사랑하는 관계'로 환원될 수 없는, 그 어떤 보충적 작용이 필요함에도 불구하고 '나의 욕망'만을 보면서 상대의 차이와 다름을 보지 않기 때문이다. 즉, 이해관계에서는 나의 이익만을 보고, 사랑하는 관계에서는 내가 가진 동일화의 욕망만 보고 있기 때문에 그런 과잉화가 유발할 수 있는 장애를 보지 않는 것이다.

그러나 우리의 만남과 대화가 '막힘'을 뚫고 흐르는 소통이 되기 위해서는 그 관계의 고유한 형식에 근거하면서도 그것이 동반하는 욕망의 과도한 충실성, 또는 욕망의 과잉화를 경계하면서 그 형식을 초과하는 어떤 보충적 작용들을 만들어갈 필요가 있다. 여기서 보충되어야 할 것은 '형식의 충실성'을 넘어서는 어떤 것이다. 예를 들어 다른 나라와의 외교 관계에서 오직 '이익'만을 추구하다 보면 두 나라의 관계는 동맹적인 관계로 발전할 수 없기 때문에 이해타산적인 계산적 합리성을 넘어서 '신뢰'를 만들어가는, 특별한 어떤 것이 필요한 것처럼 남북 관계에서는 '하나의 민족'이라는 민족적 동일화의 욕망을 동반한 관계이기 때문에 그로부터 거리를 두고 오히려 타자의 '차이와 다름'을 나눌 수 있는 관계를 만들어가는, 그 반대의 보충물을 필요로 하는 것이다.

그러나 이런 보충적 작용이 작동하기 위해서는 그것을 가로막는 장애물이 바로 '나의 욕망'에 대한 충실성으로부터 나온다는 것에서 출발할 필요가 있다. 남북 대화와 만남을 왜곡시키는 소통의 '걸림돌'도 '민족적 동일화'의 욕망에 대한 나의 충실성으로부터 나온다. 따라서 소통의 장애는 '타자의 다름, 차이'에 있는 것이 아니라 바로 '나의 욕망'에 있다. 왜냐하면 '민족적 동일화라는 나의 욕망'은 '나'라는 존재의 밖에 위치하는 것이 아니라 '나'라는 존재 안에 위치하기 때문에 타자의 다름, 차이를 지우고자 한다. 그것은 '나와 같음'이라는 동일화의 욕망을 따라 대화와 만남의 상대자를 '나의 일부로서 대상'이자 '나와 동일한' '내 안'에 존재하는 대상으로 만들어버린다.

일반적으로 사람들은 내가 잘못된 행동을 해서 비판을 받게 되었을 때, 비판하는 사람이 타인일 경우, 그런 대로 잘 수용하는 반면 사랑하는 사람의 경우, 그렇지 못한 경우를 종종 발견하게 된다. 이것은 사랑하는 사람들 사이의 관계에서 작동하는 동일화의 욕망이 그 사람의 비판이 옳은가 그른가 이전에 섭섭하거나 싫다는 감정을 먼저 불러일으키기 때문이다. 비판은 무엇보다도 자신의 욕망에 대한 거리 두기를 필요로 한다. 그러나 사랑하는 사람들의 관계에서는 그 또는 그녀의 비판이 옳음에도 불구하고 내가 받아들이지 못하고 오히려 '내 편을 들지 않은 그 또는 그녀'에 대한 미움의 감정에 사로잡히게 되는 것은, '나와 동일하게 현재 내가 느끼는 감정'을 그대로 느낄 것이라고 믿는, 바로 그 믿음의 체계를 만들어내고 있는 '나의 욕망'에 사로잡혀 있기 때문이다.

그러므로 우리의 대화나 만남이 '소통적 관계맺음'으로 나아가기 위해 사람들이 자기 자신에 대해 우선적으로 경계해야 하는 것은 나의 욕망과 감정이라고 할 수 있는데 남북유엔동시가입은 거리 두기를 위한 현실적 조건을 창출했다는 측면에서 역사적 의미를 가지고 있다. 남북유엔동시가입은 남과 북을 우리 자신이 가지고 있는 '내 안의 타자'로서 '타자의 차이와 다름'을 객관화하고 그를 대화의 독립적인 주체로 바꾸어 놓았다. 그러나 그렇다고 해서 이런 객관화가 '탈분단 평화론'이나 '통일부 폐지론자'들의 주장처럼 남북 관계를 남남의 관계처럼 단순한 국가 간의 이해관계로 환원해야 한다는 것을 의미하지 않는다. 그것은 목욕물을 버리다가 아이까지 버리는 어리석음을 범하는 것이다.

여기서도 가장 큰 틀에서 작동해야 하는 것은 '남북 관계의 특수성'이라는 관계의 고유성이며 그 고유성이라는 큰 틀을 해치지 않는

범위에서 '차이와 다름'을 나누는 것이라고 할 수 있다. 왜냐하면 남북유엔동시가입 이후 '남북기본합의서'가 체결된 것처럼, 남과 북의 관계는 서로에 대해 무관심한 '주체'가 아니라 '상대에게 특별한 관심'을 가지고 있는 '타자 지향적 주체'이기 때문이다. 남북 관계에서 둘은 남남의 관계처럼 '독립적인 두 주체의 관계'가 아니라 독립적일 수 없는, '타자에 깊숙이 연루되어 있는', '둘'이 맺는 관계이다. 따라서 남과 북의 두 국가는 언제나 '하나'를 전제하는 '둘'로 존재하며 그 '둘'의 상호과정 속에서 '하나됨'으로써 통일을 만들어가는 두 주체라고 할 수 있으며 통일은 이런 두 주체가 만들어가는 '하나와 둘의 변증법적 운동'이라고 할 수 있다.

'하나와 둘의 변증법'이란 '하나'라는 민족애적 동일화의 욕망이 알파(출발점)이면서 오메가(종착점)이지만 그것의 승패 여부를 결정짓는 것은 남과 북이라는 분단된 '두 주체'가 만들어가는 '과정으로서 통일'로 나타날 수밖에 없다. 그런데도 사람들은 '통일' 하면 두 개의 분단 국가가 하나의 국가로 '통일된 상태'만을 생각하는 경향이 있다. 하지만 '통일된 상태'를 의미하는 '하나'라는 실존은 사랑하는 사람들 사이에서 오랜 세월 동안 이루어진 '대화와 만남', 그리고 '공통 경험'이라는 과정의 결과로서 형성되는 것이다. 따라서 '민족애'라는 사랑의 감정은 통일의 출발점이자 종착점이지만 그 과정에서 남북이 취해야 할 태도는 여전히 '둘'이라는 점을 자기 자신에게 강제하면서 서로 다른 두 주체로서 다름을 나누면서 공통 경험과 공통적인 것을 만들어가려는 자세가 필요하다.

물론 그렇기 때문에 과정으로서의 통일은 '둘'과 '하나'의 지속적인 균열과 갈등, 긴장 속에 놓여 있을 수밖에 없다. 이것은 남과 북이라는 '둘'이 서로에 대해 무관심할 수 있는 '둘'이 아니기 때문이다. 게다가 한국과 조선이라는 두 개의 분단 국가라는 개체 내부의 관점에서 보면 남과 북은 자기 자신의 결핍을 드러내며 그 자신의 내적 분열을 표현하고 있다. 따라서 이런 내적 균열은 통일 과정 속에서도 그대로 드러날 수밖에 없다. 한국과 조선은 '하나'가 되고자 하기 때문에 자신의 현존 상태인 분단 국가를 지양해야 하지만 그러면서도 그들은 '통일을 만들어가는 과정'에서는 '분단 국가'의 개체성을 유지해야 하는 '둘'로 남아 있을 수밖에 없으며 통일은 이로부터 시작될 수밖에 없다.

그러므로 남과 북의 소통적 관계맺음은 분단 국가가 가지고 있는 이 두 얼굴의 모순을 남과 북, 또는 국가와 민족 사이의 적대적 대립이 아니라 '자기 안의 모순'으로 받아들이고 이 둘 중 어느 한 방향으로의 극단화를 경계하면서 대화를 진행하려고 하는 자기 성찰적 태도로부터 출발할 필요가 있다. '경계의 철학자'이자 '통일'을 경계인의 사유 속에서 발견하고 있는 송두율이 제기하는 '자기 안의 타자'라는 개념은 바로 이와 같은 '둘의 철학'으로부터 출발하고 있다. 그에게 있어서 '경계'는 '둘의 차이와 다름'을 의미하며 '남이거나 북이라는 이분법이 아니라 '남과 북'이라는 '한반도 전체'를 의미한다.

2 내재적 · 비판적 방법론:
해석학적 순환에 따른 남북의 소통

송두율이 남북 관계에서 발견하는 '경계'는 '휴전선'이다. 사람들은 휴전선을 떠올릴 때, 남북의 적대성과 전쟁의 공포만을 떠올린다. 여기서 남북은 '남이냐 북이냐'는 이분법적 대립으로 표상된다. 그러나 그는 휴전선에서 이와 정반대의 의미를 찾아낸다. 그가 보기에 휴전선이라고 하는 것은, 말 그대로 전쟁을 쉬고 있다는 의미로, 남과 북의 현재 국경선은 언젠가 사라질 수밖에 없는 것이라는 '잠정적 성격'을 드러내는 것이다. 따라서 그는 '휴전선'으로부터 '남북기본합의서'에서 규정된 남북 관계의 특수성과 동일한 의미에서, 언젠가는 무너질 수밖에 없는 잠정적인 국경선으로서 '휴전선'이라는, 통일 지향의 민족주의라는, 우리의 민족주의가 가지고 있는 특수성을 발견한다.[86]

그런데 그렇게 되었을 때, 휴전선이라는 경계는 더 이상 '남이냐 북이냐'의 논리 안에서 작동할 수 없게 된다. 왜냐하면 통일 지향을 위해 서로 협력해야 하는 관계가 되기 때문이다. 따라서 송두율은 '남이냐 북이냐의 논리' 대신에 '남과 북의 논리'를 통일의 소통적 자세로 제시하고 있다. 분단국가주의에서 남북 관계의 대화와 만남은 '남이냐 북이냐'의 논리 체계 속에서 작동한다. 그러나 '남이냐 북이냐'는 'either – or'로, 둘 중 어느 하나를 선택하도록 강제하면서 서

---

86) 송두율, 『민족은 사라지지 않는다』, 한겨레신문사, 2000, 86쪽.

로를 배제하는 적대적 이분법의 논리로 작동할 수밖에 없다. 반면 송두율처럼 남과 북을 'and'로 연결해서 보게 되면 통일 지향의 관계는 남과 북 둘 다를 사유하도록 한다. 그것은 곧 남과 북을 한반도 전체의 차원에서 사유한다는 것을 의미한다.

한반도 전체의 차원에서 남과 북을 보게 되면 남은 남의 관점에서, 북은 북의 관점에서만 보거나 대화할 수 없다. 오히려 그것은 '내 안의 타자', 즉 남 안의 북, 북 안의 남으로 드러난다. 따라서 송두율이 제안하는 소통은 남이 남의 입장에서, 북이 북의 입장에서 대화를 하는 것이 아니라 '남 안에서 북'을, '북 안에서 남'을 찾는 대화이다. 예를 들어 북의 '연방제' 안에서 남의 '한민족공동체'를, 남의 '한민족공동체'에서 북의 '연방제'를 찾는 것이다.[87] 이에 그는 '6 · 15 남북공동선언'을 매우 높게 평가하고 있다. 그가 보기에 북의 낮은 단계의 연방제와 남의 국가 연합 사이의 공통점을 가지고 합의를 이끌어 낸 것으로, 바로 '자기 안의 타자'를 바라보는 인식의 전환, 해석학적 전환이 이루어진 역사적 사건이기 때문이다.

게다가 더 나아가 송두율은 체제와 이념을 넘어서 한반도를 전체적으로 사유하는 '인식의 전환', 즉, "'북한 살리기'나 '남한 살리기'의 양자택일이 아니라 '남북한 다 살리기'라는 인식의 전환"[88]을 주장하고 있다. 이것은 곧 남과 북이 비록 다른 차이와 국가적 이해관

---

87) 송두율은 6 · 15 공동선언을 매우 높게 평가하고 있다. 그가 보기에 북의 낮은 단계의 연방제와 남의 국가 연합 사이의 공통점을 가지고 합의를 이끌어 낸 것이 바로 '과정으로서의 통일', '자기 안의 타자'를 바라보는 인식의 전환, 해석학적 전환이 이루어진 역사적 사건이기 때문이다(송두율, 『미완의 귀향과 그 이후』, 후마니타스, 2007, 91쪽).
88) 송두율, 『통일의 논리를 찾아서』, 한겨레신문사, 1995, 235쪽.

통일인문학

계의 대립을 가지고 있다고 할지라도 그들의 상호 이해나 대화 및 교류가 한반도 전체의 관점에서 이루어져야 한다는 것을 의미한다. 물론 한국과 미국, 프랑스, 독일과의 관계에서 '내 안의 타자'는 인간 이라는 공통성 안에서 움직일 수 있다. 그것은 일반적으로 인간이 가지고 있는 가치, 이해, 소통의 가치나 태도, 규범 속에서 작동할 수 있다. 하지만 남북 관계는 그것을 '초과'한다.

남북 관계에는 항상 일반적인 인간관계를 넘어서는 특별한 감정이 동반된다. 그리고 이럴 경우, '자기 안의 타자'는 인간 일반의 차원에서 나 밖에 있는 '타자'로서만 존재하는 것이 아니다. 오히려 그것은 다른 나라와의 관계에서는 나타나지 않는, 오직 남북 관계에서만 나타나는 독특한 '타자'이다. 그것은 '민족'이라는 범주 속에서 작동하는, 특수한 타자이며 현재의 시점에서는 서로 분리된 채로 살아갈 수 없는 역사성을 가지고 있는 타자이다. 따라서 송두율이 제안하고 있는 소통의 방식은 민족이라는 환상 체계 안에서 남 안에 있는 타자로서 북을, 북 안에 있는 타자로서 남을 발견해 가면서 서로의 다름을 나누는 소통이라고 할 수 있다.

그런데 그렇게 되었을 때, '대화'는 내 밖의 타자가 아니라 '내 안의 타자'와 대화를 나누는 것으로서, 다시 말해서 '남이냐 북이냐' 가 아니라 '남과 북'이라는 '둘이지만 둘이 아니고 하나이지만 하나가 아닌' 관계로서, 서로 절대 무관심해질 수 없는 둘의 관계로, 단순한 이해관계를 넘어서 그것을 초과하는 독특한 민족애적 감정과 욕망을 가진 관계에서 이루어지는 대화가 될 수밖에 없다. 그러나 이런 '한반도 전체'라는 관점은 남과 북을 한반도라는 전체성으로 하나로 묶는 것이 아니다. 그는 여전히 이 속에서 '경계'가 주는 의미를 지속적으로 고려하고 있다. 왜냐하면 '하나됨'이라는 동일화의 욕망은 남, 북이라는 둘의 경계적 성격을 배제하거나 억압함으로써 '사랑이라는 이름으로 행해지는 폭력'을 생산하기 때문이다.

일반적으로 로맨틱한 사랑의 찬미자들은 '하나됨'의 순간, 그 열정적 순간을 '아름다움'의 극치로 고양시키는 경향이 있다. 그러나 바디우는 "'헌신적인' 경험, 즉 나를 최종적으로 전체-타자에 결부시키고 마는 그런 세계의 모델이자 그런 타자를 위해 나 자신을 완전히 망각하게 되는 그런 경험"[89]은 사랑이 아니라고 말한다. 왜냐하면 "내 사랑이 주된 적, 내가 쓰러뜨려야만 하는 것은 타인이 아니라 바로 나, 차이에 반대되는 동일성을 원하는 차이의 프리즘 속에서 걸러지고 구축된 세계에 반대하여 자신의 세계를 강요하려 하는 '자아'"[90]이기 때문이다. 따라서 진정한 사랑은 '하나됨'의 순간에 존재하는 것이 아니라 '하나'이지만 '둘'을 '둘'로 받아들이는 데에서 시작되는 것이다.

바로 이런 점에서 송두율이 주장하는 '내 안의 타자와 만들어가는 대화'는 '한반도'라는 전체성으로부터 출발하는 것이 아니다. 송두율이 말하는 '내 안의 타자와의 대화'에서 보다 중요한 것은 '한반도라는 전체성'이 아니라 '남을 남으로', '북을 북으로' 볼 수 있는 '둘'로부터 출발하는 것이다. 그가 '타자'를 '타자의 맥락'에서 '내재적으로' 해석해 가는 '내재적 해석'을 주장하는 것은 바로 이 때문이다.

89) 알랭 바디우, 조재룡 옮김, 『사랑예찬』, 도서출판 길, 2011, 33-34쪽.
90) 같은 책, 71쪽.

그러나 내재적 해석은 일반적으로 사람들이 쉽게 생각하듯이 '입장을 바꾸어 생각'하며 '상대의 입장'을 충분히 고려해서 이야기하는 것이 아니다.

입장을 바꾸어 생각한다고 '타자의 다름과 차이'가 제대로 이해될 수 있는 것은 아니다. 왜냐하면 내가 입장을 바꾸어 생각해도 여전히 나의 가치와 관점을 가진 채로 입장을 바꾼다면 그것은 여전히 나의 관점에서 그를 이해하는 것이기 때문이다. 따라서 '내재적 해석'의 핵심은 단순히 '입장을 바꾸는 것'에 있는 것이 아니라 '타자'를 나의 관점이 아니라 '타자의 관점'에서, 타자를 나의 경험이나 가치가 아니라 '타자의 경험과 가치'에서 이해하는 것이다.

송두율은 다음과 같이 말하고 있다. "내재적 비판적 접근 방식은 타자의 이해를 위해서는 우선 타자의 본질을 타자의 내부에서 찾아야만 하지, 선험적으로 구성된 가치 체계를 절대화해서 타자에게 그것을 받아들이도록 강요해서는 안 된다."[91]

선험적으로 구성된 가치 체계는 양자 간의 대화나 교류와 같은 경험 이전에 그가 가지고 있었던 가치 체계이다. 따라서 남과 북이 선험적으로 구성된 가치 체계를 가지고 서로를 만나 대화를 하게 되면 비록 그들이 입장을 바꾸어 상대를 이해하려고 하더라도 남은 남이 가지고 있는 가치 체계로 북과의 대화나 교류에서 얻은 경험들을 판단하고 북은 북이 가지고 있는 가치 체계로 남과의 경험들을 판단하기 때문에 둘의 대화는 소통으로 나아갈 수 없다. 여기서는 표면적으

---

91) 송두율, 『통일의 논리를 찾아서』, 한겨레신문사, 1995, 242쪽.

로 '둘'이 존재하지만 실질적으로는 '둘'로 존재하지 않는다. 따라서 그들의 관계가 '남과 북'이 '한 민족'이라는 동일화의 환상 체계 속에 작동하면 할수록, 그들의 만남과 대화는 그 횟수와 강도가 증가하는 만큼 서로를 더 이해할 수 없는 낯선 '타자'로 바꾸어 놓는 '악순환'에 빠져들 수밖에 없다.

그렇다면 어디에서 출발해야 하는가? '악순환'은 내가 가지고 있는 '선험적으로 구성된 가치 체계' 그 자체이다. 왜냐하면 그들이 입장을 바꾸어 타자를 이해한다고 생각하고 있지만 여전히 그들은 내가 가지고 있는 '선험적으로 구성된 가치 체계'를 가지고 이해하려고 하고 더 나아가 '한반도'라는 전체성, 즉 민족이라는 동일화의 욕망을 자신이 가지고 있는 선험적 가치 체계로 판단하려고 하기 때문이다. 게다가 남북 관계에서의 '다름'은 단순한 개인적인 신체·정서·가치의 다름이나 차이가 아니라 분단 국가에 의해 '국민 되기'를 통과한 국가 간의 다름, 차이라는 점에서 개체적 관계와 다르다. 여기서 내가 이해할 수 없는 것, 즉 타자의 주장은 곧 '한반도'라는 민족 전체를 무시하는 '반민족적인 것'이 되어버린다.

그러므로 송두율이 말하는 '내재적 해석'이 이루어지기 위해서는 단순히 '북을 북의 입장'에서, '남을 남의 입장'에서 보는, '역지사지(易地思之)'의 관점만으로는 부족하다. 여기서 보다 주목해야 할 것은 '내 안의 타자'와의 대화를 '나의 대화', 즉 '나의 결핍에 대한 비판적 해석'으로 전화시키는 것이다. '내 안의 타자'로서 남과 북은 서로 다른 두 개체이지만 서로 무관심할 수 있는 독립적인 두 개체가 아니다. 남과 북은 서로에게 서로의 결핍을 드러내는 존재이다. 따라서 '내재적 · 비판적 해석'에 따른 소통은 '북'이 남을 남의 관점으로 보는 것에 멈추어서는 안 되며 더 나아가 그것을 '북'의 결핍을 사유하는 것으로, '남'이 북을 북의 관점에서 보면서 더 나아가 그것을 '남'의 결핍을 사유하는 것으로 역전시키는 소통의 방식이 되어야 한다.

그리고 그렇게 되었을 때 남과 북의 만남과 대화는 '자기 안의 타자와의 소통'을 통해서 오히려 '자기 안의 결핍'을 사유하고 그것을 통해서 분단 체제하에서 '국민 되기'를 수행해 온 '분단의 사회적 신체'가 만들어내고 있는 '막힘'을 해체하고 남북 간에 '흐름'을 창출하는 과정이 될 수 있다. 송두율의 '내재적 해석'이 '비판적 해석'과 함께 자기 비판으로 향하는 것은 이 때문이다. 송두율은 "상대방을 향한 비판은 엄격한 자기 비판을 전제로 할 때에만 공동으로 추구하는, 또 추구해야만 하는 보편적 가치도 드러난다."고 말하고 있다.[92] 따라서 그는 타자에 대한 내재적 해석을 자기 자신에 대한 비판적 해석으로, 자기 자신에 대한 비판적 해석을 다시 내재적 해석으로 바꾸어 놓음으로써 남과 북의 대화를 한반도의 통일을 위한 소통을 만들어가는 과정으로 바꾸려고 한다.

물론 여기에 난점이 없는 것은 아니다. 왜냐하면 이런 경우, 자기 자신에 대한 거리 두기는 '타자로서의 나(alter ego)'를 부각시킴으로써 자기 자신을 끊임없는 긴장 속으로 몰아넣을 수 있기 때문이다. 즉, 타자로서 나는 그것을 극복하고자 하는 욕망을 가지고 있음에도

---

92) 송두율, 『경계인의 사색』, 한겨레신문사, 2002, 166쪽.

불구하고 타자가 여전히 타자로 남아 있다는 사실에 불안을 느끼며 그럴수록 그것을 극복하고자 반대 경향이 우세해진다는 것이다. 송두율은 이런 경향을 다음의 세 가지 경향으로 특징짓고 있다. 첫째, 그것은 타자를 파괴하거나 정복하려는 강박증으로 나타날 수 있다. 둘째, 이와 정반대로 그것은 타자를 신비화함으로써 자신을 비하하는 방향으로 나아갈 수도 있다. 셋째, 나와 타자 사이의 벽이 너무 높아서 극복 불가능하다는 회의주의나 무기력증에 시달릴 수도 있다.[93]

그런데 그가 '내재적 비판적 해석'이 낳을 수 있는 문제로 지적했던 이 세 가지의 경향은 오늘날 한국 사회에 나타나고 있는 남남 갈등에서 드러나는 세 가지의 사회적 편향과 정확히 연결되어 있다. '타자를 파괴하거나 정복하려는 강박증'은 오늘날 한국 사회에서 '반북'으로, 그와 반대로 타자를 신비화하면서 자신을 비하하는 경향은 '친북'으로, 나와 타자 사이의 벽이 너무 높아서 극복 불가능하다는 회의주의나 무기력증은 '통일 무용론', 또는 '탈분단 평화론'으로 나타나고 있다. 따라서 그는 우리와 그들 사이의 차이를 극대화하는 '그들'이라는 관점주의뿐만 아니라 그 반대의 입장인 '우리'라는 연관주의 또한 우리와 그들 사이의 대립, 차이를 무시한다고 비판하면서 문제는 "다름의 공존"과 "과정으로서의 변화"[94]를 함께 만들어낼 수 있는 '해석학적 순환'이라고 말하고 있다.

물론 '해석학적 순환'은 타자를 통해 나를 보고 나를 통해 타자를 보는 것이며 "내가 원하는 것을 네가 해준다면, 네가 원하는 것을 내

---

93) 송두율, 『역사는 끝났는가』, 당대, 1995, 259쪽.
94) 송두율, 『전환기의 세계와 민족지성』, 한길사, 1991, 42-43쪽.

가 해준다."라는 "기대의 기대라는 반성"이며 역지사지의 방법이라고 할 수 있다.[95] 그러나 여기서 핵심은 단순한 상호주의나 '입장 바꾸기'가 아니다. 오히려 핵심은 "우리의 관점이 그들의 관점과 반드시 동일하지는 않지만 우리와 그들의 관점은 곧 수렴될 수 있고 또 쉽게 서로 배울 수 있다는 연대성 속에서" 이루어지는 '해석학적 순환'이라는 점에 있다. 따라서 해석학적 순환은 상호 자리바꿈에 멈추거나 같음이 반복되는 '죽은 소통'을 말하는 것이 아니라 새로운 것을 창출하는 소통, 즉 남과 북은 다르지만 그들은 "집합적 단수로서의 우리"[96]라는 연대성을 가지고 있는 소통이라고 규정할 수 있다.

3 형제애적 소통의 장애물: 치유의 과정으로서 소통

아직도 많은 사람들은 송두율을 '친북주의자'로 알고 있다. 그러나 그는 친북주의자가 아니며 매우 합리적인 방식으로 통일을 사유했다. 그에 따르면 '대화(dialog)'란 어원적으로 나눔(dia)과 이성(logos)으로서, 이성이 들어오고 나갈 수 있는 틈새를 만든다는 그리스 말에 뿌리를 두고 있다. 여기서 그가 생각하는 남북 간의 대화란 무엇보다도 나눔과 갈라짐이 만들어내는 '틈새'에서 이성의 자리를 만들어가는 것이다. 그가 제기하는 '해석학적 순환'이란 바로 이런 이성의 자리를 확보하는 과정으로서, '내재적이고 비판적인 방법'을 통해서 남

---

95) 송두율, 『경계인의 사색』, 한겨레신문사, 2002, 104-105쪽.
96) 송두율, 『미완의 귀향과 그 이후』, 후마니타스, 2007, 279쪽.

과 북의 공통분모를 찾아가는 것이다. 따라서 그가 말하는 '과정으로서의 통일'이란 바로 이런 '이성의 자리'를 마련하면서 공통분모를 찾아가는 과정이라고 할 수 있다.

그는 다음과 같이 말하고 있다. "내가 통일을 하나의 '사건'이라기보다는 지속적인 '과정'이라고 보는 까닭도 대화를 통해서 서로 이해의 지평을 넓혀간다면 통일이 담는 삶의 형식과 내용에서 많은 일치점을 발견할 수 있을 것으로 확신하기 때문이다."[97] 여기서 '이해의 지평을 넓혀간다'는 것은 '이성의 자리'를 만들어가는 것이며 '일치점'이란 남과 북이 공통분모를 만들어가는 것이다. 따라서 송두율이 제시하는 '자기 안의 타자'라는 '해석학적 순환'에 기초한 소통은 각자 자신의 입장에서만 대화와 교류를 만들어가는 것이 아니라 타자를 자기 내부로 끌고 들어와 '자기 안의 대화와 교류'로 바꾸어 놓음으로써 자기에 대한 '거리두기'와 '객관화'에 기초한 대화와 교류를 만들어갈 수 있는 방식으로, 하버마스의 소통적 합리성, 이성적 합리성에 근거를 두고 있다.

그러나 그렇기 때문에 그는 합리성으로 제어할 수 없을 정도로 강력한 남북 관계에서 작동하는 비이성적 측면을 보지 못하고 있다. 남북 관계에서 나타나는 민족애는 역사적으로 서로에게 커다란 상처를 주었던 관계에서 진행되는 사랑이다. 따라서 남북 관계에서의 소통적 관계맺음은 이제 막 새로운 '사랑'을 시작하는 사람과 같을 수 없다. 처음 사랑을 시작한 사람들은 '내 안의 타자와 대화'를 나누는

---

97) 송두율, 『민족은 사라지지 않는다』, 한겨레신문사, 2000, 189쪽.

방식으로 '하나와 둘이라는 변증법'적 '과정'을 만들어가면 된다. 그러나 남북 관계에서 사랑은 이미 그 사랑 때문에 커다란 상처를 입힌 역사적 경험을 가지고 있는 관계로서, 지금 막 사랑에 빠져들기 시작한 연인처럼 서로가 서로에게 에로스의 대상으로만 존재하는 것이 아니다. 그것은 사랑 때문에 고통을 받았던 무수한 상처들에 대한 기억과 과거의 '공포'와 '불안'을 환기시키는 대상이기도 하다. 따라서 이런 경우, '내 안의 타자'는 오히려 '타나토스'를 불러내는 힘이기도 하다.

이런 점에서 송두율이 제안하고 있는 '내 안의 타자'와 나누는 대화가 가지고 있는 한계가 있다. 송두율은 '내 안의 타자'가 가지고 있는 차이와 다름이 만들어내는 '나뉨'과 '갈라짐'을, '이성'을 통해서 '연대의 자리'로 바꾸고자 한다. 그래서 그는 '내재적 해석'을 자기에 대한 '비판적 해석'으로 전화시키고 다시 그것을 '우리'라는 연대성 속에서 '보편성'을 확보해 가는 '대화'로 만들어가고 했다. 그러나 '내 안의 타자'는 '내 안에 있는 타자'일 뿐이다. 여기서 '내 안의 타자'는 나의 다른 얼굴로서, 나의 결핍을 사유하고 나를 성찰하는 거울이다. 하지만 '상처받은 사람들'에게 우선적으로 강력하게 현상하는 것은 '상처의 고통과 기억'들이기 때문에 이와 같은 이성적인 '거리 두기', '비판적 성찰'은 작동하지 않는다. 바로 여기에 그의 '해석학적 순환'에 기초한 소통이 가지고 있는 근본적인 한계가 있다.

사실, 송두율이 말하는 '남이냐 북이냐'의 이분법을 벗어나서 이성적인 관점에서 '남과 북이라는 한반도 전체'를 사유한다고 하더라도 합리적으로 작동하는 호혜주의와 사랑의 감정에서 나온 호혜주의는 서로 작동하는 방식이 다르다. 남남의 관계에서 작동하는 호혜주의는 '상호주의'라는 원리하에서 작동하지만 형제 관계에서 작동하는 호혜주의는 상호주의를 벗어나 있다. 일반적으로 형제애에 근거하여 호혜적 관계를 맺는 사람들은, 그 사랑과의 특별한 감정 때문에 손익 관계를 따지지 않고 그냥 준다. 여기에는 경제적인 이해관계를 벗어난 특별한 욕망이 존재한다. 그 욕망은 존재의 나눔이자 '함께 함' 또는 '동일화'를 불러일으키는 리비도적 흐름이다.

그러나 그렇기 때문에 역으로 이런 동일화의 욕망이 크면 클수록 사소한 부딪힘에도 이와 같은 호혜적 줌은 그에게 더 큰 박탈감과 상처를 준다. 게다가 남과 북은 서로에게 상처를 준 경험을 가지고 있다. 따라서 "네가 준 상처에도 불구하고 나는 아낌없이 주었는데, 네가 그럴 수 있어?"라는 식의 감정적 논리가 작동한다. '대북 경제 지원'을 '대북 퍼주기 사업'이라고 비판하는 남쪽 내부에서의 갈등은 이것을 보여주고 있다. 따라서 남북 관계에서 소통의 장애는 '형제애'라는 리비도적 흐름과 그것이 불러오는 과거의 트라우마적 기억 때문에 발생한다. 같은 민족이라는 동일성의 환상이 강하다는 것은 곧 서로를 향하는 리비도가 강하다는 것을 의미한다. 그러나 그렇기 때문에 리비도의 억압은 더욱 강력한 상처가 되며 에로스는 타나토스로 전화하며 양자 간의 차이, 다름이 극대화되며 타자를 부정하고자 하는 욕망이 커지는 것이다.

물론 송두율은 이런 비합리적인 대응에 대해서 이성이 가지고 있는 비판적이고 성찰적인 기능을 통해서 '해석학적 순환'을 만들어내고 남북의 차이와 다름을 나누는 의사소통적 합리성을 통해서 선순환적인 '공통분모 찾기'를 작동시키고자 했다. 그러나 8·15 해방 이후 분단되어 서로에게 상처를 입혔던 남북 관계는 이런 '이성의 자리'를 허용하지 않았다. 이것은 송두율 자신이 몸으로 보여주었다. 그의 '귀환'은 '미완의 귀환'이 되었으며 그는 독일로 다시 돌아갈 수밖에 없었다. 따라서 남북 간에 발생하는 소통의 장애는 '이성의 합리성'을 통해서 극복될 수 없다. 그것은 복잡한 가족사를 가진 형제들의 상호 다툼이 과거의 상처를 다시 불러오듯이 남북의 비극적인 과거를 불러오며 현재의 갈등은 시간을 거슬러 올라가 과거를 현재화하기 때문이다.

남북 간의 대화가 소통이 되기 위해서 보다 주목해야 할 장애는 분단과 전쟁이 낳은 '외상 후 스트레스 장애', 즉 분단의 트라우마이다. 그것은 성폭력 피해자가 특정한 기억 매개물을 통해서 과거를 현재화하듯이 그들과의 특정한 매개물이 한국전쟁과 적대적 대립의 경험을 현재화한다. 따라서 남북 관계의 진전에도 불구하고 자꾸만 냉전으로 회귀하는 것은 서로 사랑하기 때문에 다투다가 상처를 입은 연인이 다시 화해를 시도하다가 오히려 과거의 상처에 생채기를 냄으로써 소통에 실패하는 것과 유사하다고 할 수 있다. 그렇다면 남북의 소통에서 가로놓여 있는 근본적 '장애물'은 민족적 리비도의 흐름이 좌절되는 바로 그 지점에 놓여 있다고 할 수 있다.

서로 무관심한 사이에서 서로의 차이를 용인하는 자유주의적 '관용'은 쉽다. "그래, 그 사람은 원래 그런 사람이야. 하지만 난 안 그래."라고 생각하면 된다. 여기서의 소통적 관계는 별 탈 없이 '신사적으로', '깔끔하게', 속된 말로 '쿨(cool)'하게 이루어질 수 있다. 그러나 서로 '사랑'한다는 사실을 확인하거나 그렇다고 믿는 두 사람 사이의 소통은 '쿨'할 수 없다. 사랑함에도 불구하고, 아니 보다 정확히 사랑한다는 것을 알기 때문에 갑자기 둘 사이의 다름이 서로의 관계에서 장애가 되고 갈등과 다툼의 원인이 된다. 하지만 이것이 없다면 둘의 관계는 특별한 관계일 수 없다. 그렇다면 어디에서 출발해야 하는가? '민족애'라는 특별한 욕망과 감정이 문제를 유발하는 것이면서도 양자의 관계를 특별하게 만드는 것이지 않은가? 그렇다면 그것은 부정되어서는 안 되지 않는가?

바로 이런 점에서 문제의 해법은 '민족애'라는 특별한 욕망이 부정하는 데에서 시작될 수 없다. 일반적으로 소통의 실패는 '차이, 다름'에 대한 부정에서 기인한다. 그러나 이때, '차이, 다름'의 부정이 가진 장애의 효과는 서로 다르다. 남남의 경우, '차이, 다름'의 부정은 자신의 이익만을 보며 타자의 이익나 가치 선호를 부정함으로써 상호주의적 교환을 좌절시키기 때문에 발생하는 것이라면 사랑하는 연인 사이의 '차이, 다름'의 부정은 서로를 향한 에로스적 욕망을 좌절시키기 때문에 발생하는 것이다. 따라서 '차이, 다름'의 부정을 생산하는 '동일화'라는 특별한 욕망 그 자체를 부정하고 남남처럼 '쿨'한 관계로 '사랑하는 사람'들 사이의 관계를 만들어가고자 하는 것은 오히려 그 관계 자체를 해체해 버리는 결과를 가져오는 것에 불과하다.

그렇다면 남남의 관계에서 '차이, 다름'의 승인은 자유주의적 관용의 태도와 자신의 이익만을 중심으로 생각하면서 행동하지 않는 태도로 극복 가능하지만 사랑하는 사이에서는 둘이 하나가 되려는 '하나됨'이라는 리비도적 흐름이 '차이와 다름'을 억압하지 않고, 그대로 흘러가도록 만드는 것이 중요하다는 것이다. 남북의 소통적 관계 맺음에서도 이것은 마찬가지이다. 남북의 소통적 관계맺음이 이루어지지 않는 이유는 그것이 한 민족이라는 환상을 우직하게 고집하고 있기 때문이 아니라 오히려 그 환상이 서로의 '차이와 다름'을 부정함으로써 각자의 관점과 가치, 태도 속에서 드러나는 민족적 리비도(national libido)의 흐름을 억압하거나 좌절시키기 때문이다. 물론 이 억압과 좌절의 근본적인 장벽은 남북 분단 그 자체에 있다.

그러나 그렇다고 현실적으로 분단된 두 국가를 당장 하나의 국가로 합칠 수는 없다. 이것은 마치 사랑하는 사람들이 그로 인해 상처를 입고 이별한 이후, 아무런 치유 과정 없이 일방적으로 그 둘을 하나로 합치려고 시도하는 것과 다르지 않다. 만일 사랑의 상처를 가지고 있는 두 사람 사이에서 다시 '리비도'가 흐르게 한다면 그것은 이전보다 훨씬 더 많은 소통과 인내의 과정을 겪어야 한다. 왜냐하면 그들의 만남과 대화 속에서는 과거의 상처는 끊임없이 환기되어지는 '고통스러운 기억'을 동반할 수밖에 없기 때문이다. 또한, 그렇기에 이런 사이에서의 소통은 서로에 대한 더 많은 '거리 두기'와 '차이, 다름'에 대한 이해를 넘어서 과거의 상처를 어루만지고 보듬어가는 '치유의 과정으로서 소통'이 되어야 한다.

분단과 '한국전쟁'으로 이어졌던 남북의 역사가 낳은 '외상 후 스트레스 장애'는 그 당시 사건을 경험한 사람들에게 있는 것이 아니다. 그것은 오늘날 남북 관계에서 작동하는 역사적 트라우마가 되었다. 이런 증상이 가장 잘 드러나는 것은 '남북 관계'가 '남남 갈등'으로 비화되는 오늘날 한국 사회의 모습이다. 일반적으로 '외상 후 스트레스 장애'를 앓고 있는 사람들은 가해자에 대한 복수심을 가지고 있는 경우가 많다. 그러나 '원한과 복수 감정'은 여전히 그가 과거의 상처로부터 빠져나오지 못함을 보여주는 증상에 불과하다. 여기서 상대는 '악마의 형상'으로 존재하며 '자기 안의 타자'는 자신의 생명을 위협하는 불안과 공포의 대상으로 존재한다. 따라서 남이든 북이든 '자기 안의 타자'는 결코 합리적으로 소통될 수 있는 '타자'가 될 수 없다. 남북 관계의 기괴함은 바로 여기서 발생한다.

그렇다면 남북의 소통은 첫째, 과거의 상처에 생채기를 내는, 환기의 구조를 자기 스스로 해체하는 대화부터 시작할 필요가 있다. 지그문트 프로이트는 '반복강박증'과 '공포증'의 원인을 '실재적 불안(realistic anxiety)'이 아니라 '신경증적 불안(neurotic anxiety)'에서 찾았다. 그러나 '분단 트라우마'는 남과 북의 군사적 대립과 같은 '실재적 불안'과 분단 국가에 의한 정치적 냉전과 '기억의 환기', 그리고 이를 통한 부정적 통합으로 작동한다. 따라서 남북의 소통은 상호간에 정치·군사적인 적대적 냉전체제의 해체하는 과제에 대한 소통으로부터 시작하여 상호 비방과 상대를 적대화하는 부정적 통합을 중단하는 과제에 대한 소통으로 나아가야 한다.

둘째, 남북 간의 소통이 치유의 과정으로서 소통이 되기 위해서는 어느 한쪽이 일방적으로 상처를 입힌 것이 아니라 '사랑' 때문에 빚어진 것이라는 것을 받아들이고 서로의 차이가 서로의 생명을 살찌우는 '활력의 힘'을 만들 수 있다는 믿음을 회복해 가는 과정으로서 소통이 되어야 한다. '외상 후 스트레스 장애'에 시달리는 사람들은 자신의 과거 상처를 자신의 삶에서 지우고자 하며 자신의 죄의식을 감추고자 한다. 이때 작동하는 방어 기제는 상대를 '악마화'하며 이럴 때 상대는 '소통'의 대상이 아니라 공포의 대상으로 남게 된다. 따라서 남북 간의 만남과 대화는 이런 전치의 구조를 해체하는 과정을 동반하는 소통이 되어야 하며 더 나아가 남과 북의 역사를 '남의 역사'나 '북의 역사'가 아니라 한반도의 역사로 통합시켜 가는 통합 서사를 만들어가는 소통이 되어야 한다.

셋째, 남북의 통합 서사를 만들어가는 소통은 한반도에서의 분단을 '민족≠국가'라는 민족적 리비도의 좌절로 이해하고, 해외 거주 코리언을 포함하는 민족의 공통서사를 함께 만들어가는 소통으로 발전되어야 한다. 민족적 리비도의 좌절·억압은 8·15 해방 이후 분단과 한국전쟁으로부터 시작된 것이 아니다. '민족≠국가'라는 어긋남은 일제 식민 지배로부터 시작되었다. 귄터 그라스가 말했듯이 한반도는 '일본의 지배'라는 '공통의 수난의 역사'를 공유하고 있다. 그것은 남과 북의 소통이 한국과 조선이라는 두 국가의 분단 역사만이 아니라 일제 식민지 지배하에서 '이산'되었던 해외 거주 코리언들과의 역사를 한민족의 통합적 역사로 만들어가는 것이라고 할 수 있다. 따라서 남과 북의 '통일 지향의 소통'은 남과 북이라는 한반도 중심주의를 벗어나 해외 거주 코리언들을 포함하여 공통의 수난의 역사를 통합하는 소통이자 그들을 포함하는 '형제애'에 기초한 나눔과 연대, '민족적 합력'의 창출하는 소통이 되어야 한다.

4장

민족공통성을 생산하는 소통: 가르치고 배우는 관계로서 소통

‘의사소통’을 의미하는 영어 ‘communication’은 ‘공공, 공통, 함께’라는 의미를 가지고 있는 라틴어 ‘커먼(common)’과 그 동사형 ‘코뮤니카레(communicare)’에서 나온 말이다. 여기서 ‘communicare’는 ‘함께, 공통’이라는 뜻을 가지고 있는 ‘communi’와 ‘나눔, 돌봄’을 뜻하는 ‘care’가 합쳐진 말이다. 따라서 어원상으로만 본다면 의사소통이란 ‘함께 돌보는 것’, 또는 ‘공통의 나눔’을 뜻한다고 할 수 있다. 그러나 ‘통일’을 뜻하는 ‘unification’은 uni(하나)+fic(만들다)에 접미사 ‘ation’을 붙여 명사로 바꾼 말로, ‘하나로 만들다’는 뜻을 가지고 있다. 따라서 ‘함께’라는 의미가 강한 ‘com’과 ‘하나’라는 의미가 강한 ‘uni’ 사이에는 간극이 있다. 소통은 한민족 전체를 함께(communi)+돌보거나 나누는 것(care)인 반면 통일은 ‘하나됨’을 의미하기 때문이다.

바로 이런 점에서 '통일'에 대한 일상언어에서의 용법은 '핏줄'이든 '영토'이든 '문화'이든 간에 근본적으로 '하나'라는 의미에서, 또한 남북통일의 경우보다 정확한 표현인 'reunification'의 're(되돌아감, 회복)'이 보여주듯이, 그 집단의 '동질성(homogeneity)'를 회복하거나 민족의 원형이라고 상정되는 것으로 되돌아감을 내포하고 있다. 그러나 그렇게 되었을 때 '통일을 지향하는 관계'에서 이루어지는 소통은 애초의 의도와 달리 오히려 분단국가주의를 반복하는 결과를 낳게 된다. 왜냐하면 그것은 훼손되지 않은 하나의 핏줄로서 '단일 민족의 신화'나 '순수한 민족 문화'를 전제하면서 자신이 생각하는 '전통'을 기준으로 하여, 상대가 가진 차이들을 '이질성(heterogeneity)' 또는 '변질(deterioration)'로 단죄하는 배제와 폭력을 낳는 관념적 원천이 되기 때문이다.

'동질성(homogeneity)'과 '이질성(heterogeneity)'은 모두 다 '타고난, 유전자(gen)'라는 기준, 잣대를 중심으로 하여 한편에는 'homo'가 다른 한편에는 'hetero'가 있다. 따라서 동일성은 '동질성 대 이질성'이라는 대립적 틀을 생산하며 이 대립적 틀은 'gen'을 규정하는 특정한 지표나 잣대를 따라 이루어진다. 그러나 문제는 이 'gen'을 규정하는 특정한 지표나 잣대가 자기에게 익숙한 것, 자기가 당연한 것이라고 믿는 것들을 중심으로 보편화된다는 점이다. 사랑이라는 감정이 폭력이 되는 것은 '우린 하나야'라고 믿는, 바로 그 확신에 의해서이다. 이런 확신은 상대가 자신의 감정이나 욕망을 알고 있는 것이 당연하다는 믿음을 낳으며 바로 그 때문에 현재 자신의 감정과 욕망을 몰라주는 것은 '사랑의 배신'이 된다.

그러나 '민족의 원형', '순수성'은 '자신'이 그렇다고 믿는 것일 뿐이다. 인간이 가진 모든 문화는 '삶의 양식들'로 사회적 관계의 산물이다. 인간은 홀로 살지 않는다. 그들은 끊임없이 이동하며 다른 사람들과의 관계를 만들고 그런 접촉들이 서로의 삶을 만들어왔다. 따라서 민족이 특정한 사회역사적 삶 속에서 구성된 것처럼 민족 문화 또한, 그들의 삶의 조건 속에서 사람들과 관계하면서 생성되어 온 것들이다. 제사, 의복, 민요도 전라도냐 경상도냐에 따라 다르며 같은 전라도라도 각 지방에 따라 조금씩 다르다. 그런데도 이런 '원형', '순수성'을 전제하면 이런 다름은 '변질(deterioration)'이 되고 배제와 단죄의 대상이 된다.

그러므로 민족이라는 환상 체계를 가지고 있는 남북의 소통은 민족적 동일화의 욕망에 근거하여 시작되지만 그것이 소통이 되기 위해서는 '민족적 동일화'가 아니라 오히려 그와 정반대로 '타자의 타자성'으로부터 시작되어야 한다. '타자의 타자성(otherness of other)'은 '내 안의 타자'처럼 자기가 이미 알고 있는 문법과 언어 규칙들로 이해할 수 있는 것이 아니다. 그것은 내 밖에 있으며 나와 문법이나 언어 규칙을 공유하지 않고 있다. 내가 처음 영어를 배울 때, 나는 영어를 내가 아는 문법 밖의 타자로 경험한다. 그것은 자기 나름의 고유한 문법과 규칙들을 가지고 있다. 남과 북의 관계 또한 마찬가지이다.

물론 어떤 사람들은 북은 우리와 같은 언어를 사용하고 있다고 하면서 이것은 적절하지 않은 비유라고 생각할 것이다. 그러나 가라타니 고진(Karatani Kojin)이 말하는 언어 규칙과 문법은 단순히 말과 글을 가리키는 것이 아니다. 말과 글에는 문화적 가치와 그들의 삶의 방식이 녹아들어 있다. 따라서 우리가 소통을 한다는 것은 서로의 문화적 가치와 삶의 방식 전체를 이해하고 그 속에서 서로의 삶을 나눈다는 것을 의미한다. 그런데 내가 가지고 있는 언어 규칙이나 문법, 즉 자신의 문화적 가치와 삶의 방식대로 상대를 이해하고 대화를 하려 한다면 그것은 비록 서로 다른 역사와 문화를 가지고 있는 두 사람이 대화를 하는 것이라고 할지라도 자기 안에서 대화하는 것이다. 그래서 고진은 이런 대화를 '자기 대화'이며 '독백'라고 규정하고 있다.[98]

독백은 자기 혼자서 대화하는 것만이 아니다. 비록 다른 사람과 대화하더라도 자기 안에서 밖으로 나가지 않는다면 그것은 '내성적 대화', 즉 '독백'일 뿐이다. 그렇다면 어떻게 우리는 독백을 벗어날 수 있는가? 그것은 내 안에서 나의 경험을 미루어 판단하는 것이 아니라 타자를 타자의 경험과 가치 속에서 이해하기 위해 그에게 먼저 배우는 것이다. 일반적으로 사람들은 대화를 나의 생각과 주장을 서로 나누는 '상호적 대칭'을 이루고 있는 관계라고 생각한다. 여기서 대화의 동등성은 현재 자신의 입장이나 이해하는 바를 제시하는 데 있다.

그러나 고진은 정반대로 "가르치고 배우는 비대칭적 관계가 커뮤니케이션의 기본적인 상태"[99]라고 말하고 있다. 여기서 '가르침'은 상호적이며 '배움'도 상호적이다. 따라서 고진이 생각하는 소통은 자신의 문법과 규칙으로 이야기하는 것이 아니다. 오히려 그것은 나를

---

98) 가라타니 고진, 송태욱 옮김, 『탐구1』, 새물결, 1998, 82쪽.
99) 같은 책, 14-16쪽.

벗어나 타자의 문법과 규칙을 배우는 과정을 전제한다. 남북의 소통적 관계맺음 또한 마찬가지이다. 남과 북은 분단 국가 체제하에서 매우 다른 길을 걸어왔다. 따라서 통일을 주장하는 사람들은 '민족적 동질성 회복'을 주장한다. 그러나 그것은 타자의 타자성을 이해할 수 없으며 오히려 그것을 자신이 이해할 수 없는 '기괴한 것'으로 설정함으로써 '분단 트라우마'를 자극하며 그 상처에 기반을 두고 있는 적대성을 생산하는 데 기여할 뿐이다.

바로 이런 점에서 이미 '사랑' 때문에 상처를 입은 사람들이 다시 '사랑'을 시작하기 위해서는 '하나됨'이라는 동일화의 욕망에 대해 '거리를 두고' 오히려 처음 사랑을 시작했던 때로 되돌아가 관계를 회복해 가야 하는 것처럼 남과 북의 대화도 맨 처음 그들이 남남이었던 관계로 되돌아가 '차이'로부터 시작해야 한다. 그들의 사랑이 상처가 되었던 것은 그들이 서로의 '차이'를 '동일화의 욕망'으로 배제·억압하면서 양자의 차이가 둘의 관계에서 양자의 생명에 활력을 부여하는 리비도로 작동하지 못했기 때문이다. 따라서 남과 북의 소통도 그 차이가 남과 북, 나아가 해외 거주 코리언들을 포함하여 민족적 리비도의 활력이 되도록 만드는 과정이 되어야 한다.

우리는 매우 평범한 진리인, 우리가 '다르기 때문에' 대화를 하며 서로에게 생산적인 관계가 될 수 있다는 점을 잊어버리는 경향이 있다. 우리가 같다면 '대화'를 할 필요도 없을 뿐만 아니라 설사 대화를 한다고 해도 거기에서 새로운 것이 만들어질 수는 없다. 생성은 오직 '우리가 서로 다르다'는 차이로부터만 온다. 따라서 이 '다름'을 배제하는 것이 아니라 오히려 가르치고 배우는 과정을 통해서 새로운 미래의 민족적 '활력'으로 바꾸어 놓는 소통적 관계맺음이 필요하다. 바로 이런 점에서 남북의 소통은 '가르치고 배우는 비대칭적 의사소통'을 기본적인 소통의 원리로 해야 한다.

하지만 그렇기 때문에 통일한반도의 미래 규칙을 생성하는 것으로서 남과 북의 소통은 다음의 세 가지의 원칙을 지킬 필요가 있다. 첫째, 상대의 규칙을 배우고 이해하면서 상대의 아비투스를 전적으로 무시하지 말아야 한다는 것이다. 일반적으로 사람들은 누군가와 대화를 할 때, 특정한 이해관계를 벗어나 상황을 판단하고 말을 할 때 합리적이라고 생각하는 경향이 있다. 그래서 하버마스(Jürgen Habermas)는 '이상적 담화상황'의 전제로 '무지의 베일'을 쓴 자들 사이의 대화를 가정하였다. 그러나 부르디외(Pierre Bourdieu)는 이런 하버마스의 합리적 의사소통 행위론을 비판하고 있다. 그가 보기에 '민주적 대화, 소통의 윤리, 합리적 보편주의에 대한 신념' 또한 합리적인 것처럼 보이지만 실제로는 비합리적인 성향을 포함하여 특정한 상황 속에서 선택된 전략을 가장(假裝)하는 것일 뿐이기 때문이다.

그렇다면 나의 판단만이 합리적이라고 주장하는 것은 올바르지 않다. 나의 상징적 담화 체계에도 이런 '가장'과 '오인의 구조'는 존재한다. 게다가 부르디외는 "사회적으로 인정된 사회적 존재, 다시 말해 인류애를 획득하기 위한 상징적 투쟁에서 패한 자들의 박탈보다 더 나쁜 박탈은 없다."[100]고 말하고 있다. 우리는 승리하기 위해 논쟁을 하는 것이 아니다. 그것은 둘 사이를 가로지르면서 '공통의 자리'

---

100) 피에르 부르디외, 김웅권 옮김, 『파스칼적 명상』, 동문선, 2001, 344쪽.

를 만들기 위해서 대화를 하는 것이다. 따라서 남과 북의 정통성 경쟁을 따라 서로가 자신의 우위성을 주장하는 한, 대화는 이루어질 수 없다. 오히려 상대의 주장이 가지고 있는 역사적 맥락과 차이, 그리고 또 다른 환상을 창출하는 오인의 구조를 이해하고 그것을 존중하면서 그에 따른 언어 게임의 전략을 만들어가야 한다.

둘째, 호혜적 나눔으로써 소통을 만들어가야 한다. 남북 관계는 투명한 상호주의 또는 공리주의적 계산으로 이루어질 수 있는 것이 아니다. 왜냐하면 남북 관계는 미국, 일본, 프랑스와 맺는 관계가 아니다. 그것은 이미 '민족'이라는 환상을 내포한 채, 진행되는 관계이다. 게다가 '분단의 사회적 신체'를 '통일의 사회적 신체'로 바꾸기 위해서는 소통 속에서 새롭게 생성되는 아비투스가 연대와 충실의 장이 되어야 한다. "아비투스는 공리주의적 전통과 경제학자들의 고립되고 이기주의적이며 계산적인 주체가 전혀 아니다. 그것은 억누를 수 없는 지속적인 연대와 충실의 장소이다. 억누를 수 없는 이유는 연대와 충실이 합체된 법칙들과 인연들에 토대를 두기 때문이다."[101] 따라서 분단의 아비투스를 극복하는 전략은 이 연대와 충실에 호소해야 한다.

가라타니 고진에 따르면 근대 국가에서 nation(민족)은 capital(자본)과 states(국가)를 묶는 보르메오의 매듭이다. 근대 자본주의는 '상품-화폐 관계'를 일반화했다. 그러나 이런 일반화는 교환 관계를 일반화하면서 호혜적 관계로서 농업공동체에 근거를 둔 'nation'을 파

---

101) 피에르 부르디외, 앞의 책, 210쪽.

괴한다. 따라서 'states'는 민족이라는 상상의 공동체를 통해서 자본과 국가를 묶고 그들을 '국민'으로 포획한다. 마찬가지로 새로운 국가로서 통일한반도의 국가는 분단 국가의 결핍을 벗어나 '새로운 민족공동체'를 만드는 것이다. 게다가 남북은 이미 역사적으로 분단과 전쟁의 상처를 가지고 있다. 이것은 곧 무엇보다도 상호 신뢰 회복을 위한 연대, 우애적 관계의 회복이 중요하다는 것을 의미한다. 따라서 남북의 소통이 연대와 충실의 장으로서 새로운 공동체적인 열정이 되기 위해서는 상호 관계가 최대한 호혜적인 관계를 만들어내는 것이 되어야 한다.

셋째, 통일한반도의 새로운 규칙을 만들어가는 데 자신이 가지고 있는 가치나 인식에 호소하기보다는 오히려 가르치고 배우는 소통을 통해서 발견해 가야 한다. 송두율에 따르면 미래의 고향은 두 가지의 상호 모순적이면서 중첩된 구조로부터 온다. 그는 '분단 사회'와 '위험 사회'로 묘사되는 이 두 가지 중첩된 구조를 현대성과 탈현대성이라는 두 가지 시간성으로 포착하고 있다. "한반도는 세계화를 지향하는 동시성의 세계와 주체를 강조하는 비동시성의 세계가 동시에 공존하는 곳이기 때문에, 우리는 이중의 과제를 안고 있다. 다시 말해서 통일된 민족국가 형성이라는 (근)현대적(modern)인 과제와 국제화 또는 지구화라는 탈현대적인 과제를 동시에 안고 있다."[102]

그러나 이 문제에 대해서도 남과 북은 대립하고 있다. 남은 '세계화'에 모든 기대를 걸고 그것에 몰입하는 반면 북은 세계화를 '일체

---

102) 송두율, 『통일의 논리를 찾아서』, 한겨레신문사, 1995, 220쪽.

화'라고 하면서 그것을 모든 어려움의 근원이라는 듯이 비난만을 행하고 있다. 바로 이런 점에서 소통이 가지고 있는 보편화 원리를 다시 생각해 볼 필요가 있다. 자유, 평등, 평화, 인권, 민주주의 등과 같은 가치들은 서구적인 것이기만 한 것이 아니라 현대인에게 주어져 있는 보편적 가치라고 할 수 있다. 그러나 그것의 현실태는 언제나 그것이 구현되는 구체적인 현실 속에 존재한다.

우리에게 주어진 현실은 남과 북이 각각 규정하고 있는 자유, 평등, 평화, 인권, 민주주의라는 가치가 서로 다르다는 것이다. 남과 북은 동일한 표기를 사용하면서도 전혀 다른 의미와 가치를 거기에 부여한다. 그것은 통약 불가능하다. 바로 이런 점에서 우리는 가라타니 고진이 말하는 '배우고 가르치는 의사소통'을 통해서 새로운 규칙을 만들어가야 한다는 '비대칭적 의사소통'으로 되돌아갈 필요가 있다. 이것은 '세계화냐 일체화냐', '어느 것이 민주주의냐'와 같은 논쟁 대신에 먼저 서로의 규칙을 가르치고 배우면서 '타자의 타자성'을 이해하고 그것을 통해서 통일한반도의 새로운 규칙을 만들어가는 것이다.

바로 이런 점에서 남북의 통일은 바디우가 말하는 '구축으로서 사랑'이라는 점에 주목할 필요가 있다. 이 관점에서 보면 통일 국가는 지금 여기에 있는 것이 아니라 남과 북이 "'공통의 무엇'(encommun)을"[103] 만들어가는 과정을 통해 생성되는 것이다. 남과 북이 통일로 향하는 길은 예측 가능하지 않은 장벽과 장애들을 가지고 있는 "일

---

103) 알랭 바디우, 조재룡 옮김, 『사랑예찬』, 도서출판 길, 2011, 97쪽.

종의 모험"이 될 수밖에 없다. 따라서 '통일 국가의 미래상'을 남과 북이 미리 결정해 놓고 그 안에서 '통일'을 만들어가는 것이 아니라 오히려 남과 북의 차이 속에서 민족적 리비도가 흐르도록 하면서 "삶의 재발명"[104]으로서 미래의 한반도를 만들어가는 '소통'으로부터 길을 찾아가는 자세를 가져야 한다.

---

104) 같은 책, 43-44쪽.

제3부

치유의 패러다임

: 코리언의 역사적 트라우마와
치유의 방향

1장

역사적 트라우마란 무엇인가?

1 반복되는 상처의 역사

한반도의 근현대사를 보자면 그야말로 수난의 역사라고 할 수 있다. 부국강병한 근대적 국가를 꿈꾸던 대한제국은 조선(朝鮮)에서 국호를 바꾼 지 13년 만에 일본 제국주의에 의해 식민지가 되면서 국권을 상실하게 된다. 그 후 일제가 연합군에 항복을 선언하고 해방이 될 때까지 35년 동안 한반도의 코리언들은 식량과 물자뿐만 아니라 신체 자체를 강탈당하면서 고통의 역사를 살아야 했다. 그렇지만 해방의 기쁨도 잠시 하나의 민족은 두 개의 국가로 분단되고 남과 북은 결국 서로에게 총부리를 겨누는 동족상잔을 경험하게 된다. 그러나 한국전쟁은 씻을 수 없는 상처만을 남긴 채 승자도 패자도 없이 휴전으로 끝이 나고, 한반도의 분단은 더욱 고착화된다. 하지만 이것이 끝이 아니었다. 분단 60여 년 동안 남과 북은 때로는 분단 극복과 통일을 논의하면서 화해의 분위기를 조성하기도 하였지만, 정치·외교·군사적인 측면에서 빈번하게 충돌을 반복하고 있다. 그뿐만 아니라 한국과 일본은 정상수교 이후 남방 삼각(한-미-일) 속에서 정치, 경제 등 여러 방면에서 동맹적 관계를 유지해 오면서도 독도 영유권, 신사참배, 종군위안부 등의 문제를 둘러싸고는 끊임없이 분쟁을 해오고 있다. 그렇기에 한반도에서 발생한 수난의 역사는 과거 한 시점에서 발생하고 끝난 것이 아니라 현재진행형으로 지속되고 있는 사건이라고 할 수 있다.

그러나 그것이 현재진행형이라는 것은 상처로 얼룩진 역사가 남북 그리고 한일 간에 현실적인 분쟁과 충돌로 반복되고 있다는 것만을 의미하지 않는다. 왜냐하면 우리의 정신세계 내부에서도 과거의 역사는 현재의 기억으로서 반복되고 있기 때문이다. 물론 분쟁과 충돌의 대상이 되는 사안들이 해결되지 않고 미청산된 상태로 남아 있거나 앞서 말한 것처럼 끝나지 않는 문제들이기에 그와 관련성이 있는 역사적 사건을 떠올리는 것은 당연한 것이 아니냐고 반문할 수도 있다. 그러나 문제는 단지 과거의 역사를 기억하는 것에만 그치지 않는다는 점에 있다. 오히려 그 기억들이 사람들을 어떤 강력한 힘에 묶어두고 합리적으로 설명되기 어려운 기인한 반응을 보이게 만든다.

예를 들어 서해 교전, 연평도 포격 사건이 발생했을 때 사람들은 즉각적으로 한국전쟁을 떠올리며, 심지어 어떤 사람들은 전쟁을 대비하여 식료품을 사들이고 피난을 가야 되는 것은 아닌지 불안해한다. 그런데 의아한 점은 이들 대부분이 전쟁을 경험한 세대들이 아니라는 데에 있다. 그렇다면 어떻게 자신이 직접 경험하지 않는 기억으로 인해 그러한 반응을 보일 수 있는가? 물론 기억에는 직접적인 기억뿐만 아니라 마치 자신의 경험을 통해 획득한 것처럼 오인하는 상상적 기억이 있을 수 있다. 하지만 이들이 역사 교육이나 매체 등을 통해 그러한 역사에 기억을 가지고 있다고 할지라도 이들이 보이는 정서적 반응이 곧바로 설명될 수 있는 것은 아니다.

더 기이한 점은 어떤 사람들은 그 반응이 불안과 공포에 그치지 않고 전쟁 불사론을 주장하기까지 한다는 것이다. 이러한 사람들은 전쟁에 대한 기억 때문에 불안해하는 정도를 넘어서 있다. 이들은 그러한 불안과 아울러 걷잡을 수 없는 증오와 원한의 감정을 폭발적으로 드러낸다. 여기에 어떤 어긋남이 있다. 일반적으로 사람들은 불안과 공포의 기억과 대면했을 때 회피와 부정을 통해 그로부터 벗어나려고 하며 그 기억의 경험을 반복하려고 하지 않는다. 하지만 이들은 반대로 과거 전쟁으로 인해 우리 민족이 엄청난 고통을 받았다는 점을 잘 알면서도, 그리고 시시때때로 젊은 세대들에게 안보의식 강화의 필요성을 전쟁이 야기하는 참상을 통해 강조하면서도 그것을 반복하려고 한다.

그런데 이러한 기이함은 남북 간에 어떤 사건이 발생할 때에만 나타나는 것이 아니다. 전쟁에 대한 기억은 박물관, 기념비 그리고 군사 퍼레이드 등과 같이 일상적인 삶의 공간 곳곳에 물화된 기억으로 배치되어 있다. 그리고 거기에는 '반공', '멸공'의 분노, 증오의 감정이 달라붙어 있다. 이는 한편으로는 '잊지 말자 6 · 25!'와 같이 아폰 역사를 오히려 기억하려고 한다는 점에서도 의아해 보인다. 또 한편으로는 이것들이 내세우는 '자유', '평화'와 같은 슬로건이 '반공', '멸공'과 같은 비상호적이고 배타적인 구호로 읽히며, 그 슬로건이 뜻하는 '상호성'으로서의 우애, 사랑이라는 가치를 찾아볼 수 없다는 점에서 급기야 자기 파괴적으로까지 보인다.

하지만 이러한 기이함들이 남과 북 사이에만 나타나는 것이 아니다. 남북 간의 적대적 구도를 바탕으로 하는 이러한 적대성은 고스란히 남남 갈등으로 옮겨진다. 특히 그것은 정치적 영역에서 가장 잘 나타난다. '보수-진보'에 대한 정치적 색깔은 '우파-좌파'로 그리고 '남-북'의 구도를 따라 각 항간에는 동일성으로 이항 간에는 비동일성으로 판별되고 구분된다. 즉, '보수＝우파＝반북' vs '진보＝좌파＝친북'이라는 구도가 형성되어 있다는 것이다. 그러나 모든 좌파가 언제나 진보가 아니며 마찬가지로 모든 우파를 보수로 규정할 수 없다는 점에서, 이러한 등식과 이분법적 구도는 이해가 잘 되지 않는다. 더구나 여기에는 일반적으로 보수와 진보가 가지는 경향성이 전복되어 있다. 일반적으로 보수와 진보는 "전통(傳統)을 바라보는 해석학적 입장"[105]에 따라 구분된다. 그래서 보수가 민족주의적 지향성을 가지는 것이 일반적이다. 하지만 민족주의적 관점에서 단일한 민족국가를 지향하면서 남북 공조와 대화를 주장하는 쪽은 보수가 아니라 오히려 진보로 분류된다. 반면 보수는 국가주의적 관점에서 북을 한반도의 이북을 불법적으로 점령하고 있는 괴뢰도당으로 여기

---

105) 신웅철, 「'보수'와 '진보', 그 경계를 넘어」, 『철학연구』 제117권, 대한철학회, 2011, 138쪽.

면서 섬멸되어야 하는 적으로 여긴다.[106]

나아가 이러한 정치적 구도는 지역적 경계를 따라 오버랩되면서 지역은 한반도가 남과 북으로 나누어져 있는 것처럼 상징적으로 분절된다. 그렇기에 선거철이 되면 정치적 대결 구도는 마치 남과 북이 싸우는 것처럼 '지역 대 지역'이라는 양상으로 나타난다. 이때가 되면 어김없이 등장하는 프레임 역시, 예컨대 '민주(진보)＝좌파＝전라도＝북＝빨갱이'와 같은 기표의 연쇄를 통한 의미의 계열화를 낳는다.

이처럼 남북 분단이라는 역사적 사건과 현재적 조건은 마치 유령처럼 우리를 에워싸고 우리의 생각과 말 그리고 실천을 조정하는 것처럼 보인다. 사람들은 손과 발이 보이지 않는 실에 묶여 이리저리 움직이는 인형처럼, 동전을 넣으면 음악이 나오는 주크박스처럼 기계적이고 자동적으로 적대심을 표출하면서 구호를 외치고 있다. 그래서 그들의 언어는 로고스(logos)라기보다는 단지 소리로만 이루어지는 포네(phone)로, 그리고 그들의 실천은 살아 있는 생명보다는 죽음의 몸짓으로 읽혀진다. 즉, 그 사람들은 외부적 자극에 대해 어떤 반작용으로서 소리를 내며 움직이는 '인간 기계'처럼 보인다는 것이다. 그것은 "살아 있으면서도 죽은 것과 같은 모습"[107]을 지닌 집단적 '광기(madness)'에 가깝다.

그렇다면 이를 어떻게 설명할 수 있는가? 무엇보다 광기처럼 보인다는 것은 그것을 의식-합리성의 차원에서 설명하는 것이 어려우

---

106) 신용철, 앞의 논문, 64쪽.
107) 미셸 푸코, 김부용 옮김, 『광기의 역사』, 인간사랑, 1991, 35쪽.

며, '비의식＝비합리'적 영역에서 다루어야 하는 심리적인 문제라는 것이다. 그렇기에 이 문제를 정신의학이나 정신분석학적인 관점으로 눈을 돌려 보게 되면, 오늘날 '외상 후 스트레스 장애(post traumatic stress disorder, 이하 PTSD)'라 부르는 증상과 너무나도 유사하다는 점을 발견할 수 있다. 왜냐하면 첫째, PTSD는 외상 경험을 한 후 일정 시간이 지났음에도 불구하고 과거를 떠올리면서 정서적 마비 증상을 보이거나 과각성되는 병리적 현상을 말하는 것인데, 앞서 보았던 것처럼 사람들은 과거에 발생했던 사건, 사고를 재경험하는 듯한 모습을 보이면서 인격 왜곡적인 반응들을 보인다는 점에서 유사하기 때문이다. 또한 둘째, PTSD의 증상은 일회성으로 끝나지 않고 과거의 사건과 어떤 연상적 관련성이 있는 경험을 할 때마다 반복적으로 나타나는 특징을 보이는데, 앞선 예에서 언급한 사람들 역시 자신의 의지와는 무관하게 남북 간의 충돌이 발생하면 자동적이고 기계적으로 반응한다는 점에서 흡사하기 때문이다. 따라서 오늘날 광기에 가깝게 보이는 사람들의 반응은 그들이 치유되지 않는 어떤 트라우마(trauma)를 지니고 있으며, 그로 인해 발생하는 증상으로 설명될 수 있을 듯하다.

2 트라우마와 역사적 트라우마

그렇다면 트라우마란 무엇인가? 프로이트는 트라우마를 외부의 자극으로부터 내부를 보호하는 정신 체계의 보호막에 파열구가 발생하고 그곳을 통해 외부의 자극 에너지가 걷잡을 수 없이 내부로 유입되는 것으로 설명하고 있다. 그런데 정작 문제는 그렇게 유입되는 에너지를 묶지 못할 때 발생한다. 원래 그 역할을 하던 것은 리비도(Libido)이다. 그런데 유입되는 에너지 양이 과다할 경우 리비도가 그것을 감당하지 못하는 상황이 발생하게 된다. 이를 프로이트는 리비도 과잉 집중(Uberbesetzung)의 결여라고 말한다. 물론 여기에는 이해가 잘 되지 않는 부분이 있다. 프로이트가 말하는 리비도는 성적 충동을 불러일으키는 힘, 곧 성적 에너지인데, 우리가 경험하는 충격적인 사건들이 모두 성적인 문제는 아닐 수 있기 때문이다. 하지만 프로이트는 융과 같은 사람들의 이러한 반론에 대하여 리비도가 정신 세계 내부의 교란을 막기 위해 활동하는 것은 자기애의 측면이고 그렇기에 리비도는 자기 보존 욕동에 따라 작동할 수 있다고 하면서 이러한 반론 제기에 대해 일축한다.

중요한 것은 묶이지 않은 에너지이다. 그것은 외부로부터 유입된 것이지만 지금부터 문제는 정신 세계 내부에서 발생하는 혼란이다. 유입되는 에너지를 묶기 위해 우리의 리비도를 모두 그 파열구 주변으로 반대 집중(Gegenbestzung)시키지만 역부족이다. 더구나 거기에다 리비도를 집중하다 보니 각 영역에서 적절한 역할을 하던 리비도의 공백 상태가 발생한다. 그렇기에 우리의 정신뿐만 아니라 우리의 여러 기관에도 문제가 발생하면서 신체적인 증상, 예컨대 신경증이나 히스테리적 증상이 발생할 수 있다.

이는 곧 정신의 쾌와 불쾌를 조정하여 항상성을 유지하려는 '쾌락 원칙'이 작동하지 않음을 의미한다. 그리고 그것은 자유롭게 유동하는 리비도를 정지 상태로 변화시키는 것에 실패하게 된다는 의미이기도 하다. 하지만 이러한 상황은 일회적으로 끝나는 것이 아니다. 묶음 작업이 원활하게 수행되지 않는 한 '억압된 것은 반드시 돌아온다'는 프로이트의 모토처럼 외상적 상황은 언제든지 반복될 수 있기 때문이다.

하지만 그 반복은 마치 외상 경험 당시로 돌아가는 것과 마찬가지이기에 주체는 그에 대해 어떤 대비를 할 수밖에 없다. 프로이트가 경악과 불안을 구분하는 것은 바로 이 때문이다. 즉, 경악은 외상 경험과 같이 주체의 능동성을 결여하고 어떠한 대비도 없는 상태를 말하는 것인 반면 불안은 경악의 상황을 피하기 위한 일종의 방어 기능의 작동이라는 것이다. 그래서 외상 후 스테레스 장애와 같은 경우 과각성과 불안의 증상을 보이는 것은 이 때문이라고 이해할 수 있다.

그렇지만 프로이트의 이러한 설명은 심리 에너지의 양에 따른 경제적 원리로 설명하고 있다는 점에서 트라우마와 그 이후의 증상이 가지는 정신적 의미를 이해하기에는 다소 어려움이 따른다. 그렇기에 프로이트의 정신분석학을 소쉬르의 언어학과 결합하면서 구조주의적 해석하고 있는 자크 라캉의 이론에 기대어 트라우마를 이해하는 것이 한편으로는 더 용이할 수 있다.

다음 그림과 같이 라캉에게 있어 프로이트가 말했던 정신의 방어막은 상징 질서의 재현 체계[108]이며 외상적 경험은 이러한 재현 체계의 붕괴를 가져오면서 트라우마를 남긴다.

---

108 박찬부, 「트라우마와 정신분석」, 『비평과 이론』 제15권 1호, 2010, 40쪽.

방어막 ——————┌┈┈┈┈┈┈┐—————— 재현 체계
　　　　　　　│ 트라우마 │
　　　　　　　└─────┘

　재현 체계는 우리가 언어를 사용하면서 무의식적인 구조로서 받아들이는 법이자 규범으로서 구축되는 것이다. 그것은 프로이트가 말하는 초자아(super ego)와 같이 존재가 처음부터 생래적으로 가지고 있는 어떤 자연성이 아니다. 그것은 '외부의 내부화'된 구조로서 본질적으로 타자의 영역이며, 나를 지켜보고 명령하는 타자, 곧 '대타자(the big Other)'이다. 그래서 라캉은 '무의식은 대타자의 담론'이라고 말하는 것이다. 그런데 라캉이 보기에 우리가 욕망한다고 했을 때 그 욕망은 주체의 욕망이 아니라 바로 이 대타자의 욕망이다. 하지만 이것이 대상으로서 대타자를 욕망한다는 의미는 아니다. 그것은 대타자의 인정을 받고자 하는 욕망이라는 형식적인 의미를 가리키는 것이다. 그렇기에 근본적으로 존재의 욕망은 타자의 거울상이 될 수밖에 없다. 따라서 우리가 어떤 외상적 경험을 통해 재현 체계가 붕괴된다는 것은 대타자가 규정하고 있는 욕망의 체계로부터 벗어나면서 욕망이 좌절되는 것, 욕망 대상으로 향하던 리비도의 흐름이 중단되는 것을 의미한다.

　우리가 충격적인 경험을 하였을 때 그 경험을 선뜻 해석할 수 없고 믿을 수 없는 것은 바로 이 때문이다. 그것은 대타자로부터 인정받을 수도 없는 불법적인 것들, 언어화될 수 없는 비언어적인 것들의 침입이다. 다시 말하자면 그것은 잘 정돈되어 있던 재현 체계에 어떤 균

　　　　　　　　　　　　　　　　통일인문학

열지점을 만들면서 외상적 상징화(traumatic symbolization)를 낳고 한 편으로 그로 인해 외상적 실재(traumatic real)의 파편들을 만들어내는 것이라고 할 수 있다. 프로이트가 '억압된 것은 반드시 돌아온다'고 했을 때 억압된 것은 상징 질서로 편입될 수 없는 그 파편들인 것이다. 따라서 외상적 상황의 반복은 이러한 파편들을 처리하고자 하는 정신계의 작업을 요구하는 것이라고 할 수 있다. 다시 말해 비재현적이고 비상징적인 파편들을 언어화하여 붕괴된 재현 체계를 회복하려는 시도로 읽힐 수 있다는 것이다.

그렇다면 오늘날 사람들이 외상 후 스트레스 장애와 같은 인격 왜곡의 증상을 보이는 것은 이들이 어떤 외상적 사건을 통해 어떤 욕망이 좌절되고 또 그것이 현재까지 상징적 재현 체계를 복구하지 못하고 있기 때문으로 볼 수 있다. 하지만 이러한 설명이 비록 타당성을 가지더라도 여기에는 곧바로 개인적인 트라우마와 동일시할 수 없는 몇 가지 난점이 있다. 우선, 여기서 다루고 있는 사람들의 증상은 '개인'이 아니라 '집단 전체'에게서 발견된다는 점이다. 물론 이때의 집단은 이들이 가진 트라우마를 개인적인 치료를 통해 해결할 수 없어 보인다는 점에서 단지 열차 사고나 비행기 사고와 같이 일시적이고 우연적으로 형성된 개개인들의 집합을 의미하는 것이 아니다. 이들은 국민 혹은 민족이라는 정체성을 공통적으로 지니고 있으며 특정한 역사를 공유하고 있는 사람들이다. 따라서 이들의 트라우마는 개인을 초월하여 있는 그 어떤 문제로 인해 발생한 '집단 트라우마'라고 할 수 있다. 두 번째 난점은 이러한 사람들의 트라우마는 그들이 직접 경험한 사건으로부터 발생한 것이 아니라는 점에서도 발생한다. 보았다시피 이들이 PTSD와 같은 증상을 보일 때 회상하는 상처의 기억은 일제 식민지 지배, 분단, 한국전쟁 등이었다. 그러나 이들은 자신들이 기억하는 그 사건을 직접 경험한 자들도 아니며 동시대의 사람들도 아니다. 그들이 기억 속에 있는 상처는 '역사적 사건'으로부터 나오는 것이다. 따라서 이들의 트라우마는 일반적인 트라우마가 아니라 그것과 구분되는 '역사적 트라우마(historical trauma)'이다.

3 후천적이고 이차적인 트라우마

'역사적 트라우마'는 주로 문학작품에 등장하는 인물의 심리나 과거사 진상 규명과 관련하여 사용되어 왔다. 그러나 여기에서 사용하는 '역사적 트라우마'는 학적으로 엄밀성을 갖춘 개념이라고 할 수 없다. 왜냐하면 이때의 역사적 트라우마는 그 상처가 역사적인 사건으로 인해 발생하였다는 점을 제외하고는 일반적인 트라우마와 구분되는 별다른 특이성을 지니지 않기 때문이다. 더구나 그러다 보니 이때의 역사적 트라우마는 주로 역사적 사건을 직접 경험하였고 그로 인해 현재에도 고통받고 있는 개인에게 적용되어 사용된다. 하지만 직접적인 경험으로 인해 발생한 트라우마의 경우 개인적인 트라우마 개념으로도 충분히 설명이 가능하다는 점에서 굳이 역사적 트라우마라는 개념을 사용할 필요가 없다.

그러나 앞서 보았듯이 역사적 트라우마는 개인의 직접적인 경험에서 비롯된 것이 아니다. 역사적 트라우마를 가진 대부분의 사람들은 역사적 사건을 경험하지 않은 비경험자이면서 경험자와는 다른 시대를 살아가는 후세대들이다. 그렇기에 '역사적 트라우마'는 개인에게 한정되지 않으며 경험자로부터 비경험자로 전염되어 사라지지 않고 전승된다는 특징을 고려하는 한에서 사용되어야 하는 개념인 것이다.

이러한 점에서 라카프라(Dominick LaCapra)는 역사적 트라우마를 "사건을 직간접으로 접한 다른 모든 사람들──가해자, 부역자, 방관자, 저항자 그리고 후세의 사람들"[109]이 겪는 트라우마로 정의하면서, 개인적인 트라우마와는 다른 특징들을 찾는다. 우선 그는 역사적 트라우마를 모든 인간들이 초역사적이고 존재론적으로 경험하게 되는 원초적인 트라우마와 구분하면서, 후천적인 트라우마라고 주장한다. 이러한 구분은 경험자의 욕망과 관련하여 트라우마의 발생 요인을 어떻게 보는가에 따라 이루어진 것이다. 즉, 역사적 트라우마가 존재론적인 트라우마가 아니라는 점에서 원래 없음을 의미하는 '결핍'이 아니라 있던 것을 잃어버리는 '상실'의 문제와 연관되어 있다는 것이다. 즉, 역사적 트라우마는 특정한 역사적 상황 속에서 사람들이 겪는 사건과 관련이 되어 있기에 보편적 인간이 존재론적으로 경험하는 트라우마와 구분되어야 한다는 것이다.

그렇지만 아직 남는 물음은 라카프라가 말하듯이 어떻게 비경험자인 '후세대'도 역사적 트라우마를 지니며 그로 인해 외상성 증상을

---

109) 도미니크 라카프라, 육영수 편역, 『치유의 역사학으로』, 푸른역사, 2008, 66쪽.

보일 수 있는가이다. 그것은 트라우마를 상실로 인한 후천적인 것이라고 말하는 것만으로는 부족하다. 왜냐하면 후천성이 곧 비경험성을 말하는 것은 아니기 때문이다. 이에 라카프라는 트라우마가 '전이(transference)'되기 때문이라고 말한다. 그가 말하는 전이란 "타자 안에서 활동적인 어떤 경향 혹은 타자에 투사된 경향을 자신의 담론이나 행위 안에서 반복하는 것"[110]인데, 사람들은 자신의 주변에 상처 입고 괴로워하는 모습을 보게 되면 마치 자신의 일인 양 아파하고 고통스러워하면서 투사적 혹은 합일적인 동일시를 통해 무의식적으로 타인의 상처를 자신의 것으로 받아들인다는 것이다.[111] 다시 말하면 "상처를 버리고 잊으며 다시 정상적으로 살아가는 것을 통해서 과거를 극복하는 것은 상처 입은 과거의 무게에 깔려 쓰러진 사람들을 배반하는 것이라는 느낌"[112] 때문에 그것이 분명 고통임에도 불구하고 직접적인 경험자처럼 트라우마를 자기화하면서 전염된다는 것이다.

그러나 역사적 트라우마가 전염되는 이차적 트라우마라고만 말한다면 이는 일반적인 트라우마와 변별점을 가지지 못할 뿐만 아니라 역사적 트라우마가 가지고 있는 특징을 제대로 세워내지 못한다는 문제를 가지게 된다. 일반적인 트라우마도 경우에 따라 그 형태와 강도가 조금씩은 다르지만 가족, 친척 그리고 주변의 가까운 지인에까지 전염되는 집단적인 감염 효과를 낳을 수 있다. 반면에 역사적 트

---

110) 도미니크 라카프라, 앞의 책, 217쪽.
111) 같은 책, 226쪽.
112) 같은 책, 156쪽.

라우마는 비록 그것이 라카프라가 말하듯 감염의 경로를 따라가는 것일지 몰라도 직접적인 관련성이 없는 사람들까지 포함하여 특정 '집단 전체'로 옮아가는 현상을 보인다.

물론 라카프라의 설명 방식을 이용하더라도 집단 전체가 트라우마를 가지게 되는 과정을 설명하는 것이 전적으로 불가능한 것이 아니라고 말할 수도 있다. 왜냐하면 직접적인 경험자와 동시대인들, 그리고 그들과 맞닿아 있는 차세대 간에 전염이 되는 것이라고 한다면 역사적 트라우마의 집단적인 감염 효과뿐만 아니라 후세대에까지 전승되는 이유를 밝히는 것이 되기 때문이다. 하지만 라카프라가 간과하고 있는 것은 전염을 가능하게 하는 어떤 '조건'이다. 일반적인 전염병의 경우에도 단지 접촉을 한다고 해서 병원균이 곧바로 전염되어 발병으로 이어지지는 않는다. 그것이 가능하려면 균이 침투할 수 있는 신체적 조건이 갖추어져 있어야 한다. 그렇기에 동일하게 전염병 환자와 접촉을 한다고 하더라도 어떤 사람은 병에 걸리지 않을 수 있는 것이다. 마찬가지로 역사적 트라우마가 집단적 감염 효과를 보인다고 했을 때 그것이 일반적인 트라우마가 변별점을 가지는 것은 단지 '감염'이 아니라 그것을 가능하게 하는 상이한 '조건'의 형태라고 할 수 있다.

여기에서 우리가 다시 환기해야 하는 것은 역사적 트라우마가 욕망 대상의 상실로부터 발생한다는 점이다. 그렇다면 역사적 트라우마가 치유되지 않고 전승되는 것은 그러한 상실을 인정하지 못하고 미래를 향한 욕망하기가 불가능하기 때문이다. 그렇다면 그 조건이라는 것은 바로 여기에서 찾을 수 있다. 그것은 개개인이 지닌 정신의 문제가 아니다. 그것이 집단 전체를 통해 전승되면서 또 현재에도 집단적인 증상을 보인다는 것은 개인을 초월하여 있는 사회적 구조와 관련이 있다는 것이다. 즉, 그 조건은 시간이 지나고 세대가 바뀌더라도 그 집단이 여전히 욕망의 좌절을 현재화하는 구조를 가지고 있다는 것이다.

이는 곧 역사적 트라우마는 무엇보다 무의식과 욕망의 문제를 집단적인 차원으로 옮겨 논의되어야 할 개념이라는 말이 된다. 그럴 때 과거에 특정한 집단 리비도가 있었고 그것이 어떤 사건으로 인해 그 흐름이 가로막히면서 트라우마가 발생했다는 점이 성립하기 때문이다. 따라서 라카프라가 개인적인 트라우마와 구분 없이 사용하고 있던 기존의 역사적 트라우마 개념을 후천적이고 이차적인 트라우마로 확장하여 규정하고 한발 더 나아간 논의를 하고 있다 할지라도 그가 놓치고 있는 것은 '집단적인 욕망의 구조'이다.

4 집단 리비도의 좌절과 억압
    그리고 사회적 신체의 생산

역사적 트라우마가 집단적인 욕망의 구조와 관련이 있다는 것은 곧 프로이트의 자아심리학으로는 집단 리비도의 형성과 그 좌절 그리고 그것의 집단적 전승 구조 등을 설명하는 데에 한계가 있다는 것을 의미한다. 물론 그의 후기 저술들에서는 '집단 심리'에 대한 고찰을 찾아볼 수 있지만, 그것은 어디까지나 인간 존재가 가진 생물학적 리비도에 근거한 '자연 대 문명'이라는 갈등의 양상을 그리고 있을 뿐이다. 그렇기에 그는『문명 속의 불만』과 같은 후기 저술들에서 집단의 문제를 다루지만 다시 개인으로 돌아가면서 집단 심리를 초역사적으로 개인들이 공유하고 있는 심리로 등치시키고 있을 뿐이다. 그런 이유로 그에게서 개인을 초월하는 구조로서 '집단 무의식'에 대한 논의는 찾아볼 수 없다.

이에 반해 에리히 프롬(Erich Fromm)은 정신분석학을 마르크스주의 이론과 결합시키면서 프로이트의 '자연 대 문명'을 '사회적 성격 대 사회적 무의식'이라는 대립 축으로 이동시킨다. 그가 보기에 특정 사회는 "생산양식과 그 결과로서 형성된 사회적 계층으로 구성되어 있는 삶의 실천 행위"를 기본적인 요소로 하면서 개인적 성격처럼 사람들의 에너지를 일정한 방향으로 향하도록 하는 '사회적 성격'을 가지고 있다. 그렇기에 사람들은 "그들의 동기가 같은 것으로 될 뿐만 아니라 같은 이념과 이상을 받아들이게" 된다는 것이다.[113] 요컨대 사회적 성격은 "어떤 주어진 사회에 의해 그 사회의 독특한 기능을 발휘하는 데 유용하도록 형성된 심리적 에너지의 특수 구조"[114]인 것이다.

그렇지만 사회적 성격이 개개인들의 에너지를 한 방향으로 조직하는 역할만을 하는 것은 아니다. 사회적 성격은 동시에 그 사회가 추구하는 방향성에 부합하지 않는 사람들의 욕구를 '억압'하는 기능을 수행한다. 프롬이 "사회적 성격이 있는 곳에는 항상 '사회적 무의식'

---

113) 에리히 프롬, 문국주 옮김,『불복종에 관하여』, 범우사, 1996, 79-80쪽.
114) 에리히 프롬, 같은 책, 79-80쪽.

이 존재한다"고 말할 때 사회적 무의식이란 바로 사회적 성격에 의해 "사회 구성원의 대부분이 똑같이 억압하고 있는 분야"로서 "특수한 모순을 내부에 지닌 사회가 성공적으로 운영되기 위해서는 의식되어서는 안 될 내용"[115]을 말하는 것이다.

역사적 트라우마는 바로 이러한 사회적 성격과 사회적 무의식이라는 대립 축을 통해 설명되어야 하는 것이다. 하지만 이것이 프롬의 논의를 무비판적으로 그대로 수용하여 적용시키는 것은 아니다. 첫째, 프롬은 사회적 성격 형성을 그 집단이 지닌 특수한 '역사성'을 배제하고 생산양식의 측면에서만 보고 있다는 문제점을 지니고 있다. 그러나 예컨대 동일한 자본주의적 생산양식이라고 할지라도 상이한 집단 사회 간에 관념 체제와 실천의 방향성이 완전히 동일할 수 없다. 그것은 사회적 성격이 생산력과 생산관계 등의 문제로 한정지을 수 없으며 그 집단이 역사적 과정 속에서 어떠한 가치 체계를 형성, 변화시켜 왔는가에 따라 달라질 수 있다는 것이다. 둘째, 프롬은 사회적 성격에 따라 억압되는 사회적 무의식을 자유, 사랑과 같은 존재의 근원적인 욕구로 환원한다는 점에서 문제가 발생한다. 지젝(Slavoj Žižek)이 지적하듯 "정신적 '자연'은 소외된 역사의 성격 때문에 그것과는 정반대의 형태, 즉 전역사적으로 주어진 사물 상태의 '물화되고' '자연화된' 형태를 띠는 역사 과정의 결과"[116]임에도 불구하고 프롬은 원초적인 자연주의 입장에서 사회적 성격과 그에 따른 억압의

---

115) Erich Fromm, *On disobedience and other essays*, Harper & Row, 1981, 88쪽.

116) Slavoj Žižek, *The metastases of enjoyment: six essays on woman and causality*, Verso(London New York), 1994, 11쪽.

결과물로서 사회적 무의식을 말하면서 다시 프로이트와 같이 '자연 대 문명'으로 돌아가면서 사회적 무의식을 사실상 개인의 무의식과 같은 것으로 만들고 있다. 그래서 지젝은 프롬을 개량주의로 규정하고 그가 "사회 규범들에 따라 구조화된 자아와 그 자아에 대립하는 무의식적 욕동 사이의 근본적이고 해소될 수 없는 긴장을 감소시키려"[117]한다고 비판한다. 프롬은 프로이트의 정신분석학을 사회심리학으로 옮겨 집단 심리를 분석하려고 하지만 결국 다시 자아심리학으로 돌아가 버리고 마는 것이다.

물론 프롬이 말하는 '사회적 성격'과 '사회적 무의식'이라는 개념은 역사적 트라우마를 설명하는 데에 있어 특정 사회가 지니고 있는 사회적 구조와 그 구조 속에서 억압되는 어떤 것을 설명하는 데에는 주요한 참조점이 될 수 있다. 하지만 역사적 트라우마는 역사를 공유하고 있는 집단 내에서 전승되는 후천적이고 이차적인 트라우마라는 점에서 개체주의적 방법론에 따라 개인의 경험으로 환원할 수 없다는 특징을 지니고 있다. 역사적 트라우마는 시간이 지나더라도 개인을 초월하여 있는 어떤 구조를 통해 개인의 신체에 내면화되면서 지속되는 것이다. 따라서 역사적 트라우마는 역사적 사건과 관련된 트라우마를 직접적인 경험자로 환원시키지 않으면서도 그것이 사회적 구조를 형성하고 또 개개인을 관통하면서 역으로 사회적 구조를 지속시키거나 변형시키는 과정 속에서 다루어져야 한다는 것이다.

이는 곧 역사적 트라우마는 사회적 공간과 정신 간의 변증법적 관

---

117) Slavoj Žižek, 같은 책, 11쪽.

계를 따른다는 것을 말해 준다. 부르디외는 이를 '장(champ)'과 '아비투스(Habitus)'라는 개념을 통해 설명하고 있다. 장이란 국가, 교회, 학교와 같이 사회 구성원들 간의 객관적 관계망을 형성하면서도 실천을 가능하게 하는 제도적 공간이다. 부르디외가 보기에 이 공간에서는 '차이의 생산' 곧 '구별짓기'라는 원리가 작동하고 있다. 그것은 각각 장에서 명예, 신뢰, 평판 등과 같은 형식으로 인정되는 상징자본을 얼마나 많이 획득하느냐에 따라 사회적 권력과 종속 관계를 결정짓는다는 것이다. 그런데 이러한 장에 진입하여 상징자본을 획득하기 위한 게임을 하기 위해서는 어떤 투자를 필요로 한다. 그것은 그 장이 지니고 있는 구조와 목적들에 동의하고 복종해야만 되는 일뤼지오(illusio)를 무의식의 차원에서 공유해야 한다는 것이다.[118] 다시 말해 사회 구성원들이 장에 참여한다는 것은 개개인의 리비도를 전이시키고 무의식적인 환상 체계로 진입한다는 것이며, 사회적 질서가 지닌 내적 법칙을 신체로 내면화하면서 아비투스가 된다는 것이다. 따라서 아비투스는 "구조들 및 메커니즘들(사회 공간 또는 장의 메커니즘)의 형태로 사물들 속에 객관화된 역사와 육체들 속에 구현된 역사 사이의 결탁"[119]으로서 "사회화된 신체, 구조화된 신체"라고 할 수 있다.[120] 하지만 이것이 일방적으로 구조가 신체를 결정한다는 논리를 따르는 것은 아니다. 아비투스는 한 사회의 코나투스를 실현하는 매개 역할을 한다는 점에서 그 자체로 "존재코자 하는 욕망"[121]

---

118) 피에르 부르디외, 김웅권 옮김, 『실천 이성: 행동의 이론에 대하여』, 동문선, 2005, 168쪽.

119) 피에르 부르디외, 김웅권 옮김, 『파스칼적 명상』, 동문선, 2001, 218쪽.

120) 피에르 부르디외, 위의 책, 2005, 174쪽.

121) 피에르 부르디외, 같은 책, 2001, 216쪽.

을 지니고 있기에 한 세대 내에서 생성되거나 소멸되는 것이 아니라 순환적 메커니즘 속에서 스스로 재생산되면서 신체와 환경 간에 "구조화하고 구조화되는 관계"[122]를 형성한다. 그래서 부르디외는 '신체는 사회 속에 있고, 사회는 신체 속에 있다'고 말한다.

물론 부르디외가 직접적으로 역사적 트라우마 그 자체를 다루는 것은 아니다. 하지만 그의 이러한 논의에 기대어 보자면 역사적 트라우마의 신체화와 전승에 대해 가능한가에 대한 설명을 가능하게 한다. 그러나 여기에는 한 가지 문제점이 남아 있다. 그것은 부르디외가 '억압'의 문제를 배제하고 있다는 것이다. 비록 부르디외는 프롬과 다르게 사회적 리비도의 문제를 '자연 대 문명'이라는 원초적 자연주의적 구도로부터 탈피시키고 있지만 그렇다고 해서 '억압'이 없다고 말할 수는 없다. 오히려 특정 사회가 코나투스를 유지하기 위해 집단적인 욕망 체계를 구성하고자 한다면 특정 리비도를 억압해야 한다. 더구나 역사적 트라우마가 좌절된 집단 리비도가 원활히 흐를 수 없는 억압적 구조가 작동하기 때문에 지속되는 것이다. 따라서 역사적 트라우마를 설명함에 있어 부르디외의 아비투스-장 이론은 정신분석학의 '억압 가설'과 상호 결합되어야 한다.

---

122) 같은 책, 208쪽.

2장

코리언의 역사적 트라우마

1 근대적 '민족=국가'에 대한 집단 리비도의 좌절: 식민 트라우마

역사적 트라우마는 일반적인 트라우마와 마찬가지로 '현재'로부터 출발한다. 왜냐하면 집단이든 개인이든 그 어떤 상처가 현재를 살아가는 데에 있어 혹은 미래를 욕망하는 데에 있어 어떤 장애 요소가 될 때만이 문제가 되기 때문이다. 그렇기에 역사적 사건이 비록 상처로 기억된다고 해서 모두 문제가 되는 것은 아니다. 이는 우리가 역사적 트라우마를 분석할 때 역사를 무한히 소급할 수 없다는 것을 의미한다. 역사적 기억 속에서 상처 입은 역사가 있다고 할지라도 그것은 어디까지나 기록으로서 그리고 과거의 사건으로서 남는 것이지 문제의 대상이 될 수는 없다는 것이다. 예를 들어 병자호란이 분명 조선과 청나라 간에 발생한 사건이고 그로 인해 과거의 코리언들이 상처를 입었다고 할지라도 오늘날 한중 관계 속에서 어떤 마찰이 발생했을 때 역사적 사건을 기억하면서 중국에 대한 감정적 반응을 보이지는 않는다. 이는 분명 한일, 남북 간의 관계와는 다른 것이다. 일본이나 북과 어떤 충돌이 발생할 경우에는 사람들은 즉각적으로 역사적 사건을 기억해 내면서 적대와 분노의 감정을 여실히 드러낸다.

따라서 오늘날 우리에게 현재적인 문제로 남아 있는 코리언의 역사적 트라우마는 시간을 거슬러 올라가면 일제 식민지 지배와 남북 분단이라는 사건과 관계한다고 할 수 있다. 그리고 이러한 사건은 민족 또는 국가 간에 발생한 것이라는 점에서 이 사건으로 인해 좌절되는 집단 리비도는 그러한 집단체에 대한 사람들의 욕망과 관련이 있다고 할 수 있다. 그렇다면 구체적으로 이 사건으로 인해 좌절된 코리언의 집단 리비도는 무엇인가?

이 물음에 답하기 위하여 우리는 당시의 역사적 상황을 살펴볼 필요가 있다. 잘 알다시피 19세기 조선(朝鮮)은 근대 국가로의 이행기에 놓여 있었다. 그러나 이것이 조용하게 이루어진 것은 아니었다. 대외적으로는 서구 열강들이 근대적 무기를 앞세워 무력시위를 하면서 문호를 개방할 것을 요구하였다. 그 대표적인 사례가 바로 병인양요(1866년), 신미양요(1871년)라고 할 수 있다. 한편으로 일찍이 흑선사건(1853년) 이후 메이지유신(1868년)을 통해 서구적 근대화를 추진한 일본은 한반도를 교두보로 대륙으로 진출하려고 하였으며, 이러한 일본을 견제하기 위한 중국과 러시와의 충돌은 급기야 청일전쟁(1894-1895년), 러일전쟁(1904-1905년)으로 번지기도 하였다. 이렇듯 한반도는 국제적 정세 속에서 풍전등화와 같은 위태로운 상황에 놓여 있었다. 한편으로 대내적으로는 반제반봉건을 향한 요구들이 터져나오기 시작하였다. 갑신정변(1884년), 갑오농민전쟁(1894년)이 그 대표적인 예라고 할 수 있다. 이는 당시 조선의 근대적 국가로의 이행이 단지 외세와의 충돌뿐만 아니라 내부의 반봉건에 대한 강력한 요구와도 맞닿아 있었다는 것을 의미한다.

그러나 이러한 대내외적 조건이 있었다고 할지라도 조선의 근대화가 서구와 같이 아래로부터 이루어진 것은 아니다. 그것은 오히려 봉건국가에 의해 이루어졌다. 고종은 국호를 조선에서 대한제국으로 개칭하고, 스스로를 황제로 일본에 의해 시해당한 민비를 명성황후로 승격시킨다. 그리고 각종 근대적 행정, 도로 등의 시스템을 도입한다. 이는 한편으로는 대외적으로 독립성을 강화하면서 또 한편으로는 반봉건에 대한 대중적인 열망을 흡수하면서 근대 국가로 나아가는 과정이었다고 할 수 있다.

그런데 이러한 근대화 과정에 있어 서구와 다른 점이 단지 그 출발점에만 있는 것은 아니다. 서구에 있어 근대적 국가는 모두가 '자유'롭고 '평등'한 세상을 약속하면서 아래로부터 시민혁명을 통해 건설된다. 하지만 그 국가는 곧 자본주의 국가라는 점에서 임노동과 자본이라는 생산관계는 결코 그러한 약속을 이행시킬 수 없는 구조를 지닐 수밖에 없다. 그 결과 근대적 자본주의 국가는 생각하는 바로서의 'civil(자기통치자로서 시민)'과 현실적인 지위로서의 'subject(복종하는 자로서 신민)' 간의 근대적 주권의 분열을 가져온다. 또한 그것은 기존 공동체가 지니고 있던 교환의 호혜성을 파괴하는 것이기도 하다. 이 때 이러한 분열을 봉합하고 파괴된 호혜성을 대체하면서 보로메오 매듭의 역할을 하게 되는 것이 바로 '우애'라는 감성에 기초한 상상의 공동체로서의 '민족'이다. 그렇기에 근대적 국가는 '국가＝민족 ＝자본'이라는 형태의 삼위일체의 형태를 지니게 되는 것이다. 하지만 한반도의 근대적 국가 건설의 과정은 서구의 그것과 전적으로 같다고 할 수 없다.[123] 에릭 홉스봄(Eric Hobsbaum)도 지적하듯이 한반도는 비록 근대적 국가의 형태는 아닐지라도 통일신라 혹은 고려 이후부터 1300여 년 동안 중앙집권적인 체제하에서 단일한 언어와 문화를 바탕으로 이어져온 "역사적 국가"[124]이다. 이는 한반도는 단일한 종족에 바탕을 둔 공통의 사회적 신체를 형성하고 있었다는 것을 의미한다. 그렇기에 서구에 있어 '민족'은 화폐를 통한 교환 체계와 시장 경제가 출현하고 또 그것에 바탕을 둔 신분적 평등을 전제로 하지만 당시 대한제국은 그러한 조건 없이도 자주, 근대화라는 이상을 향해 집단의 리비도를 그 어느 집단보다 더 용이하고 강력하게 조직하면서 '민족＝국가'로 나아갈 수 있었다는 것이다.

일제 식민지 지배의 시작은 바로 이러한 집단 리비도의 흐름을 가로막으면서 '민족＝국가'에 균열을 만들어내는 충격적인 사건이다. 서구 식민주의를 내면화한 일본은 내가 원망하는 바로서의 그러한 국가가 아니다. 그 국가는 강제적 침입을 통하여 내가 욕망하는 국

---

123) 가라타니 고진, 조영일 옮김, 『세계공화국으로』, 도서출판 b, 2007, 171-180쪽.
124) 에릭 홉스봄, 강명세 옮김, 『1780년 이후의 민족과 민족주의』, 창비, 2008, 95쪽.

가를 강제적으로 축출하고 민족을 유리한 '반민족적 국가'이다. 따라서 코리언의 식민 트라우마는 '민족≠국가'의 어긋남에서 발생하는 것이라고 할 수 있다. 하지만 식민 트라우마는 단지 국가의 상실로만 국한할 수 없다. 식민지의 코리언은 일본의 국민과 동일한 지위를 가지지 못하였다. 식민지인들은 천황의 신민으로 차별적인 권리만을 가지는 이등 국민이었다. 그것은 곧 일본이라는 국가의 신민이지만 온전한 시민으로서 통합될 수 없는 분열과 공동체의 호혜성을 박탈당했다는 것을 의미한다. 그런 이유로 현실적으로는 2차 세계대전이 끝나고 해방이 될 때까지 식민지인으로서 코리언은 식량과 물자를 수탈당했을 뿐만 아니라 신체까지도 강탈당하는 폭력을, 나아가 그로부터 인간의 파괴와 공포를 일상적이고 지속적으로 경험하였다고 할 수 있다.

그렇기에 식민지하에서의 민족과 국가는 합치되지 못하고 적대적인 관계가 될 수밖에 없다. 일본은 트라우마를 안겨준 가해자 집단이면서 코리언 집단의 좌절된 욕망을 충족시키기 위해서 제거되어야 하는 부정성이 된다. 하지만 이것은 개인적 차원에서 가능한 일이 아니다. 그것은 집단적인 차원에서 가능해 보이는 일이다. 국가는 이미 상실되었고 코리언들이 선택할 수 있는 것은 민족밖에 없다. 그렇기에 코리언들은 '민족'에 퇴행적으로 자신들의 욕망을 전이시키면서 수치와 원한의 감정으로 일제에 대항하면서 과잉화된 '저항적 민족주의'를 형성하게 되는 것이다. 당시 한반도 내외적으로 항일투쟁이 매우 강렬하고도 지속적으로 이루어진 것도 이러한 이유에서라고 할 수 있다.

그러나 문제는 2차 세계대전에서 일본이 패전국이 되면서 식민지 지배가 종결되고 해방을 맞이하게 되었다고 해서 식민 트라우마가 치유되는 것은 아니었다는 것이다. 예컨대 샌프란시스코 조약(1951년) 등에서 알 수 있듯이 연합국은 전후 처리 과정에서 일본에 대해 전범국가로서의 책임만을 물었을 뿐 식민지 지배에 대한 책임은 묻지 않았다. 또한 박정희 정권 시절에는 차관을 대가로 식민지 지배에 대한 배상 문제를 일단락시켜 버렸다. 이는 코리언의 입장에서는 가해자에 대한 처벌이 이루어지지 않았으며, 가해자로부터의 사과를 받을 수 없었다는 것을 의미한다. 문제는 일제 식민지 지배에 대한 미청산이 오늘날 종군위안부, 신사참배, 독도 영유권을 둘러싼 분쟁을 지속적으로 만들어내면서 식민 트라우마를 현재화하는 직접적인 요인이 되었다는 점이다. 그렇기에 식민 트라우마를 치유하는 데에는 일본으로부터의 진심 어린 사과와 피해자에 대한 배상 문제 해결이 무엇보다 중요해 보인다. 물론 이것은 비극의 역사 속에서 죽어간 자들, 그리고 평생을 고통 속에서 살아야 했던 자들에게 반드시 이루어져야 하는 것이다. 하지만 그렇다고 이것이 집단 트라우마로서 식민 트라우마를 치유하는 근본적인 대안이 될 수는 없다. 왜냐하면 식민 트라우마의 핵심은 식민지 지배로 인해 좌절된 '민족＝국가'에 대한 욕망에 있기 때문이다. 다시 말해 식민 트라우마의 치유는 식민지 경험자에 대한 책임과 보상으로 국한될 수 없으며, '민족＝국가'를 향한 리비도를 원활하게 흐를 수 있도록 조건을 창출할 때 비로소 가능한 것이라고 할 수 있다.

하지만 여기에서 발생하는 난점은 식민 트라우마가 식민지 지배와 관련된 또 다른 역사적 비극이 낳은 여타의 트라우마와 관련되어 있다는 점에서 발생한다. 이는 식민 트라우마가 독립적인 트라우마로 남아 있는 것이 아니라 하나의 상처에 또 다른 상처가 입혀지면서 두 상처가 분리될 수 없도록 상호간에 착종되어 복합적 양상으로 존재한다는 것을 의미한다.

주지하다시피 해방은 코리언들에게 곧바로 온전한 하나의 민족국가를 가져다주지 않았다는 점에서 해방 이후 코리언에게 돌아온 것은 미소를 중심으로 한 연합군에 의한 분할 통치였으며, 하나의 민족이 남과 북으로 서로 갈라지게 되는 '분단'이었다. 이는 해방과 더불어 고조되어 있던 '민족＝국가'에 대한 열망을 '재차' 좌절시켰다는 것을 의미한다. 나아가 남북의 분단은 동족상잔으로서 한국전쟁으로 비화되면서 코리언들에게 씻을 수 없는 상처를 남긴다. 그렇기에 첫째, 식민 트라우마는 남과 북의 분단으로 인한 분단 트라우마 그리고 전쟁 트라우마와 착종적 관계에 있다고 할 수 있다.

하지만 식민지 지배가 남긴 역사적 결과와 그로 인해 착종된 트라우마는 한반도에 거주하고 있던 코리언에게만 있는 것이 아니다. 여기에는 일제에 의한 수탈과 폭력을 피할 목적으로 혹은 강제 징용, 징병으로 인해 한반도로부터 분리된 자들이 있다. 이들은 이주 과정 그리고 거주국에 체류하는 동안 국가를 상실하고 보호받을 수 있는 어떠한 장치도 없는 상태에서 거주국의 국가·사회 폭력에 여실히 노출되어 있었다. 그러나 이들의 수난은 여기에서 끝나지 않는다. 이들은 해방 이후 경제적 혹은 정치적인 이유로 해방된 한반도에 돌아오지 못하면서 '낯선 이방인'으로서의 차별과 배제로 인한 고통에 시달려야 했다. 따라서 둘째, 해외 코리언 디아스포라에게 있어 식민 트라우마는 이산 트라우마와 착종되어 있다고 할 수 있다.

이렇듯 식민 트라우마는 분단 트라우마 그리고 이산 트라우마와 착종되면서 '근원적 트라우마'가 된다. 다시 말해 식민 트라우마는 이미 이전부터가 아니라 역사의 전개 과정에서 발생하는 다른 트라우마와 착종되면서 근원성을 획득하게 되는 것이다. 그러나 비록 식민 트라우마가 근원적이라고 할지라도 그것이 앞서 제시한 분단이나 이산 트라우마보다 더 강력한 증상으로 발현되는 것은 아니다. 오히려 뒤에 착종된 트라우마들이 식민 트라우마보다 그 강도 면에서 더 강력한 정서적 반응을 야기한다. 이는 이러한 트라우마들이 예를 들어 국가 폭력이나 사회 폭력과 더불어 현재화되면서 지금의 삶과 더 밀접한 연관관계를 맺고 있기 때문으로 보인다. 그렇기에 식민 트라우마가 가진 근원성은 트라우마 간의 착종과 절합에 있어 위상적 의미를 지니는 것이지 치유적 차원에서 우선성의 의미를 가지는 것은 아니다. 즉, 식민 트라우마를 치유한다고 해서 이산과 분단 트라우마가 치유되는 것은 아니라는 말이다. 더구나 이 둘의 주요 트라우마는 국가 및 사회 폭력 트라우마와 절합되어 있다는 점에서 별도로 분석되어야 하는 코리언의 역사적 트라우마이다.

2 하나의 민족, 두 개의 국가: 분단 트라우마

일제 식민지 지배는 2차 세계대전에서 연합국이 승리하면서 종결된다. 일제 강점하에 있던 한반도는 해방되었고, 동시에 코리언들은 좌절되었던 '민족＝국가'에 대한 열망이 비로소 이루어질 수 있다는 강한 기대감에 휩싸여 있었다. 하지만 해방이 코리언의 힘으로 이루어진 것이 아니라 미·소를 중심으로 하는 연합국에 의해 이루어졌다는 점에서 해방 정국은 이러한 기대에 부흥할 만큼 그리 긍정적이지 않았다. 미국과 소련은 일제의 무장해제를 빌미로 각각 남과 북을 분할 점령하였다. 더구나 미·소를 중심으로 냉전 체제가 구축되고 있었다는 국제 정세와 해외에서 활동하던 각 진영의 독립 인사들이 국내로 입국하면서 미·소 간의 대결 구도는 자본주의 대 사회주의, 친일 대 반일 등과 착종되면서 '민족＝국가'에 대한 열망을 쉽사리 충족시키기 어려운 형국으로 치닫고 있었다. 특히 좌우익의 대립에 대해 오기영은 '사상은 두 가지가 있으나 조국은 하나뿐이다'[125]라고 말하면서 이때의 상황을 여실히 보여준다. 그것은 일제에 의해 축출 당했던 아버지＝국가의 자리를 둘러싸고 두 형제가 자신이 어머니＝민족의 적자임을 자처하는 형국이었다.

그것은 곧 '민족＝국가'에 대한 열망이 재차 좌절될 가능성이 이미 해방과 더불어 한반도에 내재되어 있었다는 것을 의미한다. 이것이 현실화된 것은 모스크바 3상 회의에서 본격적으로 신탁통치안이 제기되면서부터이다. 이때부터 한반도 내의 정세는 '찬탁과 반탁'의 대결 구도가 결합하면서 더욱 복잡한 형태를 띤다. 그런데 중요한 점은 대중들의 압도적인 여론이 반탁에 있었다는 것이다. 이들에게 있

---

125) 임헌영, 『분단시대의 문학』, 태학사, 1992, 24쪽.

어 찬탁을 한다는 것은 '민족≠국가'의 어긋남을 의미하는 것이면서, 근원적 트라우마인 식민 트라우마를 현재화한다는 것을 의미한다. 그렇기에 "탁치 반대에 적극 가담하지 않는 세력에 대하여 민족의 반역자, 역도라는 비난"[126]은 적대적 감정을 동반하면서 폭발적으로 드러났다.

그럼에도 불구하고 결국 한반도는 3·8선을 경계로 남과 북으로 분단되며, 1948년 남과 북은 각각 단독 정부를 수립하고 만다. 그것은 마치 기대가 크면 실망도 큰 것처럼 해방 이후 고조되었던 '민족＝국가'에 대한 열망이 좌절된 것이라는 점에서, 더구나 그것을 향한 리비도의 집중이 강렬했다는 점에서 더욱 큰 충격적인 사건이 아닐 수 없었다. 그뿐만 아니라 분단은 식민 트라우마라는 상흔 위에 다시 상처를 입히는 이중의 상처라는 점에서 그 골의 깊이 또한 상당하다고 할 수 있다.

중요한 점은 분단으로 인한 '민족≠국가'의 어긋남이 일제 식민지 지배 때와는 다르다는 것이다. 이때의 어긋남은 국가가 축출되면서 발생하는 것이 아니라 하나의 민족이 두 개의 국가를 수립하면서 발생하는 것이다. 더구나 이 두 국가 간의 관계는 미·소를 중심으로 한 세계 냉전 질서를 따라 자본주의 대 공산주의라는 이데올로기적 대립으로 전치되면서 '민족＝국가'를 향한 에로스적 욕망은 타나토스적 적대성으로 전화된다. 이에 오기영은 "남북조선이 갈려서 미·소 전쟁의 전초전을 담당케 할 위험이 있는 것이며, 이리하여 민족

---

126) 같은 책, 45쪽.

통일과는 반대로 총화(銃火)를 나누는 골육상잔으로써 민족 자멸의 참화를 두렵게 하는 바이다"[127]라고 말하면서 이미 분단이 몰고 올 비극을 예견하고 있었다.

그렇다고 한국전쟁이 단지 이데올로기적 대립의 결과라고만 말할 수 없다. 독일의 경우 한반도와 같이 2차 세계대전이 끝나면서 서쪽으로는 자본주의, 동쪽으로는 공산주의 진영으로 분단되었다. 그럼에도 불구하고 독일에서는 동서간 전쟁이 발발하지 않았다. 물론 그렇다고 독일이 하나의 국가를 건설하겠다는 열망이 없었다는 말은 아니다. 그 형태가 어찌 되었건 독일은 40여 년 만에 통일되었기 때문이다. 다만 이러한 비교가 보여주는 것은 무엇보다 한반도에 있어 '민족＝국가'에 대한 열망은 너무나도 강렬했다는 것이다. 그것은 곧 남과 북이 '민족≠국가'를 극복하고 서로 합치겠다는 에로스적 욕망이 강했다는 것을 의미한다.

그러나 문제는 그러한 강렬한 에로스적 욕망이 화해와 협력을 바탕으로 하는 것이 아니라 뒤틀리고 왜곡된 방식으로 드러났다는 것이다. 이승만의 북진 통일론, 김일성의 민주화 기지론이 보여주듯 남과 북은 똑같이 상대를 내입(內入)해서라도 하나가 되겠다는 구순기적 동일시를 시도했던 것이다. 그렇기에 한국전쟁은 비록 그 방식이 폭력적이라고 할지라도 '민족≠국가'의 어긋남을 극복하려고 했던 욕망이 낳은 필연적인 결과였다고 평가할 수 있다.

'민족＝국가'에 대한 열망을 이루지 못한 채 3년간의 전쟁은 3 · 8선

---

127) 임헌영, 앞의 책, 57쪽.

통일인문학

을 휴전선으로 대체하면서 끝나게 된다. 전쟁을 통해 얻은 것은 아무것도 없다. 그러나 전쟁은 동족을 살해하였다는 '죄의식'을 남긴다. 죄의식은 내부로 향한 마조히즘적 공격 성향을 띤다는 점에서 코나투스를 유지하기 위해서는 외부로 방향을 전환할 필요가 있다. 더구나 전쟁을 통해 고착화되는 한반도의 남과 북은 '민족≠국가'로서 어느 누구도 온전한 민족을 대표할 수 없는 결손국가(a broken nation states)[128]이다. 이는 각각의 국가가 민족의 욕망을 온전히 충족시킬 수 없으며, 나아가 "민족과 국가 사이의 균형을 흐트러뜨림으로써 신생 독립국이 지녀야 할 정신적 에너지의 원천까지 고갈되어 버렸"[129]다는 것을 의미한다. 그렇기에 각각의 국가가 가지고 있는 결핍과 균열을 시급히 봉합하여 보로메오 매듭을 복원할 필요가 있었다.

그것은 '민족≠국가'에서 상대를 삭제하고 '국가＝민족'이라는 전치를 통해 국가가 민족의 대표로서 그 자리를 대신하는 것이다. 그러면서 국가는 민족 리비도를 "체제 정당성을 위해 징발"한다. "남한의 경우, 이승만 정권의 이데올로기적 슬로건이었던 민주주의가 그 상징적인 예일 것이며, 다른 신생 독립국들에 비해 국가 기구가 과도하게 비대해져 갔던 양상도 민족과 국가의 역전된 역관계를 보여주는 상징적인 예라 하겠다. 국가가 민족의식을 장악하고 있는 상황 속에서 민족적 전통이라는 항목은 국가가 민족의 파토스를 인출할 수 있

---

128) 임현진 · 정영철, 『21세기 통일한국을 위한 모색』, 서울대학교출판부, 2005, 1-17쪽.
129) 서영채, 「민족, 주체, 전통: 1950~60년대 전통논의의 의미」, 『민족문학사연구』 제34권, 2007, 17쪽.

는 가장 손쉬운 방법이었다.”[130]

이제 민족의 대표자임을 자임하는 국가는 스스로 주인임을 자처하는 '국민'을 생산한다. 국가는 오로지 자신만을 사랑해야 하는 절대적 사랑의 대상이자 국민의 자아-이상이 되면서 국민을 신민화시킨다. 국가는 애국주의를 바탕으로 하는 '국민윤리'를 통해 골육상잔에 대한 죄의식을 억압하고 가해자의 죄의식은 오로지 피해자의 논리로 전화된다. 이로써 전쟁과 '민족=국가'의 좌절에 대한 책임은 상대에게 전치된다. 상대는 민족의 반역자이면서 곧 악이 되고 민족의 위협으로서 절멸의 대상이 된다. 그리고 이러한 윤리 영역으로의 전회와 내면화를 통해 반공, 용공은 악에 대한 선의 숭고한 윤리적 실천으로 승화된다.

분단의 사회적 신체는 외적 경계 태세와 내적 검열 체계를 통해서 생산된다. 미시적 생활 공간 곳곳에 붙어 있는 표어들, 군사 퍼레이드 등을 통해 분단과 전쟁의 트라우마를 상기시키고 공포를 끊임없이 환기시킨다. 그뿐만 아니라 간첩단 조작 사건, 북풍, 총풍 공작 등을 통해 정치권력을 재생산하면서 내부적 규율을 강화해 왔다. 심지어 1980년 광주 민주화 항쟁과 같은 대규모의 국가 테러가 자행되기도 하였다. 이는 단지 아감벤(Giorgio Agamben)이 말하듯 예외 상태에서 국가권력은 계엄이라는 법률적 근거를 통해 법외적 폭력을 자행한 것으로만 설명할 수 없다. 왜냐하면 이 항쟁을 소위 '빨갱이'의 선동으로 만들어버리는 반공 콤플렉스가 여기에 결합되어 있기 때문

---

130) 서영채, 앞의 논문, 28-29쪽.

이다. 그것은 어머니 민족을 향한 에로스적 욕망을 아버지의 거세 공포를 통해 분단 국가의 법과 규범을 억압적으로 신체화하는 과정이었던 것이다.

하지만 분단의 신체는 비단 이러한 부정의 안티테제만을 통해 형성된 것은 아니다. 여기에는 긍정의 진테제도 결합되어 있다. 북의 천리마 운동, 남의 새마을 운동이 그 대표적인 것이라 할 수 있는데, 이는 '민족의 발전'이라는 목표하에 동원 체제를 가동하는 것이었다. 국민의 존재 발생의 근거를 '민족 중흥의 사명'으로 환원하면서 국가 발전이 개인적 삶의 윤택이라는 환상 속에 위치 지운다. 여기에서도 민족은 국가발전주의라는 명목하에 차출되면서 발전을 향한 맹목적인 추종을 요구당한다. 헌법에도 버젓이 명시하고 있는 노동권을 비롯한 기본권에 대한 요구는 기이하게도 곧 '용공', '반국가' 행위로서 처벌의 대상이 된다.

국가가 국민에게 요구하는 것은 이들의 노동력만이 아니었다. 베트남 전쟁 파병에서 보여주었듯이 국가는 '자유민주주의' 수호라는 숭고함과 반공 이데올로기를 바탕으로 국민의 생명 그 자체를 국가를 위해 내놓을 것을 요구하였으며, 그 생명으로 하여금 타인의 생명을 절취하도록 하였다. 따라서 이러한 국가는 민족을 평화롭고 자유롭게 살 수 있도록 하는 그러한 국가가 아니었으며 오히려 과거 일제가 보여주었던 규율과 훈육 체계를 그대로 답습하면서 민족을 배반하는 국가였다. 다시 말해 "권력이 전유한 민족주의는 민족을 구성하는 대다수 민중의 일상생활에서 나오는 구체적이고 절박한 요구들을 민족의 이름으로 거부"하는 것으로 "배반당한 민족주의"였

던 것이다.[131]

이와 같이 분단 체제하에서 민족주의는 국가에 의해 전유되면서 국민을 배제와 포함, 죽음과 생명이라는 경계에 위치 시키고, 분단 국가가 생산하는 믿음과 성향 체계를 내면화하는 분단의 아비투스를 생산한다. 남과 북이 가진 결핍과 결손을 메우기 위해 '민족＝국가'의 리비도를 억압하고 '상호 적대성'으로 전치시키는 분단 트라우마는 바로 이러한 분단의 아비투스를 통해 지속되는 것이다.

3 코리언 디아스포라의 트라우마: 이산 트라우마

분단과 한국전쟁 이후 남과 북은 체제 경쟁 속에서 스스로를 '민족의 적자'임을 자처하여 왔다. 그 결과 민족은 전유되면서 오로지 자신만이 '민족'이 되고, 상대는 삭제의 정치 논리 속에서 '민족의 반역자'이자 '절멸의 대상'이 되었다. 하지만 민족으로부터 자신을 제외하고 나머지를 삭제하는 것은 한반도의 남과 북에만 국한되지 않고 해외에 있는 코리언 디아스포라에게도 해당하는 문제였다. 그 결과 이들은 '민족'으로부터 배제되면서 망각되어 왔다. 하지만 망각된 것은 이들의 존재뿐만 아니다. 남과 북은 민족을 전유하고 국가중심주의를 강화하면서 오로지 자신만이 아프다고 외치면서 이들이 지닌 트라우마마저도 망각하였다. 그러나 일제 식민지 지배가 낳은 결

---

131) 서중석, 『배반당한 한국민족주의』, 성균관대학교출판부, 2004, 330쪽.

과는 남북 분단과 한국전쟁만이 있는 것이 아니며, 또 코리언의 역사적 트라우마를 한반도의 코리언에게 국한시킬 수 없다. 오히려 시기적으로 분단과 전쟁보다 더 앞서 발생하였고 이것과 마찬가지로 오늘날까지도 치유되지 못하고 전승되는 트라우마가 있다. 그것은 일제 강점기에 한반도로부터 강제적으로 분리되면서 발생한 코리언의 '이산 트라우마'이다.

오늘날 한반도와 인접하여 있는 중국, 일본, 러시아에는 해외 코리언의 약 57%가 거주하고 있다. 이것은 단지 경제적인 이유 등으로 지리적으로 가까운 지역으로 코리언들이 많이 이주한 결과가 아니다. 그렇다면 어떠한 이유에서 이 지역에 코리언들이 많이 거주하고 있는가? 이는 일제 식민 지배라는 코리언의 수난의 역사와 깊은 연관이 있다. 일제는 1910년 한일병합 이후 1918년까지 근대적 토지 제도화라는 명분하에 토지조사 사업을 실시하면서 농민들의 토지를 약탈하였으며, 철도를 부설하면서 전쟁을 수행하기 위한 식량을 수탈하였다. 또한 일제는 1931년 만주사변을 일으키고 1932년 만주국을 건설하면서 약 25만 명에 달하는 코리언들을 이 지역으로 강제 이주시켰다. 그뿐만 아니라 1937년 중일전쟁의 발발과 더불어 1938년 국가총동원법을 제정하면서 징용, 징병, 정신대를 통해 코리언들의 신체 자체를 수탈하기 시작하였다. 이 시기 한반도의 인구를 약 2500만 명이라고 했을 때 전체 인구의 10%에 해당하는 약 250만 명이 생존을 위해 혹은 강제적으로 주변국으로 이주한 것으로 추정된다.[132]

---

132) 윤인진, 『코리언 디아스포라』, 고려대학교 출판부, 2008, 9쪽.

이처럼 일제 강점기에 코리언들은 자신이 살아왔고 살고 있던 고향으로부터 강제적이고 비자발적으로 분리되고 부모, 형제와 이별하게 되면서 이산의 상처를 경험해야만 했다. 그것은 민족의 땅이 아닌 곳에서 소수 민족으로서 '거주국≠민족'을 경험하는 것이기도 하다. 얄궂게도 이들은 생존을 위해 한반도를 떠나왔음에도 불구하고 언어와 문화가 너무나도 다른 낯선 곳에서 생존을 위한 또 다른 투쟁을 하여야만 했다. 징용되어 강제적으로 이주한 이들에게는 자유로운 계약에 따른 임노동이 아니라 노예 수준의 강제 노동이 주어졌으며, 징병되어 끌려간 자들은 그들이 수행하는 전쟁에 대해 별 의미를 부여하지 못한 채 살기 위해 타인을 죽여야만 했다. 그렇기에 이산 트라우마는 한반도로부터 분리되고 이산되는 것에서 끝난 것이 아니다. 그것은 삶과 죽음의 경계에서 일상적으로 반복되는 것일 수밖에 없었다.

예들 들어 1923년 관동 대지진 때의 코리언 학살 사건이나 1937년 스탈린의 강제 이주 정책 등은 한편으로는 같은 민족이 죽어가거나 죽은 모습을 목격하는 것이었으며 또 한편으로는 자신과 가족의 생명이 직접적으로 위협을 받았던 비극적인 사건이었다. 또 살아남았다는 것은 안도감보다는 사랑하는 사람을 잃은 상실감과 죽은 자들에게 대한 죄책감을 형성하면서 그들의 삶을 더 질곡으로 빠뜨리는 사건이었다. 따라서 여기에는 우선 '내 나라가 없기 때문에', '내 나라가 아니라 남의 나라에 살고 있어서'라는 해석을 동반하는 식민 트라우마가 착종되며, 또 하나는 거주 국가 및 사회 폭력에 대한 공포로부터 오는 트라우마가 절합될 수밖에 없다.

하지만 해방이 되었다고 해서 이산과 거주국에서의 경험을 과거의 기억으로 남겨놓을 수 있는 것이 아니었다. 기록에 따르면 해방 이후 해외에 거주하고 있던 코리언들 중 무려 117만여 명이 한반도로 돌아올 수 없었다.[133] 그러나 그것이 자의에 의해서라기보다는 상당수가 그 당시 혼란스러웠던 한반도와 국제적인 정세 그리고 경제적인 문제로 인해 돌아오고 싶어도 돌아올 수 없는 상태였다. 심지어 강제적으로 귀국길이 가로막히는 경우도 있었다. 예를 들어 사할린의 경우 2차 세계대전이 끝나면서 패전국 일본으로부터 그 지역을 다시 돌려받은 러시아는 노동력 보존을 목적으로 그곳에 거주하던 코리언들이 귀국하는 것을 막았다. 해방이 되었음에도 불구하고 돌아오지 못하고 이주한 지역에 거주하였다는 것, 그것은 코리언 디아스포라가 소수 민족으로서 겪어야 했던 수난의 경험을 반복하는 서막을 알리는 것이었다. 또 이산 트라우마가 현재적 계기를 통해 지속되면서 역사적 트라우마가 된다는 것을 의미하는 것이기도 하다. 물론 마오쩌둥의 소수 민족 평등 정책, 브레즈네프의 '소비에트인(Soviet People)'으로의 민족 융합 정책[134]은 그나마 이들이 거주국에서 안정적인 삶을 살 수 있게 하였지만 재중조선족의 경우 문화대혁명 시기에 처형되거나 탄압을 피해 북으로 망명하는 등 수난을 겪어야 했으며, 구소련의 민족 융합 정책이 사실상 동화 정책이라는 점에서 재러 고려인들은 언어를 비롯한 전통 문화의 제약을 받거나 주요 직업이나 관료직으로 진출되는 것이 제한되는 등 민족적 차별과 배제를 경

---

133) 건국대학교 통일인문학연구단, 『코리언의 민족정체성』, 선인, 2012, 43쪽.
134) 임채완·전형권, 앞의 책, 94쪽.

험해야만 했다.

그러나 중·일·러에 흩어져 살고 있는 코리언 디아스포라 중 가장 노골적이고 심각한 탄압을 받은 자들은 재일조선인일 것이다. 이들이 남게 된 국가는 식민지 종주국인 일본이다. 그리고 이들은 그 일본이 식민지로 삼았던 한반도에서 건너온 피식민지인이다. 이는 재일조선인에게 있어 해방 이전과 이후의 시간이 분리되지 않는다는 것을 의미한다. 다시 말해 해방 이전에 코리언에게 덧씌워져 있던 차별적 선입견과 편견이 그대로 적용된다는 것이다. 더구나 해방 이후 한반도 내부뿐만 아니라 국제적으로도 일제 식민지 지배에 대한 청산이 이루어지지 않았다는 점은 이를 지속하게 하는 원인이 된다. 예컨대 1951년 일본과 연합국 간에 이루어진 샌프란시스코 강화 조약에서 남과 북은 참여에서 배제되었을 뿐만 아니라 일본에 대해 단지 2차 세계대전 전범 국가로서의 책임만을 물었을 뿐이다. 그것은 연합국들 대부분이 당시에 식민지를 가지고 있었고, 특히 미국의 경우 소련을 견제하고 일본을 동북아시아의 전진 기지로 활용할 목적에서 이루어진 결과였다. 따라서 식민지 지배에 대한 미청산은 역사적 정의가 제대로 세워지지 않으면서 코리언 전체에게 식민지 지배에 대한 상처를 연속화한다는 것을 의미하며, 또 한편으로 재일조선인들에게는 일본 내에서 피식민지인이라는 사회적 지위를 탈피할 수 있는 조건들을 박탈하면서 그 이전과 동일하게 대우받으며 살아가도록 내버려졌다는 것을 의미한다.

하지만 문제는 여기에서 그친 것이 아니다. 이 조약 이후 재일 코리언들은 '외국인'이 되면서 일본 국적을 박탈당하고, 대부분의 재일조선인들은 '조선적'으로 자신들의 국적을 등록한다. 하지만 이때의 '조선'은 남과 북 중 어느 것이 아니라 식민지 이전의 한반도를 가리 키는 것이었다. 이러한 점에서 이들은 어떤 국민국가에도 귀속되지 않으면서 '난민'과 같은 처지가 된 것이다. "국가를 초월한 보편적 자 연권으로서 인권이란 근대 국민국가 체제에서는 무의미한 것"이라 는 점에서 국민의 권리를 가지지 못하는 것은 곧 인권의 상실을 의 미하는 것이다.[135] 따라서 재일조선인들은 아렌트와 아감벤이 말하 듯 '동물적 생명' 또는 '벌거벗은 생명' 이외에 그 어떤 것이 아닌 존 재가 되면서 일본 사회 내에서 국가와 사회로부터 일상적이고 끊임 없는 폭력에 시달려야 했다.

더구나 동북아시아에서의 냉전 질서가 남방 삼각(한-미-일)과 북 방 삼각(북-중-러)으로 갈라져 이루어졌으며, 조일 간 정상수교가 이 루어지지 않았다는 점에서 일본에 거주하고 있던 코리언들의 삶은 이러한 대결 양상에 따라 크게 영향을 받을 수밖에 없었다. 일례로 2002년 고이즈미가 조일 수교를 위해 방북한 이후 납북자 문제가 불 거지면서 오히려 반북 감정은 고조되었고 그 결과 재일조선인에 대 한 테러 수준의 폭력이 이루어졌다. 그리고 그러한 폭력은 그 이후에 도 북의 핵 문제와 미사일 실험이 이루어지면서 간간히 지속되고 있 다. 이것은 코리언 디아스포라의 이산 트라우마가 국제적 정세에 따 라 거주 국가의 관계 속에서 지속적으로 현재화되고 전승된다는 것 을 의미한다.

---

135) 정정훈, 『인권의 인권들』, 그린비, 2014, 131-134쪽.

하지만 비단 그러한 현재화의 조건을 제공하는 것은 거주국만이 아니다. 여기에는 한반도와의 관계가 깊이 관련되어 있다. 재중조선 족의 경우 1992년 한중 수교 이후 양국 간에 교류가 잦아지고 일자 리를 찾아 한국에 입국하는 사람들이 급증하기 시작하였다. 이들 중 많은 사람들은 돈을 버는 것이 목적이기에 어디를 가든 상관이 없지 만 굳이 한국행을 선택했던 것은 '이왕이면 같은 민족'이 사는 땅에 가는 것이 여러모로 좋다고 판단했기 때문이다. 하지만 이들은 오히 려 외국인 노동자들보다 더 심한 차별과 멸시를 경험하면서 그러한 기대감은 무참히 좌절되고 만다. 실제로 2012년 건국대학교 통일인 문학연구단에서 실시한 설문조사에서 '한국인이 재외동포를 대하는 태도에 대해 만족하는가?'라는 질문에 만족하지 않는다('불만족'+'매 우 불만족')고 답한 비율은 무려 73.7%나 되었다.[136]

재일조선인의 경우 남북 간의 체제 경쟁은, 특히 1965년에 한일 간의 정상 수교 이후 재일조선인 사회에 대한 지원 경쟁으로 이어지 게 되는데, 이를 계기로 일본적이나 한국적을 선택하지 않고 기존의 조선적을 유지했던 재일조선인은 조선민주주의인민공화국의 국민 과 동일시된다. 또한 한국적과 조선적 조선인은 국적을 중심으로 민 단과 총련이라는 단체를 통해 양분화되면서 대립하게 되었다. 한반 도의 남북 분단의 양태가 그대로 재일조선인 사회로 중첩되면서 이 중의 분단을 경험하게 만들었다. 이것도 상처이지만 더 큰 상처가 된 것은 남과 북이 '국민 만들기' 과정에서 재일조선인 사회를 이용했다

---

136) 건국대학교 통일인문학연구단, 『코리언의 역사적 트라우마』, 선인, 2012, 208쪽.

는 점이다. 예를 들어 '최대의 지상낙원'이라는 선전과 함께 1959년부터 이루어진 북송 사업의 경우 이들에게 돌아올 권리를 박탈하고 또 한 번 이산의 아픔을 안기기도 하였으며, 또 한국 유학생 간첩단 조작 사건 등에서 볼 수 있듯이 정치적 희생양으로 이용되기도 하였다.

그뿐만 아니라 문화적인 차이로 인해 재일조선인은 민족의 순수성에 위배되는 비순수성으로서 '불순한 자들'로 낙인찍히기도 한다. 이들은 일본의 민족적 차별 정책으로 인해 한국어를 잘 구사하지 못하는 등 많은 측면에서 한반도와 다른 점을 가지고 있다. 하지만 그러한 '다름'은 인정받아야 할 차이가 아니라 민족정체성을 지키려는 의지 부족으로 해석되면서 일본에 친숙해진 '반쪽발이'라 불리며 멸시를 당하기 한다. 이는 곧 '민족적 동일화'에 대한 코리언 디아스포라의 욕망을 좌절시키면서 이산 트라우마를 현재화하는 것이라고 할 수 있다. 따라서 코리언 디아스포라의 이산 트라우마는 거주국만이 아니라 남과 북의 이중적인 국가·사회 폭력이 야기하는 트라우마와 절합되어 있는 것으로 파악되어야 한다.

3장

역사적 트라우마의 치유 방향

1 생명력 회복으로서 치유

코리언의 역사적 트라우마는 식민 트라우마를 근원적 트라우마로 하면서 분단, 이산 트라우마와 착종되어 있는 것이다. 또 이러한 트라우마는 국가 폭력과 사회 폭력 트라우마와 절합되어 있는 것으로 분석하였다. 이것이 마치 어떤 병이 증상으로 드러날 때 그것을 진단하는 것이라고 한다면, 그것의 치료는 병을 유발하는 근원적인 원인을 제거하는 것이 될 것이다. 그렇다면 코리언의 역사적 트라우마 또한 그 근원적 트라우마로서 식민 트라우마를 치유하면 되는 것인가? 식민 트라우마가 문제의 핵심이라고 한다면 가해자인 일본이 피해자들에게 사과하고 늦었더라도 배상 문제를 해결하면 되는 것인가? 분명 종군위안부나 강제 징용 등으로 인한 피해자들이 1세기가 다 되어가도록 회한과 고통 속에서 살다가 죽었고 지금까지 살아왔다는 점에서, 그들에게 일본이 진정한 사과와 책임 있는 배상을 할 필요가 있다. 그러나 역사적 트라우마는 직접적인 피해자만을 대상으로 하는 것이 아니라는 점에서 그러한 것들이 이루어진다고 할지라도, 만약 독도 영유권 분쟁과 같은 충돌이 재발한다면 일제 식민지 지배에 대한 기억을 떠올리게 하면서 식민 트라우마를 반복할 것이다. 역사적 트라우마가 후세대가 경험하는 집단 트라우마라는 점에서 그것을 현재화하는 '구조'를 바꾸지 않는다면 치유는 요원할 수 없다는 것이다.

그런데 문제는 한일, 조일 간의 관계가 개선되고 식민지 지배와 관련한 문제가 해결된다고 해서 분단 트라우마와 이산 트라우마와 같은 역사적 트라우마가 치유되는 것은 아니라는 것이다. 분명 식민 트라우마가 근원적 트라우마이긴 하지만 한반도에서 그것보다 더 강하고 심각한 문제를 야기하는 것은 분단 트라우마이며, 또 분단 국가주의는 코리언 디아스포라의 관계 속에서 이산 트라우마를 현재화하고 있기 때문이다. 또한 식민 트라우마의 현재화를 야기하는 한-일, 조-일 관계 역시 남북 분단을 중심에 놓고 상호 공생적 경쟁을 하고 있는 미·중 중심의 신냉전 체제가 놓여 있다는 점에서 분단 트라우마를 치유하고 분단을 극복하는 것이 더 우선되어야 하는 것으로 보인다. 그렇기에 코리언의 역사적 트라우마를 치유하는 데에 있어 핵심은 '민족≠국가'의 어긋남을 극복하여 '민족＝국가'로 향한 집단 리비도의 흐름을 원활하게 하는 것이라고 할 수 있다.

하지만 이러한 제안이 마치 어머니를 향한 리비도의 흐름이 가로 막히면서 오이디푸스 콤플렉스가 발생하는 것이기에 그러한 흐름을 원활하게 해주자는 것과 다름없는 주장이 아니냐고 반문할 수 있다. 그러나 역사적 트라우마는 사회적 관계를 맺고 있는 인간이라면 누구나 겪게 되는 존재론적 문제에 기초하고 있는 것이 아니다. 그것은 우선 비극적인 역사적 사건 이후 사회적 구조로 인해 전승되는 트라우마이다. 그리고 이때의 사회적 구조는 좌절된 집단 리비도의 흐름을 오히려 사회적 무의식으로 억압하고 국가로 욕망을 전이하고 상호 간에 책임을 전치시키면서 역사적 트라우마를 현재화하는 기능을 한다. 따라서 역사적 트라우마의 치유는 존재론적 차원으로 환원할 수 없는 차이를 지니고 있다.

오히려 여기서 제기될 수 있는 적절한 반론은 '민족≠국가'의 어긋남을 극복하는 것으로서 실제적인 분단 극복과 통일이 역사적 트라우마가 낳는 집단적인 적대성을 극복하는 궁극적인 해결책이 될 수 있는가라는 물음이다. 통일은 어찌 되었든 국가 간의 문제라는 점에서 정치적 합의를 통해서 예상하지 못한 상황에서 어느 날 불쑥 이루어질 수 있다. 그래서 통일은 도둑처럼 다가온다고 하지 않았던가. 하지만 통독의 사례에서 보다시피 단지 통일이 되었다고 해서 모든 문제가 해결되는 것은 아니다. 서로 다른 정치, 경제, 문화 체계 속에서 오랫동안 살아온 사람들 간의 통합이 이루어지지 않는다면 통일 이후는 더 심각한 문제를 야기할 수 있다는 것이다. 더구나 남북과 같이 첨예하게 대립적이고 적대적인 관계에 있던 사람들이 단지

합했을 때에는 적아, 선악, 우열 등의 구분이 고스란히 남겨지면서 어느 한쪽의 집단을 배제하고 차별하며 혹은 폭력의 대상으로 삼을 수 있는 가능성을 발생시킬 수 있다. 그것은 통일 이전보다 더 불행한 결과를 낳을 수밖에 없다. 따라서 역사적 트라우마 치유로서 '민족=국가'에 대한 리비도를 원활하게 흐르게 한다는 것은 단순히 통일이 되어야 한다는 것이 아니라 상호 소통하고 우애롭게 통합할 수 있도록 역사적 트라우마를 재생산하는 사회적 구조를 변화시켜야 한다는 것을 의미한다.

그렇기에 역사적 트라우마의 치유는 개인적인 트라우마를 다루는 것과는 다른 차원의 문제이다. 프로이트는 트라우마가 문제가 되는 것은 무의식으로 억압되어 있는 것이 돌아올 때 자아의 '저항'이 발생하기 때문이라고 보았다. 저항은 억압된 것과 대면하였을 때의 경악을 회피하기 위해 불안을 발생시킨다. 그것이 바로 트라우마를 지닌 사람을 죽음의 고통 속으로 이끌고 가면서 괴롭히는 것이다. 그래서 트라우마의 치료는 그러한 불안을 야기하는 저항과 억압의 동기를 포기하도록 하는 것이며, 실제처럼 보이는 것이 사실상 지나간 과거라는 점을 깨닫게 해주는 것이다. 하지만 역사적 트라우마는 개인을 초월하여 있는 집단적인 것이라는 점에서, 더구나 그것을 현재화하는 것은 사회적 신체화를 통해 이루어진다는 점에서 개개인의 정신세계를 다루는 수준에서 해결될 수 있는 것이 아니다. 따라서 역사적 트라우마의 치유가 사회적 구조를 변화시키는 것과 관련이 있다는 것은 그 치유의 모색이 정치적이고 문화적인 측면에서 다루어져야 하는 것이다.

그렇기에 역사적 트라우마의 치유는 개인적인 심리 치료와 같이 '비정상의 정상화'라는 방법론을 따르지 않는다. 그것은 오히려 정상과 비정상과 같은 이분법적 경계와 자기 중심성을 해체하고 그것에 기초하여 상호 적대성을 생산하는 자아-이상과의 전이적 관계를 단절하며, 나아가 사회 심리적 토양을 상호 소통하는 우애로운 방식으로 바꾸어간다는 것에 초점을 두고 있다. 그렇기에 역사적 트라우마는 비정상을 정상으로 돌려놓아야 하는 치료(therapy)가 아니라 흐름이 막혀 있던 집단 리비도를 자유롭게 흐를 수 있도록 하여 상호 우애적인 통합을 창출하는 것, 생명력의 회복으로서 '치유(healing)'가 되어야 하는 것이다.

2 분단 국가와의 전이적 관계 철회하기

분단 이후 남과 북은 '국민 만들기' 과정에서 분단국가주의의 상징 자본을 독점하고 분단의 신체를 생산해 왔다. 그 신체는 각각의 국가에게 자신의 욕망을 전이시키면서 자아-이상으로 동일시하고, 분단 국가주의를 내면화하였다. 분단 트라우마는 바로 그 신체를 통해 사회를 구조화하고 다시 구조화된 신체를 생산하면서 전승되었던 것이다. 그렇기에 분단 트라우마가 세대를 거듭하더라도 지속되면서 재생산되는 핵심적인 고리는 바로 국가에 대한 전이적 관계에서 발생하는 것이라고 할 수 있다. 지젝이 말하듯이 "전이는 법의 외상적이고 비일관적이며 어리석은 사태 이면에 진리와 의미가 있다고 가정하는 것이다. 다시 말해 '전이'는 믿음의 악순환을 지칭한다."[137] 따라서 사람들은 분단 국가가 생산하는 이데올로기와 담론을 자기화하면서 자신의 믿음으로 받아들이게 되는 것이다.

하지만 사실상 남과 북은 '민족≠국가'라는 어긋남을 가진 결핍 국가이다. 그리고 그것을 은폐하고 봉합하기 위하여 그 어긋남을 '국가=민족'으로 전치시키고 스스로 국민의 자아-이상이 되면서 민족을 억압하여 왔던 것이다. 그렇다면 전이적 관계를 단절하는 것은 그러한 초자아로서 국가가 완전하지 않으며 결핍을 가진 존재라는 점을 인정하는 것이다. 영화 「밀양」에서 신애가 자신의 아들을 죽인 살인범을 면회하면서 경험하는 것이 바로 이것이다. 신애는 아들이 살해당한 후 종교를 가지게 되었고, 신앙심에 기대어 그 살인범을 용서하고자 하였다. 하지만 신애를 만난 살인범은 너무나도 평온한 얼굴로 신(神)이 자신을 용서하였다고 말한다. 용서를 도난당하고 용서받지 못한 자가 용서받은 자가 되는 것도 문제이지만 형벌을 받고 있는 것은 그 살인범이 아니라 사실상 신애 자신이었다는 점에서 신은 공평하지 못하며 왜곡되고 뒤틀려 있었다. 신애는 김추자의 「거짓말이야」를 통해 '신'(의 말씀)에 대한 믿음을 철회한다.

하지만 이때 신애가 대면하는 것은 그동안 밝은 태양의 빛(sunshine)에 비밀스럽게(secret) 가려져 보이지 않았던, 즉 신이 거짓말을 하고 있었다는 현실이나 사실이 아니다. 그것은 신애 자신이 이미 알고 있는 것이었는지 모른다. 오히려 영화의 제목인 밀양(密陽)

---

137) Slavoj Žižek, *The sublime object of ideology*, Verso(London New York), 1989, 36쪽.

이 말해 주듯이 그녀가 대면하는 것은 태양 빛 그 자체가 비밀스럽다는 의심이다. 그 태양은 평소에는 너무나도 강렬한 빛을 발산하고 있기에 감히 정면으로 응시할 엄두도 못 내었고, 응시한다 해도 시력을 잃어버리거나 이내 눈감아버렸기에 미처 제대로 볼 수 없었던 것이다. 하지만 그것과의 불편하고 공포스럽기까지 한 대면은 그 이면에 '아무것도 아닌 것'을 감추고 있다는 것을 체험하는 것이다. 이것이 말해 주는 것은 우리가 모르는 것은 우리가 믿고 있는 믿음의 내용이 아니라, 초자아는 아무런 결핍을 가지지 않는다는, 환상 체계 안에서 그 초자아의 믿음을 우리 자신이 믿고 있다는 사실 그 자체라는 것이다.

이는 분단 국가가 '국민＝민족'이라는 전치를 통해 스스로를 은폐하고 봉합하고 있는데도 불구하고 분단 국가의 논리를 상징 질서로서 물신화하는 것과 같은 것이다. 역사적 트라우마가 이러한 환상 체계 속에서 분단의 신체를 생산하면서 반복하는 것이라고 한다면 그 치유의 출발점은 바로 그 국가가 '빗금친 대타자로서 구성적 결핍'을 가지고 있다는 것을 인정하는 것이다. 그리고 이것이 지젝이 말하는 '환상 가로지르기'와 같은 것이라고 한다면 그것은 욕망 대상 원인을 재배치하는 것, 다시 말해 초자아로서의 국가에 대해 재사유하면서 자신과의 관계를 재설정하는 것이다.

이는 근본적으로 국가의 주인은 국민이며 모든 권력은 국민으로부터 나온다는 '주권재민' 사상에 대한 현실적인 도전이다. 앞서 보았다시피 분단 이후 지난 70여 년 동안 국민은 국가의 주인이기보다는 신민으로서 분단 이데올로기가 생산하는 공포 속에서 감시와 통제 그리고 폭력의 대상이 되어왔다. 거기에는 스스로의 질서를 세우고 집행하는 주인으로서의 국민은 없다. 남과 북 모두 자신들의 국가를 공화국(共和國)이라고 명명하지만 국가의 국민은 배제에 대한 두려움과 포함에 대한 욕망 사이에서 갈등하고 분열된 존재로 남겨질 뿐이다. 그럼에도 불구하고 왜 사람들은 국가를 절대적인 사랑의 대상으로, 어떠한 경우에도 결코 부정되어서는 안 되는 대상으로 여기는가?

이에 대해 아감벤은 "통치를 단순한 행정(부)으로 파악하는 오해"를 문제점으로 지적한다. 그것은 곧 "근대성에 대한 정치적 성찰이 법, 일반 의지, 인민 주권 같은 텅 빈 추상 개념 뒤에서 방황할 뿐 정작 …… 통치와 주권자의 절합이라는 문제"[138]에 대해서는 간과해 왔다는 것을 의미한다. 한국의 경우에도 마찬가지이다. 4·19에서부터 5·18 그리고 1987년 6월 항쟁에 이르기까지 '민주주의'를 위해 수많은 땀과 피를 뿌렸지만, 대통령 직선제를 포함한 형식적 민주주의를 남겼을 뿐, 정치적 주체로서의 인민이 어디에 위치해야 하는가에 대해서는 적극적으로 답을 구하지 않았다. 물론 그러한 투쟁의 역사를 부정하고자 하는 것은 아니다. 하지만 분명한 것은 민주화 이후 평등과 자유에 대한 요구는 분단 이데올로기와 국가주의에 의해 재단되어 왔으며, 그 이전과 다름없이 국가 폭력의 서슬 퍼런 칼날은 인민을 향해 견주어져 왔다는 것이다. 오히려 민주주의는 그러한 현실을 은폐하고 봉합하는 좋은 위장막으로 도구화되어 갔다.

---

138) 아감벤·바디우 외, 김상운·양창렬·홍철기 옮김, 『민주주의는 죽었는가?』, 난장, 2010, 24쪽.

그것은 '민주주의'를 때가 되면 돌아오는 선거에서 한 표의 권리를 행사하는 것으로 의미를 축소시키고, '대의제'를 민주주의의 '대표'로 한정짓는 것에 다름 아니다. 그래서 민주주의는 이미 도래한 것 그래서 더 이상 부정할 수 없고 변화할 수 없는 것이 되고 만다. 하지만 민주주의(democracy)가 "데모스(demos)와 크라시(cratie)의 결합, 즉 인민의 통치"[139]라는 의미라는 점을 상기한다면 그것은 어떤 고정된 의미를 가지는 기표가 될 수 없다. 그것은 군주제(monarchia)와 같이 1인(monos) 혹은 과두제(oligarchia)와 같이 소수(hoi oligoi)라는 시원, 원질(arche)에 기초하는 것도 아니다. 그것은 지배하는 자와 지배받는 자가 동일한 '아무나(demos)'가 통치하는 것이다.[140] 민주주의는 무규정성을 가지며 생성과 파괴를 반복하면서 스스로를 통치하는 것이어야 한다는 것이다.

이에 대해 장-뤽 낭시는 너무나도 적절하게 다음과 같이 말한다. "철학처럼 정치는 신의 현전(토지숭배와 신정(新政))이 끝나면서 나온 발명품이다. 로고스(이성)가 뮈토스(신화)의 실추 위에 세워졌듯이, 정치도 신-왕의 소멸 위에 자리 잡았다. 무엇보다 민주주의는 신정의 타자이다. 이는 민주주의가 '주어진 권리'의 타자라는 말이기도 하다. 민주주의는 권리를 발명해야 한다. 민주주의는 스스로를 발명해야만 한다."[141] 이는 민주주의가 '주어'이면서도 스스로를 언제나 비판적으로 대상화하면서 '목적어'의 자리에 위치시키는 '텅 빈 기

---

139) 앞의 책, 87쪽.
140) 같은 책, 150쪽.
141) 같은 책, 110쪽.

표'이어야 한다는 것이다.

민주주의가 자기 통치로서 텅 빈 기표라는 점을 받아들이고 그것이 결코 국가에 의해 독점될 수 없는 기표라는 점을 인정하는 것은 분단 국가와 자아-이상을 동일시하는 것을 파기하고 국가-신체 간에 형성되어 있는 욕망의 전이 관계를 철회할 수 있게 한다. 그때 비로소 남과 북 둘 다를 객관화하고 대상화할 수 있다. 그리고 그러한 객관화와 대상화를 통해 남과 북 그 누구도 민족을 온전히 대표하는 국가가 아닌 균열을 가졌다는 점을 인정할 수 있게 된다. 각자는 결핍과 균열을 가진 존재라는 점을 인정하는 것은 한편으로는 둘 중 어느 것이 절대적으로 선하고 악하다거나, 어느 것이 정상이고 비정상이라고 보는 기존의 관점과 지나간 수난의 역사에 대한 책임을 서로에게 전가시키는 전치구조를 벗어날 수 있게 된다는 것이다. 또 한편으로 그것은 '나의 균열'을 확인하는 것이기도 하다. 왜냐하면 자신을 비추어보던 거울상으로서 초자아는 사실상 균열을 지닌 존재라는 점이 드러날 때 비로소 그 거울에 비친 자신의 모습이 일그러져 있다는 점을 동시에 확인하게 되기 때문이다. 남과 북에 대한 서로의 적대성과 분노의 감정이 바로 뒤틀리고 왜곡되어 있는 분열상으로부터 기인한다는 점을 깨닫게 하는 것이다.

3 분단의 아비투스에서 통합의 아비투스로

분단 국가와의 전이적 관계를 단절하고 자신의 균열상을 체험하는 것은 분단국가주의가 생산하는 자기 중심성으로부터의 탈피이며 나아가 남과 북 그리고 한반도의 두 국가와 코리언 디아스포라 간의 소통의 여지를 창출하는 것을 의미한다. 그것은 역사적 트라우마가 구조화하고 구조화된 신체로서 아비투스를 통해 재생산된다는 점에서 바로 그 아비투스를 바꾸어내는 것이라고 할 수 있다. 그 아비투스는 분단과 전쟁에 대한 죄의식을 억압하고 책임을 전치시키면서 상대를 동일성의 논리 속에서 부정적으로 통합하려는 메커니즘에 근거하고 있는 것이다. 따라서 역사적 트라우마의 치유는 '분단의 아비투스'를 '통합의 아비투스'로 바꾸어 가는 것이고 할 수 있다.

하지만 아비투스는 구조와 주체라는 두 요소 간의 변증법적 관계를 통해 구성되어지는 신체에 아로새겨지는 습관화된 행위 양식이라는 점에서 개개인들의 '실존적 결단'을 요구하는 것으로는 그것의 전환을 기대하기는 어렵다. 또 그것은 개인적 트라우마를 치유하는 것처럼 개개인을 상대로 정신분석과 상담심리를 통해 이루어질 수 있는 것이 아니다. 역사적 트라우마는 집단 트라우마라는 점에서 그 치유는 사회적 신체를 재생산하는 사회적 성격을 바꾸는 것이며, 그러한 의미에서 신체를 둘러싸고 있는 사회적 장을 변화시킨다는 것을 의미한다.

무엇보다 아비투스가 일뤼지오에 바탕을 두고 있다는 점에 주목할 필요가 있다. 일뤼지오는 사회 구성원이 사회적 장에 진입하여 사회적 놀이에 참여하기 위하여 지불하는 투자로서 그 사회가 구성하고 있는 '환상 체계'라고 할 수 있다. 다시 말해 "일뤼지오는 사회적 공간의 정신적 구조들과 객관적 구조들 사이의 존재론적 공모 관계가 낳은 산물인 놀이와의 그 매혹적인 관계"[142]로서 상징적 자본을 획득하고자 하는 욕망에 근거한다는 것이다. 그리고 그러한 상징적 자본의 획득 정도는 구별짓기, 차이의 생산 속에서 불안이나 죄책감과 같은 감정을 유발한다. 그렇기에 아비투스의 전환은 그 사회의 행위자들이나 제도들에게 전이시키던 리비도를 철회하여 그 사회가 중점으로 추구하는 상징적 자본에 대한 욕망 체계를 바꾸어내는 것에 다름 아니라고 할 수 있다.

그렇다면 분단의 아비투스는 어떠한가? 분단 체제하에서 국민국가로서 남과 북은 폭력에 대한 공포의 환기를 통해 상징적 자본으로서 '국민'이라는 분할, 등급, 분류 체계를 독점하고 그것에 대한 욕망을 적대성과 증오의 분출로 전환시켜 왔다. 따라서 분단의 아비투스를 통합의 아비투스로 전환한다는 것은 상호 적대성을 우애의 논리로 전치시키는 새로운 환상 체계를 구성하는 것이라고 할 수 있다. 그것은 기존에 분단의 적대성을 생산하는 '낡은 누빔점'을 '새로운 누빔점'으로 바꾸어내는 것이다. 이는 마치 쿠션을 감싸고 소파의 천이나 가죽을 고정시키는 고정점을 어디에다 두는지에 따라 그것의 형태가 결정되는 것과 같다. 그래서 "누빔점은 주체가 기표에 '꿰매어지는' 지점"이면서 "동시에 어떤 주인 기표의 호출과 함께 개인에게 말을 걸면서 개인을 주체로서 호명하는 지점이다."[143] 예를 들어 '국가', '자유', '평등', '평화'와 같이 부유하는 기표들이 있다고 한다면 지금까지는 분단 국가가 주인 기표로서 의미를 소급적으로 결정

---

142) 피에르 부르디외, 앞의 책, 2005, 168쪽.
143) 슬라보예 지젝, 같은 책, 179쪽.

하면서 자유와 평등 그리고 평화를 실현시키는 국가이며 국민은 그 것을 절대적 진리로 받아들이고 실천하는 주체라는 식으로 의미가 창출되었다는 것이다.

여기에서 억압되었던 것은 바로 '민족'이다. 이는 남과 북의 관계가 여타 국가와는 다르게 특수하다는 점에서 잘 드러난다. 분단 70여 년 동안 남과 북은 냉탕과 온탕을 오가며 서로 간에 반목과 충돌을 반복하면서도 또 한편으로는 협력, 교류, 통일에 대한 논의를 해왔다. 그것은 곧 남과 북이 사랑과 증오의 관계에 있다는 것을 말해준다. 하지만 사랑과 증오가 분리된 것이 아니라 야누스의 얼굴처럼 서로에 대한 이면으로 공존한다. 그래서 사랑의 좌절은 곧 상대에 대한 증오로 바뀌기도 한다. 이렇듯 남과 북의 관계에 있어 분단국가주의는 서로 합해 하나가 되고자 하는 동일성에 대한 욕망을 긍정적 통합이 아니라 부정적 통합에 대한 욕망으로 전치시키면서 민족적 리비도의 흐름을 가로막아 왔다. 하지만 '억압된 것은 반드시 돌아온다'는 프로이트의 모토처럼 '민족'은 그러한 '부정성에 대한 부정'의 힘으로 늘 출현해 왔다. 또 그때마다 분단국가주의에 의한 저항에 직면하면서 재차 억압되어 왔다. 이러한 의미에서 분단의 역사는 억압된 것의 회귀와 억압의 '반복'이라고 할 수 있다. 그리고 반복된다는 것은 '민족=국가'를 향한 욕망에 대해 분단 국가가 답할 수 없는 균열점을 지니고 있다는 것을 드러내 보이는 순간이다. 민족은 바로 그 균열점을 통해 출현하는 것이다. 그렇기에 낡은 누빔점을 거두어 내고 그 자리에 새로운 누빔점으로 대체한다는 것은 상상의 공동체로서 민족을 복원하고 통합의 욕망을 '미래의 통일한반도'로 전이시킨다는 의미이다.

　물론 이것이 새로운 환상 체계로 진입하는 것이라는 점에서 전이와 역전이라는 문제가 발생할 수 있다. 하지만 모든 환상 체계는 '전이적 환영'이라는 점에서 그것 자체를 부정할 수는 없다. 중요한 것은 어떠한 환상 체계인가이다. 그렇기에 우리가 재구성해야 하는 환상 체계로서 민족공동체에 근거한 통일한반도는 어머니를 향한 팔루스적 퇴행이 되어서는 안 된다. 오히려 그것은 동일성의 논리로 환원되지 않으면서 소통과 연대에 기반을 둔 미래적 삶을 생성하는 것으로 나아가야 한다. 다시 말해 분단 체제로 인해 형성되어 있는 증오, 삭제, 절멸의 정치를 '상생'의 미래적 삶을 요구하고, 꿈꾸고, 기획하는 것 또 그것에 비추어 지금 무엇을 해야 할지를 구상하는 정치 기획으로 전환이 되어야 한다는 것이다.

　따라서 분단 트라우마를 치유한다는 것은 분단의 역사를 민족적 리비도의 역사로 받아들이는 것에서부터 시작할 수 있다. 그것은 너 혹은 나 어느 일방의 아픔만이 아니라 코리언 전체가 공통적으로 지닌 고난이며 아픔이라는 점을 인정하는 것이 필요하다는 것이다. 그럴 때 비로소 우리는 서로에 대한 공감적 연대감에 기초한 소통을 시작할 수 있다. 이는 달리 말하면 분단의 역사 속에서 서로의 역사를 삭제하고 민족의 역사를 전취하여 왔던 분단 서사(narrative)를 통합 서사로 전환시키는 것이다. 예를 들어 북은 김일성의 항일무장투쟁을 근대화의 출발로 삼으면서 그것만을 강조하면서 과잉화하는 측면이 있으며, 남은 해방 이후 친일파가 정치권력과 주요 관료직을 차지하면서 해방사를 삭제했다. 그 결과 분열된 민족의 역사를 분단 국가의 역사와 동일시하면서 자신의 정통성을 세우고 타자를 부정해 왔던 것이다.

이러한 점에서 역사적 트라우마를 치유하기 위해 통합의 아비투스를 만들어가는 과정은 민족의 통합 서사를 자신의 서사로 받아들이는 것이라고 할 수 있다. 하지만 앞서 말한 것처럼 역사적 트라우마는 집단 트라우마라는 점에서 그 치유는 상담자와 피상담자 간의 개별적 접촉을 통해 이루어질 수 있는 것이 아니라 사회 집단 전체를 대상으로 하다는 점에서 문화 혁명적 성격을 지닌다고 할 수 있다. 역사적 트라우마의 치유에 있어 교육에서부터 영화, 연극, 음악, 미술, 문학 등에 이르기까지 다양한 매체가 주요한 기제로 사용되는 것은 이러한 이유에서이다. 하지만 여기서 어떤 매체를 특권화하고 사용하느냐는 중요한 문제가 아니다. 매체는 단지 '경험되지 않은 경험', '소유되지 않은 경험'으로서 분열되어 삭제되었던 서사를 통합하여 자기 서사화하는 도구에 불과한 것이다. 따라서 역사적 트라우마의 치유에 있어 무엇보다 우선시되어야 하는 것은 매체 그 자체가 아니라 스스로가 온전한 민족이 아니라 분열되어 있다는 점을 받아들이고 나아가 미래 통일한반도로의 전이를 통해 민족 리비도가 민족적 활력이 되도록 하는 것이라고 할 수 있다.

제4부

통합의 패러다임

: 민족공통성 창출로서의 통일

1장

통합 패러다임의 전환과 민족공통성

1 동질성 대 이질성

앞서 살펴봤듯 통일은 일회적 사건이 아니라 남북 주민의 보다 나은 삶을 보장하는 새로운 공동체를 만들기 위한 동태적 과정이다. 또한 그것은 남북 주민들의 차이를 극복하고 소통하여 새로운 통일 국가를 만드는 민족적 과제이기도 한 것이다. 요컨대 통일은 국가의 통합이기 이전에 '민족'이라는 이름으로 이어져 있는, '서로 다른' 코리언들의 통합일 수밖에 없다. 따라서 핵심은 한반도의 통일을 분단된 남과 북의 서로 다른 지역에 살아온 사람들의 사회문화적 통합 과정으로 이해하는 일이다.

하지만 이제까지 통일은 'unification', 'reunification', '統一'이라는

말로, 나누어지기 이전의 '하나' 또는 '한 줄기'로 다시 합쳐진다는 의미로 이해되어 왔다. 특히 통일의 일상적 언어 용법인 '하나로 되돌아간다'는 의미에는 그 집단의 '이질성'을 극복하고 '동질성'을 회복한다는 의미가 내포되어 있다.[144] 이를테면 '민족적 이질성을 극복하고 민족적 동질성을 회복하자'는 표어가 통일의 핵심적인 내용이기도 했다. 실제로, 분단 이후 남과 북은 정치 · 경제 · 문화 · 예술 등 많은 분야에서 이질성이 심화되었고, 이로 인해 같은 민족으로서의 동질성은 찾기 어려워졌다는 언급을 쉽게 들을 수 있다.

이렇듯 동질성과 이질성이라는 대립된 규정은 곧 '민족 개념' 또는 '민족의식'에서 명확하게 드러난다. 민족적 동질성을 주장하는 입장은 동일한 언어 · 문화 · 혈연 등을 하나의 지표로 삼고 이를 강조한다. 그리고 그러한 동일한 지표를 갖지 못한 집단을 이질화된 집단으로 규정한다. 예를 들어 민족적 동질성을 강조하는 입장은 자신이 규정한 '동질성'을 하나의 단일한 기준으로 설정하면서 '단일 민족'이나 '순수한 민족문화 또는 민족의식'을 주장하는 반면, 그러한 '동질성'에 포섭되지 않는 '다른' 집단을 '이질성'으로 규정하는 것이다. 뒤에서 좀 더 자세히 이야기하겠지만 이러한 대립된 규정은 곧 '민족주의적 관점' 그리고 '탈민족주의적 관점'과 연결된다. 간단히 말해, 전자는 원초적인 혈연 · 언어 · 문화적인 기준을 설정하고 코리언들이 어느 정도 그것을 보존하고 있는지를 측정하는 방식이라고 한다면, 후자는 동일하게 그와 같은 지표들을 통해 얼마만큼 코리언들

---

144) 김성민 · 박영균, 「통일학의 정초를 위한 인문적 비판과 성찰」, 『통일인문학』 제56집, 건국대학교 인문학연구원, 2013, 99쪽.

이 그것들을 상실해 가고 있는지를 측정하는 방식이다.

이러한 방식처럼 각각의 입장은 동질성과 이질성이라는 패러다임을 통해 '민족정체성의 보존' 내지 '민족정체성의 해체'를 주장한다. 하지만 이러한 대립은 표면적일 뿐, '동질성 대 이질성'이라는 대립적 패러다임은 사실 모두 '동일성(identity)'의 원리로부터 출발한다. '동질성(homogeneity)'과 '이질성(heterogeneity)'에는 그것을 판단하는 하나의 척도로서 '타고난, 유전자'라는 의미의 'gen'이 전제되어 있다. 'gen'은 동질성과 이질성 양자가 동일하게 근거하고 있는 대립의 뿌리, 다시 말해 '동일성'이다. 우리는 일반적으로 어떤 것이 시간이나 장소 등의 여러 주위 변화에도 불구하고 바로 그것 자체는 변하지 않고 존재할 때 그렇게 변하지 않는 어떤 것을 가리켜 '동일성'이라고 규정한다. 이는 형식논리의 '동일성의 원리'에 해당한다. 이러한 동일성의 원리는 서로 다른 두 사물의 유사성 내지 차이점을 나누는 기준으로 작동한다. 다시 말해 두 사물(대상) 간의 서로 '다름'을, 즉 모순명제인 'A≠A'를 파악하기 위해서는 'A＝A'라고 하는 동일성의 원리가 전제되어야만 한다. 마치 내가 나 자신을 '나'라고 말하기 위해서는 타인과 다른 절대적으로 구별되는 고유한 존재로서 나의 자기 동일성이 유지되어야 한다는 의미이다.

'동일성의 원리'는 근대 서양철학의 전통적 사유방식을 지배했던 원리였다. 플라톤 이래로 서양철학은 생성-변화를 넘어서 영원히 변함이 없는 자기 동일성을 존재의 원형이라고 상정하고, 이 자기 동일성이라는 프레임을 통해 모든 존재자를 통일적으로 파악하고자 노력해 왔다. 이를테면 플라톤은 영원히 변하지 않는 '이데아'를, 기독

교 신학은 역시 절대적인 존재자인 '신'을 기초 원리로 하여 모든 존재자의 인식에 통일성을 부여하려고 노력해 왔다. 특히 데카르트에서 시작하는 근대 철학은 자기 자신에게 절대적인 지위를 부여하는 '초월론적 주관성'을 원리로 하여 모든 존재하는 것들을 통일적으로 규정하고자 해왔다.

하지만 문제는 동일성의 원리를 정체성의 의미와 강하게 결합시키는 것 바로 그 지점에서 시작된다. 물론 '정체성(正體性)'은 사전적으로 '어떤 존재가 본질적으로 가지고 있는 특성 또는 그 특성을 가진 존재'이며, 영어나 독일어에서는 'Identity' 또는 'Identität'로서 '동일성'이라는 의미를 함께 갖는다. 그리고 이때 민족정체성은 동일성과 중첩되면서 하나의 의미 계열을 형성하는데, 다시 말해 민족정체성은 '민족이 본질적으로 가지고 있는 특성' 내지 '어떤 민족이 그 민족일 수 있게 하는 본질적인 특성과 동일성'으로 정의된다.[145] 이러한 '정체성=동일성'의 프레임은 한(조선)민족의 민족정체성을 설명하는 데 적합했다. 서구의 민족 개념이 정치적 의미가 강하다고 한다면, 우리들의 민족 개념은 동일한 혈통과 문화에 기초한 종족적 의미가 더욱 익숙하게 다가왔기 때문이다. 서구와는 달리 오랫동안 종족적 단위와 정치적 단위가 일치하는, 이른바 '역사적 국가(historical state)'를 형성해 온 한반도의 경험은 다른 어떤 민족보다 넓고 강력한 동질적인 정체성을 강조해 왔다.

그러나 동일성으로서 민족정체성은, 정체성이 다른 존재와 구별

---

145) 건국대학교 통일인문학연구단 편, 「프레임의 전복과 해체: 코리언 & 디아스포라」, 『민족과 탈민족의 경계를 넘는 코리언』, 선인, 2014, 26쪽.

하게 만드는 '불변적 속성'이 아니라, 시간의 진행에 따라 다양한 사회 조건들과의 상호작용을 통해 구성되는 '사회역사적 형성물'이라는 사실을 인정하지 않는다. 그래서 결과적으로 이러한 정체성 규정은 혈연·언어·문화와 같은 특정한 속성을 하나의 기준점으로 삼고, 그 기준과 다른 것들을 그러한 동질적인 속성으로부터 심각하게 오염된 이질성으로 판단할 뿐이다. 실제로 남과 북이 분단 체제 속에서 자신들의 체제에 알맞게 선별되고 재구성된 전통을 정체성 형성에 사용하였으며, 그래서 차이가 날 뿐만 아니라 서로 대립적이기까지 한 각각의 정체성의 내용을 가지고 정통성 경쟁에 활용했음은 주지의 사실이다. 이렇듯 동일성으로서 민족정체성은 "하나의 잣대나 지표로 환원하는 환원주의나 단순화에 의해서 타자를 배제하는 '제거와 폭력'의 논리일 뿐이다."[146]

동일성으로서 민족정체성이 만들어낸 폭력적인 오류는 코리언 디아스포라를 바라보는 우리들의 인식 속에서 가장 명확하게 확인된다. 코리언 디아스포라 연구에 나타나는 이러한 연구 경향의 대표적인 사례가 바로 '한국인 중심주의' 내지 '자문화 중심주의'이다.[147] 동일성으로서 민족정체성 규정은 익숙하게 체화된 자기들의 특정 지표들을 가지고 코리언 디아스포라라는 타자를 제멋대로 판단한다. 한(조선)민족이면 누구나 동일하게 있다고 가정하는 혈연·언어·문화 등 특정한 문화적이고 단일화된 지표들을 통해 코리언 디아스포라의 민족정체성이 유지되거나 또는 약화되고 있다고 판단하는 방

---

146) 건국대학교 통일인문학연구단 편, 앞의 책, 31쪽.
147) 건국대학교 통일인문학연구단 편, 같은 책, 27쪽.

식이다. 예컨대 한(조선)어를 사용하는 빈도를 파악하거나, 김치를 먹는 비율을 살펴보거나, 더 나아가서 국제 경기에서 한국을 어느 정도 응원하는지를 묻고 이에 따라 민족정체성이 보존되거나 반대로 훼손되었다고 판단하는 것이다. 하지만 문제는 이러한 방식 속에서 코리언 디아스포라들은 '언제나' 한국인만의 시선을 통해 동질적이거나 이질적인 대상으로 위계화(hierarchy)된다는 점이다.

이런 점에서 '민족적 동질성 내지 이질성'이라는 적대적 대립을 극복할 수 있는, 민족 정체성에 대한 새로운 접근 프레임을 주장하는 연구들 역시 등장하고 있다. 이러한 연구들은 통일을 이루기 위한 실질적인 기반으로서 민족 정체성의 내포와 외연을 새롭게 정립하고자 한다. 분단 이후 남과 북, 그리고 코리언 디아스포라들은 각자의 민족 정체성을 오랜 기간 동안 새롭게 구성해 왔다. 각기 다른 거주국의 현실적 조건과 상황은 코리언들로 하여금 특정한 민족적 전통을 선별하고 의미를 부여하는 과정을 통해 민족 정체성을 재구성하도록 만들었다. 따라서 중요한 것은 20세기의 한반도 역사에서 비롯된 남북 및 코리언 디아스포라의 정체성 변용들을 통일한반도 건설에 이바지할 수 있는 새로운 민족 정체성 개념으로 어떻게 확장시켜 이해할 수 있는가이다. 이런 맥락에서 남과 북, 코리언 디아스포라를 포괄하는 새로운 민족 정체성을 사유한다는 것은 동질성과 이질성의 대립을 만들어내는 동일성의 패러다임이 아닌, 다시 말해 "단일한 민족국가를 추구하는 민족주의의 틀이나 민족국가를 해체하는 탈민족주의의 틀이 아니라, 식민주의적 억압과 남북의 적대로 인한 상처를 극복하는 자주적 민족국가를 지향하면서도 인류보편적인 가치를 담은 정치공동체를 사유하는 사회철학적 과제와 근본적으로 맞닿아 있다."[148] 따라서 동일성의 원리를 넘어서 코리언 전체의 정체성 그 자체를 온전히 드러낼 수 있는 새로운 방법론이 요구된다. 이때 그러한 새로운 연구방법론은 동일성의 원리에 근거한 '동질성 대 이질성의 패러다임'이 아닌, '차이와 다수성'의 원리에 기반을 둔 '민족공통성' 패러다임이라고 할 수 있다.

2 차이와 공통성

남북이 현재 상황 속에서 민족적 이질성을 극복하고 과거의 원형적이거나 실체화된 민족적 동질성을 회복하자는 주장은 그들의 다양한 '차이'를 결코 조화롭게 수용할 수 없다. 민족공동체에 편입될 수 있는 구성원이라면 누구나 그러한 동질적 속성을 공유하고 있다는 인식은 오히려 그러한 속성을 공유하지 않는 다른 코리언에 대한 폭력적이고 일방적인 규정만을 생산할 뿐이다. 우리가 만들어가야 할 새로운 통일 국가, 새로운 민족공동체는 단순히 분단 이전의 상황을 의미하지 않는다. 오히려 이러한 새로운 민족공동체는 "현재 없으며 이후 생성되어야 할 것이라는 점에서 '미래 지향적'[149]이기 때

---

148) 이병수, 「민족공통성 개념에 대한 고찰」, 『시대와철학』 제22권 제3호, 한국철학사상연구회, 2011, 125-126쪽.
149) 김성민 · 박영균, 「통일학의 정초를 위한 인문적 비판과 성찰」, 『통일인문학』 제56집, 건국대학교 인문학연구원, 2013, 103쪽.

문이다. 따라서 핵심은 분단 이후 각기 다른 나라에 거주하는 코리언의 '차이'들을 어떻게 이해해야 하는가이다. 즉 동일성의 원리가 나와는 다른 이질적인 것들에 대해 폭력적인 배제로 나아갔다고 한다면, 동일성의 원리보다는 서로 다른 '차이'에 대한 관심과 배려가 더욱 요구된다.

코리언들은 가족처럼 서로 닮아 있지만 어느 하나의 동일한 닮음을 공유하는 것이 아니라 다양한 차이를 지니고 있다. 그들은 서로 다른 지역에 흩어져 살면서 정체성의 다양한 요소들을 변형시켜 왔다. 하지만 동시에 집단적 유대의 끈을 유지하면서 스스로를 한(조선)민족의 구성원으로 여기고 있다. 따라서 코리언들이 거주국에서 수행한 정체성의 변용을 그들과의 상호소통을 위한 새로운 정체성 규정으로 이해하는 전략적 기획이 필요하다. 이러한 전략적 기획은 단순히 혈연·언어·가치·소속감·민족관·생활양식·풍속과 같은 특정한 요소를 기준으로 삼고 한(조선)민족의 동질성의 정도를 측정하는 것을 넘어서, 코리언 전체의 문화적 변용을 한(조선)민족이 갖는 공통적 요소와 자산으로 흡수하여 코리언의 민족적 합력 창출을 목적으로 한다. 이를 위해서는 한(조선)민족의 민족 정체성을 입체적이면서도 다층적으로 사유할 필요가 있다.

이를 위해선 동일성의 원리에 근거한 민족 정체성이 아닌 차이와 다수성의 원리에 기반을 둔 '민족공통성'이라는, 일종의 패러다임의 전환이 필요하다. 이때 민족공통성은 분단 이전의 동일성에 근거한 민족동질성의 회복을 주장하는 것이 아니다. 오히려 이것은 코리언들의 다양한 차이와 다수성에 근거하여 이들의 접촉과 교류를 통해 미래적으로 생성되는 '공통의 가치, 정서, 문화'를 의미한다.[150] '민족공통성' 개념에 담긴 이러한 성격은 비트겐슈타인(Ludwig Wittgenstein)이 말하는 '가족 유사성(family resemblance)' 개념을 통해 보다 구체적으로 이해할 수 있다.

비트겐슈타인의 '가족 유사성' 개념은 본질주의를 비판하고 비본질주의를 주장하는 개념이다. 일반적으로 가족을 동일한 혈연으로 연결된 하나의 집단으로 이해한다면, 가족은 혈연이라고 하는 가장 '본질적인' 요소를 똑같이 공유한 하나의 '동질적인' 공동체이다. 하지만 비트겐슈타인은 이러한 본질주의적 집단인 가족을 '유사성'이라는 개념을 통해 가장 비본질주의적인 집단으로 설명한다. 그에 의하면 우리가 흔히 가족이 닮았다라고 했을 때, 그것은 가족 구성원 모두가 '똑같다'라는 것은 아니다. 예컨대, 엄마와 아들의 눈이 닮았다든지, 아니면 아빠와 아들의 성급한 성격이 닮았다는 것이지, 엄마와 아빠 그리고 아들 모두에게 적용되는 동일한 신체적 모습 또는 기질이 존재할 수는 없다. 비트겐슈타인은 이러한 가족 구성원 간에 존재하는 '닮음의 의미'를 '가족 유사성'이라는 개념으로 설명하고 있다.[151] 즉, 가족의 '닮음'이란 결코 그들 모두에게 동일하게 적용되는 절대적 기준이나 지표가 아니라, 부분적 또는 특수하게 한 부분이 서로 겹치고 교차하는 방식으로 이루어지는, 이른바 '유사성'만이 있을 뿐이다.

---

150) 이병수·김종군, 「코리언 정체성의 연구의 관점과 방법론」, 건국대 통일인문학연구단 편, 『코리언의 민족정체성』, 선인, 2012, 39쪽.

151) 루트비히 비트겐슈타인, 이영철 옮김, 『철학적 탐구』, 책세상, 2006, 71쪽.

동일한 맥락에서 민족공통성 개념 역시 코리언들을 하나로 묶을 수 있는 어떤 동일한 규정이나 지표를 만들고자 하는 것이 아니다. 일반적으로 공통성은 여러 집단이나 개체가 공유하고 있는 동일한 속성으로서, 이를테면 교집합과 같은 공통분모로 이해되곤 한다. 하지만 민족공통성은 비트겐슈타인이 말하는 '가족 유사성', 다시 말해 '닮음의 중첩' 방식을 적용시켜 코리언 각각의 특수성을 담보하면서도 서로 서로 겹치고 교차하는 유사성을 밝히고 설명하기 위한 새로운 패러다임이다.

　비트겐슈타인의 '가족 유사성' 개념은 한편으로 다양한 차이에 기반을 둔 미래 생성적인 공통성을 주장하기 위한 개념이기도 하다. 즉 민족공통성 개념의 핵심은 지역적으로 흩어져 있는 코리언들의 '때로는 같으면서도 때로는 다른' 측면을 이해하고 그들과의 '유대의 끈'을 새로이 만들어가는 데 있다. 코리언 전체에게 하나의 공통분모로 수렴되는 민족적 동질성을 요구할 수는 없다. 오히려 필요한 것은 비트겐슈타인의 지적처럼 '닮음의 중첩'을 찾고, 그러한 '닮음의 중첩'들이 끊임없이 겹쳐지면서 연결되는 어떤 공통적인 것의 생성 과정이다.

　그런데 이때 이러한 닮음의 흔적들이 만들어내는 '공통적인 것'은 둘 이상의 신체가 서로 만나 부딪치면서 상호 변용시키고 변용되는 과정을 통해 형성되는 새로운 속성이다. 근대 철학을 지배했던 동일성의 원리가 동일성보다도 차이를 더 근원적이라고 주장하는 니체 철학을 통해서 전면적으로 거부되기 이전, 스피노자는 '공통성' 개념을 구상하면서 차이가 만들어내는 '생성력'에 주목했다. 그는 공통

관념이라는 개념을 통해 '공통적인 것'을 의미하는 'common'을 신체와 신체가 만나 서로를 변용시키고 변용되면서 형성되는 '공통의 것'으로 규정했다. 여기에는 서로 다른 둘 사이에 존재하는 '차이'가 서로 마주칠 때 발생시키는 '공명'과 '변용'이 곧 새로운 힘을 생산한다는 문제의식이 깔려 있다. 스피노자의 의도에 따라 민족공통성은 'national community'가 아니라, 'national commonality'로 번역된다. 'community'의 의미가 특정 지역의 사람들이 만들어 온, 다시 말해 그들 모두가 반드시 공유하는 동일한 속성에 근거한 집단을 의미한다고 한다면, 'commonality'는 집단적 유사성 속에서도 각 코리언들이 살고 있는 지역적 특수성을 놓치지 않고 있으며 나아가, 그러한 다름의 상호 교류 속에서 새로운 닮음을 만들어가는 미래 생성적 정체성의 의미를 담고 있다.[152] 요컨대, 민족공통성 개념은 "하나의 공통분모로 수렴되는 지점을 찾는 것이 아니라 오히려 그들이 처한 각각의 독특한 사회역사적 환경 속에서 응전해 온 문화적 차이들로 이해하고 그 '차이'들을 해명함과 동시에 그것의 변용과 창조적 변종들의 활성화를 통해서 접속과 공명, 연대의 지점을 찾아가"[153]기 위한 정체성의 새로운 규정이라고 할 수 있다.

따라서 이러한 시도는 결코 코리언들의 공통분모나 교집합을 찾아내는 작업이 될 수 없다. 만약 그렇다면 그것은 동질성과 이질성의 패러다임을 반복하는 폭력적이고 위험한 방법이 될 수밖에 없다. 앞

---

152) 이병수 · 김종군, 「코리언 정체성의 연구의 관점과 방법론」, 건국대 통일인문학연구단 편, 『코리언의 민족정체성』, 선인, 2012, 38쪽.

153) 건국대 통일인문학연구단 편, 「해외 거주 코리언의 민족정체성」, 『민족과 탈민족의 경계를 넘는 코리언』, 선인, 2014, 36쪽.

서 설명했듯 그러한 방식은 공통분모를 가지지 않는 코리언들을 배제하거나 또는 반대로 그 차이를 동일성 속으로 일방적으로 소급시켜 설명할 수밖에 없기 때문이다. 오히려 민족공통성 연구는 서로의 다름을 인정하고, 그 속에서 어떻게 닮음을 형성해 나가는지 그 중첩적 구조를 밝히는 작업이다. 나아가 닮음의 중첩적 구조를 밝혀내는 것을 통해서 어떻게 코리언들이 상호 공명하면서 차이의 연대를 만들 수 있는지 그 방법을 모색하는 데 있다. 이때 이러한 코리언 전체의 연대의 '끈'을 발견하는 것은 코리언들이 각자의 역사적·사회적 환경 속에서 민족적 차이를 인정하면서도 민족적 합력을 창출하는 유일한 방법인 것이다.

코리언 전체의 민족적 합력 창출은 구성원들이 공유하고 있는 것을 미리 상정하지 않고 그들의 만남, 대화, 교류의 과정에서 일어나는 상호 이해와 시행착오의 모든 관계맺음의 산물들이 곧 새로운 한반도에서 살아갈 사람들의 삶의 원리와 같다는 태도로부터 출발한다. 결과적으로 이러한 미래 기획적인 생성적 민족 정체성으로서 '민족공통성'은 단순히 과거 지향적인 민족공동체를 위한 동질적인 정체성 구성과는 성격을 달리한다.[154] 즉, 동일성의 원리에 기반을 둔 민족 정체성이 아닌, 차이와 다수성의 원리에 기반을 둔 민족공통성의 기본적인 성격은 다음과 같이 정리될 수 있다.[155]

---

154) '민족공통성' 개념에 대한 보다 상세한 설명은 박영균, 「코리언 디아스포라의 민족공통성 연구방법론」, 『시대와철학』 제22권 제2호, 한국철학사상연구회, 2011. 이병수, 「민족공통성 개념에 대한 고찰」, 『시대와철학』 제22권 제3호, 한국철학사상연구회, 2011. 등을 참고.

155) 박영균, 「코리언 디아스포라의 민족공통성 연구방법론」, 『시대와철학』 제22권 제2호, 한국철학사상연구회, 2011, 122쪽.

〈표〉 민족공통성의 기본 성격

	민족공동체 (national community)	민족공통성 (national commonality)
시간성	과거형	미래형
속성	전통 문화	변형 문화
실체성	동일성	차이-공통성
정체성	인지적 의식(의식적 규정)	비인지적 요소(비의식-무의식적 공통감)
연구방향	고유 문화 복원 및 정체성 확인	차이의 공감과 연대-생성적 정체성

3 민족공통성론으로서 통합 패러다임

코리언들의 민족 정체성을 민족공통성으로 이해한다는 것은, 한편으로 과거 지향적이며 원형적인 동질성 회복에 초점을 둔 민족공동체가 아니라 닮음의 흔적을 통해 각각이 변용시켜 온 차이와 소통하고 그들과의 새로운 민족적 연대의 가능성을 찾는 작업이다. 그리고 다른 한편으로는 분단 극복과 통일이라는 민족적 과제를 이루기 위한 시도이다. 왜냐하면 앞에서도 다뤘듯이 코리언의 민족 정체성은 일제 식민지로부터 분단이라는 코리언의 역사적 비극 속에서 국가를 잃은 민족적 트라우마를 반영하고 있으며, 나아가 일제 식민지 지배 이후 '민족≠국가'라는 민족적 아픔과 고통을 낳은 일종의 역사적 경험 축적에 기반을 두고 있기 때문이다. 따라서 민족공통성은 궁극적으로 남북 그리고 코리언 디아스포라를 포함하는 '민족적 합력'을 창출하기 위한 새로운 통합의 원리로서 기능한다. 이때 민족공통성으로서 새로운 통합의 원리는 구체적으로 다음과 같은 역할을 담당한다.

첫째, 새로운 통합 패러다임으로서 민족공통성 연구는 고정된 과거의 실체를 찾는 작업이 아니라, 새로운 미래 기획적이고 생성적인 과제로서 민족적인 공통성 창출에 주목한다. 그래서 코리언들이 각자의 거주국에서 어떤 방식으로 민족적 양식과 가치들을 변용시켜 가면서 한(조선)민족의 공통성을 만들어가고 있는지에 관심을 갖는다. 이런 맥락에서 통합의 새로운 패러다임은 단순히 남북뿐만 아니라 코리언 디아스포라까지 포함하여 이들을 통일의 또 다른 주체로 사유할 수 있게 한다. 특히 스피노자가 말한 공통성의 핵심은 신체와 신체의 만남을 전제로 그것이 불러일으키는 정서적 공감을 통해 생성되는 것이라는 점에 있다. 이런 점에서 민족공통성 연구에는 새롭고 미래 지향적인 민족의 정서·문화적 공통성의 형성이 중요하게 자리 잡고 있다. 코리언 전체의 통합이 결국 상호간의 적극적인 소통과 배움을 통해서 전 세계로 흩어진 코리언들과의 새로운 민족적 연대를 만들어가는 것이라고 할 때, 이러한 미래 기획적인 열린 자세는 통합의 원리에서 가장 중요한 기반이라고 할 수 있다. 이를테면 민족공통성 연구는 "우리가 민족 고유 문화라고 생각되는 것에서 빗겨져 나가는 것들, 그리고 그들 사이에서 서로 어긋나는 것들의 '차이'가 무엇인지를 찾아냄으로써 그 독특성을 평가하고 그 '차이'와의 접속을 통해서 '공명'을 불러일으키는 문화적 요소들(각각의 가치-정서-문화적 형태들)을 찾아내고 그런 차이들의 공명을 통해서 생성될 수 있는, 그리하여 미래 기획적으로 보편성을 가진 민족문화의 형태들을 생성"[156]할 수 있는 통합 패러다임으로서 기능한다.

둘째, 민족공통성 연구는 단순히 코리언들의 유사성을 찾는 이론적 작업이 아니라, 코리언 전체가 공존하는 삶의 토대와 양식을 새롭게 마련한다는 실천적 의미를 가진다. 스피노자에 의하면 공통성은 신체와 신체의 마주침 속에서 서로가 서로를 변용하고 변용되는 과정에서 생성되는 것이며, 이러한 생성력이야말로 또 다른 공통성을 형성하는 원동력이 된다. 따라서 코리언 전체가 공존하는 영역의 형성은 코리언들이 정착한 지역의 가치관과 생활문화에 대한 상호 인정과 동시에 그 속에서 각자의 정체성을 변모시켜 나가고자 하는 실천적 의지가 결합될 때야 비로소 가능하다. 하나의 예를 들자면, 코리언 디아스포라에 대한 이해는 한국인의 가치관과 생활문화를 기준으로 그들의 가치관과 문화를 평가하는 방식이 되어서는 안 된다. 민족적 동질성을 찾는 방식은 한쪽이 다른 쪽을 흡수하여 이해하는 방식으로서 그럴 경우, 각 지역별 코리언의 이질성이 부각되면서 곧잘 민족 정체성의 변질이나 훼손으로 이해되기 때문이다.

셋째, 민족공통성 연구는 정치경제적 차원의 통합이 아니라, 전체 코리언들이 갖는 생활문화와 정서의 통합에 주목한다. 경제적 이익과 정치적 가치 체계를 통합 원리의 전면에 내세울 때 코리언의 통합은 결코 이뤄질 수 없다. 코리언의 통합을 위한 기반은 따라서 정

---

156) 박영균, 「코리언 디아스포라의 민족공통성 연구방법론」, 『시대와철학』 제22권 제2호, 한국철학사상연구회, 2011, 130쪽.

치경제적 차원에서 논의될 것이 아니라, 인간이 갖는 욕망과 정서의 교감으로부터 출발해야만 한다. 이때 민족공통성은 생활문화와 정서가 서로 다른 신체들이 마주쳐 발생시키는 정서적 체험의 변용에 주목한다는 점에서 의의가 있다. 이는 무엇보다 한반도의 역사적 경험 때문에 강하게 요구되는 방식이기도 하다. 주지하듯 한반도가 경험한 한국전쟁은 체제 갈등이 주된 원인이었다. 따라서 정치경제적인 체제 통합의 원리가 부각될수록 오히려 코리언의 민족적 협력은 멀어질 뿐이다. 통일은 단순한 정치경제적인 체제의 통일이 아니라, 사회문화 각 분야의 교류 협력과 상호 신뢰의 축적을 통해 생활문화적 요소들과 정서적 요소들의 공통성을 확장하는 작업을 통해서만 이룩될 수 있다. 동일한 맥락에서 "민족공통성에 근거한 코리언 디아스포라 연구는 근대 이후 식민지와 분단의 역사적 경험을 포괄함으로써 민족 개념의 내포와 외연을 확장할 뿐만 아니라 코리언 디아스포라의 분단 – 통일의 가치와 정서에 대한 연구를 통해 '사람의 통일'이라는 분단 극복의 지혜와 통일한반도의 가치를 형성하고자 하는 관점에서 수행된다."[157]

---

157) 박영균, 「코리언 디아스포라의 민족공통성 연구방법론」, 『시대와철학』 제22권 제2호, 한국철학사상연구회, 2011, 126쪽.

2장

코리언 디아스포라와 통합 패러다임

1 통일의 또 다른 주체로서 코리언 디아스포라

일반적으로 코리언 디아스포라(Korean Diaspora)는 모국인 한반도를 떠나 타민족이 주류인 다른 나라에 살고 있는 '한민족' 집단을 의미한다. 원래 디아스포라란 개념은 유대인의 유랑을 설명하는 의미에서 '민족 분산(民族分散)' 내지 '민족 이산(民族離散)'으로 번역된다. 이때 이 개념은 민족 구성원들이 세계 여러 지역으로 흩어지는 과정 그리고 그들이 거주하는 장소와 공동체까지 포함하는 의미로 사용된다. 그런데 1990년대로 접어들면서 디아스포라는 유대인뿐만 아니라 다른 민족들의 이주 경험까지 포함하는 포괄적인 개념으로 확장된다. 예를 들어 사프란(William Safran)은 디아스포라를 '국외로 추방된 소수 집단 공동체'로 규정했다고 한다면, 신자유주의적 세계화 이후 전통적인 디아스포라 개념을 확장시킨 퇴뢰리안(Khachig Tölölian)은 '이주민 · 국외로 추방된 난민 · 초빙 노동자 · 망명자 공동체 · 소수 민족공동체와 같은 용어도 포함하는 보다 넓은 어원을 가진 의미'로 규정한다.[158]

하지만 코리언 디아스포라는 일제 강점기의 식민주의적 민족 이산으로 설명될 수 있다. 일제 식민지 통치가 동반한 정치적인 탄압과 강제 수탈은 코리언들의 해외로의 이주를 불러왔다. 결과적으로 현재 코리언 디아스포라는 적게는 700만 많게는 750만 명에 이르는 것으로 추산되고 있으며, 이들이 거주하는 국가는 대표적으로 한반도 주변의 동아시아이다. 현재 중국에서는 '조선족'이라 불리는 약 200만 명, 중앙아시아에는 '고려인'으로 불리는 약 50만 명, 일본에는 '재일조선인' 또는 '자이니치'라 일컬어지는 약 80만 명의 코리언 디아스포라가 거주하고 있다.[159]

한국 사회에서 코리언 디아스포라에 대한 학문적 관심은 2000년대로 접어들면서 본격화되기 시작했다. 1990년대 세계적으로 디아스포라 연구가 학계에 자리 잡기 시작한 외부적 조건과 맞물려, 국내에서도 세계화의 흐름 속에서 해외 동포에 대한 관심이 증가했다. 무엇보다 본국 거주민 대비 디아스포라 비율이 약 10%로서 유대인에 이

---

158) 윤인진, 『코리언 디아스포라: 재외한인의 이주, 적응, 정체성』, 고려대학교출판부, 2008, 4-5쪽 (William Safran, *Dispora in Modern Societes: Myths of Homeland and Return*, 1991, 83-89쪽, Khachig Tölölian, *The Nation State and Its Others: In Lieu of a Preface*, 1991, 3-7쪽에서 재인용).
159) 박영균, 「코리언 디아스포라의 민족공통성 연구방법론」, 『시대와철학』 제22권 제2호, 한국철학사상연구회, 2011, 113-114쪽.

어 세계 2번째로 많은 숫자를 차지하고 있는 코리언 디아스포라에 대한 학문적 관심은 당연한 것이었다. 그런데 이러한 증가되는 관심 속에서 코리언 디아스포라 연구의 주제 역시 세분화되기 시작했다. 현재 코리언 디아스포라 연구는 이주 배경과 정체성, 거주국에서의 적응 방식 등에 대한 초창기 논의로부터 시작하여 남북 공동체 형성 및 한민족 공동번영을 위한 네트워크 구축 전략에 이르기까지 폭넓게 전개되고 있다.

이때 주목해야 할 점은 2000년대 후반기에 들어 한반도의 분단 극복과 통일 문제와의 연관선상에서 코리언 디아스포라의 의미와 역할에 주목하는 연구 역시도 나타나기 시작했다는 점이다. 이를테면, 통일을 준비하는 과정에서 요구되는 민족 개념의 재정립과 코리언 디아스포라의 의미, 분단과 전쟁의 또 다른 결과로서 코리언 디아스포라의 존재론적 특성, 코리언 디아스포라를 활용한 통일 방안에 대한 연구들이 여기에 속했다.[160] 하지만 이러한 흐름은 2010년 전후로 나타난 일부 경향에 불과하다. 이제껏 대부분의 한반도 통일 논의에서 코리언 디아스포라는 제외되었으며, 통일은 전적으로 남과 북의 문제로만 사유되어 왔던 것이 사실이기 때문이다.

그러나 특히 한반도 주변에 거주하는 코리언 디아스포라들의(재일조선인, 재중조선족, 재러고려인) 문제는 다음과 같은 몇 가지 이유에서 한반도 분단 체제의 시작점이자, 궁극적으로는 분단 극복의 시작점

---

160) 대표적으로 김귀옥, 「분단과 전쟁의 디아스포라: 재일조선인 문제를 중심으로」, 『역사비평』 제91집, 역사문제연구소, 2010. 정영순, 「글로벌리즘과 남북공동체 형성을 위한 한인 디아스포라」, 『재외한인연구』 제23호, 재외한인학회, 2011. 김성민・박영균, 「분단 극복의 민족적 과제와 코리언 디아스포라」, 『대동철학』 제58집, 대동철학회, 2012. 장원석・고경민, 「탈북자 문제의 디아스포라적 접근」, 『평화학연구』 제14집 제5호, 한국평화통일학회, 2013. 등이 있다.

이기도 하다. 첫째, 코리언 디아스포라는 단순한 해외 이주민이 아니라 일제 식민지와 분단 체제라는 역사적 경험을 남북 주민과 더불어 공유하고 있는 존재라는 점에서 분단 극복의 과제에 그들만의 역할을 담당할 수 있다. 일제 식민지 지배의 역사는 그들에게 이산의 고통을 주었으며, 분단으로 인한 남북의 상호 적대성은 코리언 디아스포라에게도 분단 체제의 폭력성을 각인시켰다. 하지만 이러한 역사적 수난의 경험들은 그들로 하여금 오히려 분단 극복과 통일의 일정한 역할과 방향성을 제공할 수 있도록 만들었다. 둘째, 그들은 남북의 적대성이 직접적으로 작동하는 곳을 벗어난 제3국에 거주하면서 외부자의 입장에서 남북을 볼 수 있기 때문에 비교적 중립적인 위치에서 남북의 사람들을 중재하고 매개할 수 있다. 디아스포라 특유의 '문화적 다양성'을 통해 교류 및 소통을 매개하며 '민족공통성' 형성을 위한 풍부한 자원을 제공할 수 있기 때문이다.[161] 셋째, 코리언 디아스포라는 동북아시아의 평화 공존을 위해서도 중요한 역할을 수행할 수 있다. 그들은 한(조선)민족이면서도 남북을 제외한 분단의 직접적인 이해관계를 갖는 미국·중국·일본·러시아 등에서 살고 있다. 또한 이러한 거주국에서의 문화적 접촉을 통해 나름의 사상적·문화적 변용을 만들어내고 있다. 따라서 코리언 디아스포라들은 '분단 극복'과 '동북아시아의 평화와 공존'이라는 두 가치를 연결하면서, 통일을 한반도에만 한정된 문제가 아닌 동아시아 각국의 소통과 연대를 향한 과제로 만드는 데 기여할 수 있는 것이다.

---

161) 이병수·정진아, 「코리언의 분단·통일의식 연구의 관점과 의의」, 통일인문학연구단, 『코리언의 분단·통일의식』, 선인, 2012, 29쪽.

하지만 기존의 코리언 디아스포라를 바라보는 관점은 그들을 통일의 또 다른 주체로서 사유할 수 없었다. 무엇보다 이것은 코리언 디아스포라를 사유하는 편향적인 두 관점 때문이라고 할 수 있다. 그런데 코리언 디아스포라를 다루는 기존의 두 관점은 '민족'의 기원과 발생에 대한 상이한 규정과 직결되어 있다. 그것은 '민족주의적 관점'과 '탈민족주의적 관점'이다.

2 '민족주의 관점'과 그 한계

애초 민족(nation)이란 단어의 어원은 라틴어 'natura(자연)'과 'nasu(출생)'의 합성어에서 찾을 수 있다. 어원에서만 보자면 민족은 '자연적으로 출생' 내지 '자연과 함께 출생'이라는 의미를 갖는다. 이런 의미에서 헤르더는 민족을 '자연적이고 필연적인 실체'로 규정했다.[162] 이렇듯 민족을 초역사적인 하나의 실체로서 규정하는 입장은 '전통적 민족주의' 내지 '원초론'이라 불린다.[163] 이때 민족은 특정한 선험적 요소인 언어, 문화, 풍습, 역사, 혈연 등을 오래전부터 공유하는 자연적 공동체로 규정된다.[164]

동일한 맥락에서 한국의 전통적 민족주의자들은 '사회역사적 존재'로서 민족을 강조한다. 예컨대, 민경우는 한반도에서 한민족은

---

162) J. G. 헤르더, 강성호 옮김, 『인류의 역사철학에 대한 이념』, 책세상, 2002, 83쪽.
163) 권혁범, 『민족주의는 죄악인가?』, 생각의 나무, 2009, 41쪽.
164) 한스 울리히 벨러, 이용일 옮김, 『허구의 민족주의』, 푸른역사, 2009, 67쪽.

'특정 지역과 자연환경을 무대로 혈연과 언어를 같이한 집단'으로서 1000년 이상 단일 국가를 유지하면서 민족적 일치성을 확보해 왔다고 주장하고,[165] 정수일은 민족을 "일정한 지역에서 장기간 공동체 생활을 함으로써 혈연, 언어, 경제, 문화, 역사, 지역 등을 공유하고 공속 의식과 민족 의식에 따라 결합된 최대 단위의 인간 공동체로서 소정된 역사 발전의 전 과정에서 항시적으로 기능하는 엄존의 사회역사적 실체"[166]로 규정한다. 이들에게 민족은 과거에 깊은 뿌리를 두고 자연스럽게 형성되어 온 유기적 통합체이며, 민족적 정체성은 개인의 자율적 의지에 따른 선택의 결과가 아니라 이미 존재하는 공동체에 의해 비인격적으로 결정된다는 것이다.

한편으로 민족주의는 그 형성 요인에 따라서 혈통·언어·역사·문화 등 객관적 요소들을 강조하는 '객관주의적 민족주의'와 감정·의지·이념·소속감 등 주관적 요소들을 강조하는 '주관주의적 민족주의'로 나눠볼 수 있다. 하지만 이 두 요소의 결합이 민족주의를 구성한다고 보는 것이 일반적이다. 이를테면 민족은 혈연·언어·역사·문화와 같은 객관적 요소와 이러한 요소를 직간접적으로 반영한 민족적 귀속 의식과 같은 주관적 요소에 의해 민족적 정체성이 형성됨으로써 완전한 민족으로 전환한다는 것이다. 이와 같은 민족에 대한 인식은 사회역사적 실체로서 민족을 중시하면서 필연적으로 그 민족에 속하는 구성원들에게 민족적인 동질성 내지 일체감을 강하게 요구한다.

그래서 코리언 디아스포라에 대한 민족주의적 관점은 그들에게

---

165) 민경우, 『민족주의 그리고 우리들의 대한민국』, 시대의창, 2007, 22쪽.
166) 정수일 외, 『21세기 민족주의』, 통일뉴스, 2010, 43쪽.

여전히 유지되고 있는 민족적 요소와 민족적 귀속감을 강조함으로써 그들을 한(조선)민족의 동질성으로서 포섭하려고 노력한다. 동시에 코리언 디아스포라를 그들의 국적과 상관없이 한(조선)민족이라는 단일한 정체성으로 포섭하여 그들과의 종족적 유대, 나아가 문화적 · 경제적 유대 강화를 강조한다. 정리하자면, 민족주의적 관점은 민족의 혈연적 · 문화적 · 심리적 동질성과 유대감을 강조하면서 전 세계 각지에 거주하는 코리언 디아스포라를 '같은 민족'이라는 시각 속에서 규정하려고 노력하는 것과 동시에, 그들에게도 공동의 유대감와 귀속감을 요구한다는 것이다.

코리언 디아스포라를 민족동질성으로 포섭하려는 민족주의적 관점은 다음과 같은 몇 가지 이유에서 자연적인 귀결이었을 뿐만 아니라 현실적으로도 유용한 관점이었다. 첫째, 이러한 민족과 민족주의 개념은 한반도에서 거주해 온 '민족'을 설명하는 데 적합했다. 한반도는 혈연적, 문화적 동질성이 다른 지역에 비해 상대적으로 더 높았으며, 그러한 기반하에서 고려–조선으로 이어지는 국가적 형태의 제도화가 다른 지역에 비해 훨씬 이전부터 존속해 왔다는 것은 부인할 수 없는 사실이다. 한반도에서 혈연과 문화의 동질성이 상대적으로 높고 오랜 세월 중앙집권적 국가가 존재했다는 점은 이미 홉스봄이 지적했던 바와 같다.[167]

둘째, 강한 민족적 동질성에 대한 강조는 실상 한반도의 특수한 현실과 그에 기반을 둔 요구들이 반영된 결과이다. 특히 근대적 민족국

---

167) 에릭 홉스봄, 강명세 옮김, 『1780년 이후의 민족과 민족주의』, 창작과 비평사, 2008, 94쪽.

가를 건설해 본 적이 없는 한반도에서 국가 건설의 주체로서 민족에 대한 관심은 당연한 것이었으며, 그것과 연관하여 같은 민족임에도 불구하고 남과 북이 분단된 채로 살고 있는 한반도의 현실은 민족적 동질성을 강하게 요구했기 때문이다.[168] 홉스봄이 '역사적 국가'로 설명했듯이 유구한 역사를 통해 남북이 공유해 온 민족적 동질성은 남북의 통합에 기여하는 긍정적 의미로 통용되었다. 실제로 분단 극복의 실천적 과제를 제시하면서 분단 체제론을 역설한 백낙청, 분단 극복의 역사관 정립이라는 문제의식 속에서 통일민족주의를 주장한 강만길, 남북의 연대적 공동체를 주창하며 상호 이해와 소통을 강조한 송두율 모두는 각기 다른 문제의식을 나타내고 있음에도 불구하고, 공통적으로 분단 극복과 관련해 민족주의가 갖는 실천적 힘을 경시해서는 안 된다고 보았다.

하지만 민족의 전통적 동질성을 주장하면서 코리언 디아스포라를 한(조선)민족의 동질성 영역에 포섭시키려는 관점은 명확한 한계를 지닌다. 무엇보다 민족주의는 혈연, 문화, 언어적 동질성을 주장하지만, 이러한 동질성의 강조는 나와는 다른 차이를 배제하는 '독단의 논리'를 동반한다. 원초주의적인 동질성 요구는 가치관, 심성, 행동 방식 등의 차이를 단일한 틀에 용해시키는 '획일주의'와 타자에게 자신의 기준을 강요하는 배타적인 '자기 중심주의'로 나아갈 우려가 있다는 것이다. 역사적 과정을 살펴봐도, 민족주의는 내부적으로는 민족 내부의 소외된 구성원들에 대한 억압과 차별에 무관심했으며, 나

---

168) 이병수, 「남북 관계에 대한 반성적 고찰 체제와 민족을 중심으로」, 『통일인문학』 제48집, 건국대학교 인문학연구원, 2009, 23쪽.

아가 외부적으로도 침략주의와 연결될 위험을 종종 보여왔다.

　물론 동질성을 주장하는 것은 다른 한편으로 고정적인 자기 정체성을 형성하기 위한 하나의 장치이다. 그래서 이러한 동질성은 통일된 하나의 공동체를 형성하고자 하는 내적 욕망을 증폭시키는 것과 같이, 코리언 디아스포라를 포함하는 남북의 통일에 어떠한 실천적 효과를 제공할 수도 있다. 하지만 민족주의적 관점 속에서 코리언 디아스포라는 단순히 민족적 동질성 내지 이질성을 판단하는 특정한 척도 '안에서만' 존재할 뿐이다. 예컨대, 이러한 관점은 혈연 · 한글 · 풍속의 유지 여부에 대한 확인, 귀속감 여부와 같은 단편적인 확인을 통해 코리언 디아스포라의 정체성을 '동질성과 이질성'의 패러다임 속에서만 재단해 버린다는 것이다. 더 큰 문제는 민족주의적 관점이 전통적인 민족적 요소를 공유하지 않는 타자인 코리언 디아스포라를 이질성이라는 고정적인 범주에 집어넣음으로써, 나아가 그러한 이질성을 갖는 외부를 배제해 버린다는 점이다. 내부의 동질성을 보다 굳건히 하기 위해 외부를 배제하는 것처럼, 민족주의는 타자와의 '차이'를 보다 심화시키는 방식으로 '같음'을 보다 강력하게 만든다. 이런 점에서 동질성의 강조에 대해 많은 사람들은 '전체주의' 내지 '파시즘적 현상'으로 귀결될 수 있음을 지적하기도 한다. 예를 들어, 권혁범은 민족주의를 "근본적으로 차별과 배제의 메커니즘"[169]

---

169) 권혁범,『민족주의는 죄악인가』, 생각의 나무, 2009, 103쪽. 권혁범의 민족주의 비판은 다각도로 전개된다. 예컨대 파시즘처럼 '민족'이라는 (상상된) 공동체의 가치를 우선시하기 때문에 파시즘처럼 개인의 자율성을 억압하거나 배제하고, 인류 사회의 보편적 가치를 거부하고 민족의 가치만을 우선시 하며, 민족 개념의 탄생이 산업화와 연결되기에 계급 간의 갈등을 은폐하고 계급적 위계질서를 정당화한다는 것이다.

으로 비판하기도 한다.

그러나 분명한 것은 코리언 디아스포라는 해당 거주국에서의 역사적 경험을 통해 민족 정체성의 변용과 재구성을 겪어왔다는 점이다. 흔히 코리언 디아스포라를 해외동포로 부르면서 같은 민족이라고 말하지만, 디아스포라와 우리는 각자의 처지에서 서로 다르게 변용된 민족 정체성을 지니고 있을 뿐이다. 하지만 민족주의적 관점 속에서 코리언 디아스포라들은 '민족 정체성의 변질'로 이해될 뿐이다. 민족주의적 관점이 전제된 '독단의 논리'는 코리언 디아스포라의 지역적 특수성과 현실을 제대로 설명하지 못한다. 오히려 이러한 입장은 그들의 생존을 위해 언어, 관습, 문화, 혈연 등과 같은 전통적 요소들을 변용시키고 재구성해 온 코리언 디아스포라들을 단순히 '이질화의 모델'로 규정해 버린다. '거주국과 한국이 축구를 한다면 누구를 응원하겠는가?'라고 묻고는 거주국을 응원하겠다는 그들의 답변을 '민족 정체성의 와해'로 간주해 버리는 것이 그와 같은 사례이다. 요컨대 민족주의적 관점이 추구하는 민족적 동질성에 대한 강조는 '코리언'을 '디아스포라'로부터 분리시키고, '디아스포라'가 갖는 독특한 역사적 경험 그리고 민족적 요소의 변용 및 재구성을 배제해 버리는 오류를 낳는다.

3 '탈민족주의적' 관점과 그 한계

민족의 기원과 생성에 대한 민족주의적 입장과는 상반되게, 민족을 근대에 들어와 새롭게 구성된 정치적 공동체로 설정하는 입장이 있다. 여기에는 기본적으로 전통적 민족 개념이 개인의 자율성을 억압하는 집단적 주체를 상정할 수밖에 없는 개념이라거나 민족 내외부의 타자에 대한 열린 이해의 가능성을 봉쇄하는 동일성의 논리를 함축한다는 문제의식이 담겨져 있다. 이러한 입장을 '탈민족주의' 내지 '구성주의'라 일컫는다. '민족주의'가 혈연, 언어, 문화와 같이 오랜 기간 이어져 온 특정한 선험적 요소로부터 민족의 고유한 정체성이 결정된다는 '원초주의'라 한다면, '탈민족주의'는 그러한 선험적 요소가 고유하게 존재한다는 것을 거부하면서 특정한 상황 속에서 여러 이유를 달성하기 위해 민족성을 만들어내는 '구성주의'라고 할 수 있다. 자세히 말해 '원초주의'란 혈통, 언어, 종교, 관습 등 선험적으로 주어진 원초적인 문화적 속성에 의하여 종족성이 이미 내재한다는 관점이며, 이에 반해 '구성주의'는 종족이 원래부터 고유하거나 고정적인 것이 아니라 사람들이 특정한 상황 속에서 정치적 혹은 경제적 이유로 자신과 상대방의 정체성을 규정함으로써 소기의 목적을 달성하려는 수단으로서 종족성을 발명한다는 점을 강조하는 관점이다.[170]

이러한 탈민족주의 연구는 1980년대 초반 어니스트 겔러(Ernest Gellner), 베네딕트 앤더슨(Benedict Anderson), 에릭 홉스봄(Eric Hobsbawm) 등으로부터 시작되었다. 이들은 민족을 역사적 과정에서 독립된 존재론적 실체라는 점을 거부하고, 19세기의 근대화 과정에

---

170) 이때 김광억은 새로운 방식의 '구성주의'를 주장한다. 그 핵심은 과거의 원초적인 문화적 요소와 현재의 정치경제적 요인이 결합되어 한 집단의 종족성이 새롭게 '구성'된다는 것이다. 김광억 외 지음, 『종족과 민족』, 아카넷, 2005, 29-31쪽.

통일인문학

서 새롭게 '발명된 것' 또는, '상상의 공동체' 내지 '고안된 질서'로 규정했다. 물론 나름의 차이는 있지만, 이들의 핵심은 '민족들의 노력이 민족주의를 만든 것이 아니라, 민족주의가 민족을 만들어내었다.'[171]라는 명제에 압축적으로 드러난다. 고정된 실체로서 민족이 민족주의를 생산하는 것이 아니라, 특정한 역사적 조건에서 발현한 정치적 이데올로기로서 민족주의가 민족을 만들어낸다는 것이다. 이렇듯 탈민족주의의 핵심은 민족이라는 개념이 언제나 새롭게 정의될 수 있으며 새로운 내용으로 규정될 수 있다는 민족 개념의 구성적인 성격에 주목한다는 점이다. 대표적으로 베네딕트 앤더슨은 민족을 '본래 제한되고 주권을 가진 것으로 상상되는 정치공동체'[172]로 정의한다. 그는 민족이 원래 존재하던 것이 아니라 어느 특정 시기에 만들어진 문화적 조형물이자, 그 속에 사는 사람들로 하여금 주권을 가지고 있다고 믿게 하는 상상된 정치공동체라고 주장한다.

탈민족주의적 입장은 1990년대의 세계화의 흐름 속에서 다원적 정체성의 존재 방식에 주목하는 코리언 디아스포라 연구 경향과 밀접하게 결합한다. 이때 코리언 디아스포라에 대한 탈민족주의적 관점은 민족주의적 관점에서 요구하는 '동질성'을 거부하고, 코리언 디아스포라들이 혼종적 문화를 가진 '탈민족적 존재'라는 점을 드러내고자 한다. 예를 들어 권혁범은 민족론을 고대로부터 이어져온 혈연, 언어적 동질성에 바탕을 둔 '종족적 민족론(전통적 민족주의)'과 근

---

171) 겔러의 주장은 베네딕트 앤더슨, 윤형숙 옮김, 『상상의 공동체』, 나남출판, 2002, 25쪽에서 재인용.

172) 베네딕트 앤더슨, 윤형숙 옮김, 『상상의 공동체』, 나남출판, 2002, 25쪽.

대로부터 시작된 구성원들의 동등한 정치적 권리에 바탕을 둔 '정치
시민적 민족론(탈민족주의)'으로 구분한 뒤, 민족은 결단코 '혈연공동
체'가 아닌 '정치공동체'라는 입장을 취한다. 결과적으로 그는 "혈연
적·문화적·언어적 공통분모를 강조하기보다는 그래서 해외동포,
외국 거주 한인 공동체를 포괄하려는 것보다는 지리적으로 같은 곳
이나 가까운 지역에 사는 사람들을 하나의 공동체로 보고 국적이나
핏줄에 관계없이 그들에게 평등한 권리를 부여하려는 시도가 더 요
구된다."고 주장한다.[173]

이렇듯 탈민족주의적 관점은 코리언 디아스포라의 지역적 특성과
현실에 기반을 둔 '이질성' 내지 '정체성의 해체'에 주목한다. 이를
테면 민족주의적 관점이 코리언 디아스포라들에게 여전히 유지되고
있는 민족적 요소와 민족적 귀속감을 강조함으로써 그들을 한(조선)
민족의 동질성으로만 포섭하려는 연구 경향으로 나아간다면, 이와는
반대로 탈민족주의적 관점은 그들의 민족 정체성의 이질적 변화 양
상에 주목함으로써 그들을 디아스포라라는 틀로서 포섭하려고 시도
한다. 결과적으로 탈민족주의적 관점은 코리언 디아스포라들이 보이
는 민족 정체성의 이질적 변화 양상에 주목함으로써 '코리언'보다는
'디아스포라'에, 즉 '민족적 동질성'보다는 '디아스포라의 혼종성'에
강조점을 둔다. 탈민족주의적 관점이 '이질성'과 '혼종성'에 주목한
다는 것은 코리언 디아스포라들의 '디아스포라 위치'가 그들의 정체
성을 형성하는 중요한 요인임을 인정하는 방식이다.[174] 예를 들어, 코

---

173) 권혁범, 『민족주의는 죄악인가』, 생각의 나무, 2009, 66쪽.
174) 전형권·Yulia, Kim, 「우즈베키스탄의 민족정책과 고려인 디아스포라 정체성」, 『슬라보학보』

리언 디아스포라가 갖는 감정과 의식을 '민족 정체성'이라는 단일한 기준에 의해서만 파악하기엔 무리라는 것을 지적하면서, 동시에 '탈민족적 프레임'을 통해 민족적·국가적 경계를 넘어서서 코리언 디아스포라들이 형성하고 있는 정체성의 다중적·복합적 본질을 긍정하고, 결과적으로 이러한 코리언 디아스포라의 경험들을 민족문화의 변용 능력과 창발적인 생성 능력으로 긍정하는 방식이다.[175]

특히 2000년을 전후로 탈민족주의적 관점에서 코리언 디아스포라를 사유하는 흐름이 증가하고 있다.[176] 여기에는 몇 가지 이유가 있다. 첫째, 민족주의적 관점은 결국 역사적 기능면에서 억압과 차별을 가져온다는 비판이 확산되었기 때문이다. 탈민족주의적 관점이 민족 동질성 테제를 비판하면서 민족 이해를 탈민족적 프레임을 통해 구성하고자 한 근본적 이유는 무엇보다 민족주의적 관점이 지닌 배타성, 차별과 억압의 기능을 우려하기 때문이다.[177] 이는 한스 콘(Hans Kohn) 이래 근대적 민족주의 관점을 시민적·통합적·건설적인 것으로 보는 반면, 종족적 동질성을 주장하는 전통적 민족주의는 분열적·억압적·파괴적인 것으로 보는 서유럽 민족주의의 연구 전통을 이어받는 것이도 하다.[178] 둘째, 실질적으로 세계화 이후 본격화된 코

제21권 2호, 376쪽.

175) 신현준, 「포스트소비에트 공간에서 고려인들의 과국적 이동과 과문화적 실천들」, 『사이』, 국제한국문학문화학회, 2012, 205-206쪽.

176) 윤인진, 「디아스포라와 초국가주의의 고전 및 현대 연구 검토」, 『재외한인연구』 제28호, 재외한인학회, 2012, 31-35쪽.

177) 이병수, 「민족공통성 개념에 대한 고찰」, 『시대와철학』 제22권 제3호, 한국철학사상연구회, 2011, 119-120쪽.

178) 그러나 신기욱은 유럽적 경험에 바탕을 둔 그런 본질주의 시각이 전통적 민족주의의 이중적인 역할과 기능을 간과한다고 주장한다. 그에 따르면 20세기 한반도 역사에서 전통적 민족주

리언 디아스포라의 재이주 현상 그리고 모국과 거주국 모두 포함하는 그들의 이중정체성과 문화적 혼종성은 그들로 하여금 민족과 국가의 경계를 가로지르는 '디아스포라성'을 가진 집단으로 보이게 하기 때문이다. 전 지구적 자본주의의 확산 속에서 민족 혹은 국가에 대한 경계 의식은 희미해졌으며, 그로 인해 코리언 디아스포라 개념은 강제적으로 이산된 존재라는 의미를 벗어나, 이러한 변화를 이해하고 분석하는 일종의 사유틀을 제공하고 있다.

그러나 코리언 디아스포라에 대한 탈민족주의적 관점은 편협한 민족주의를 경계하고 세계화 시대의 복합적 정체성을 일깨우는 긍정성에도 불구하고 몇 가지 한계를 갖는다. 첫째, 탈민족주의적 관점은 디아스포라의 유동적·복합적 정체성에만 주목함으로써 제국주의 침략과 억압이 코리언 디아스포라에게 남긴 역사적 아픔과 상처를 간과하고 있으며 동시에 디아스포라성을 지나치게 이념화하고 있다.[179] 코리언 디아스포라의 존재 방식을 '민족적 프레임'으로 보면서 그들의 고난의 역사를 부정적인 기호와 비극적 표상으로 연결시키는 방식도 문제지만, 반대로 '탈민족적 프레임'을 통해 그들의 험난한 경험들을 단순히 디아스포라 일반 이론으로 융해시켜 창조적 행위로 긍정해 버리는 방식 역시 문제이다.

식민지 경험과 분단으로 인해 발생한 코리언 디아스포라는 '디아

의는 일제하 반식민주의의 기능을 했고, 남북의 근대화 과정에서 통합적 기능을 수행했던 반면, 경쟁 관계에 있는 다른 중요한 정체성들을 억압했고, 자유주의의 빈곤을 초래했으며, 남북 갈등의 원인이 되었다는 것이다. 신기욱 지음, 이진욱 옮김, 『한국민족주의의 계보와 정치』, 창비, 2009, 343-347쪽.

179) 이병수·김종군, 「코리언 정체성의 연구의 관점과 방법론」, 건국대 통일인문학연구단 편, 『코리언의 민족정체성』, 선인, 2012, 28쪽.

스포라'에 관한 서구의 일반 이론으로 결코 환원할 수 없다. 다시 말하자면 코리언 디아스포라는 '강요된 이산'의 성격을 지니며, '디아스포라 일반 이론' · '다문화주의적 시각' · '초국가적 관점'으로는 이해될 수 없는 존재들이다. 무엇보다 코리언 디아스포라는 식민과 분단 속에서 '강요된 이산'으로서 제국주의적 침탈과 분단으로 인한 폭력과 착취, 억압과 차별을 겪은 '역사적 트라우마'를 가진 존재이기 때문이다.[180] 요컨대 식민의 폭력과 착취를 피해 내쳐진 '트라우마적 체험'은 코리언 디아스포라 이해에서 필수적으로 고려되어야 함에도 불구하고, 탈민족주의적 관점은 이러한 그들의 역사–존재론적 위치의 특수성을 간과하고 있다.

둘째, 탈민족주의적 관점이 배제하는 민족주의의 '민족 실재론'과 '현실적인 실효성'을 과연 거부할 수 있을까 하는 반론도 제기할 수 있다. 민족이 고정불변의 실체가 아닌 끊임없이 '재구성'되는 과정에 있다 할지라도, 우리들이 느끼는 '민족'은 현실적으로 엄연히 존재하고 있고 또 당분간 앞으로도 계속해서 존재할 것이다. 따라서 이러한 경험적인 실재성을 갖는 민족 범주를 배제한 사고는 탈민족주의자들을 포함해서 어느 누구도 절대적으로 자유로울 수 없다고 할 수 있다.[181] 민족을 둘러싼 제 범주와 사고가 전적으로 폐기되거나 배제될 수는 없는 엄연한 현실을 인정하지 않는다면, 문제에 접근하는 현실적이고 구체적인 사고를 놓치는 결과를 가져올 수 있다. 예컨대,

---

180) 코리언 디아스포라의 역사적 트라우마에 대해서는 박영균 · 김종군, 「코리언의 역사적 트라우마에 관한 연구방법론」, 건국대 통일인문학연구단 편, 『코리언의 역사적 트라우마』, 선인, 2012를 참고.
181) 정수일 외, 『21세기 민족주의』, 통일뉴스, 2010, 33쪽.

탈민족주의가 반대하는 민족이라는 개념은 민족통일의 실현을 위한 당위성을 가져올 수 있다. 일반적으로 갈라진 민족이 통일되어야 할 근원적 당위성은 오랜 역사에서 지속해 온 '하나의 민족'이라는 데 있기 때문이다. 즉, 전통적 민족주의의 배타적 가능성은 인정하지만 동시에 20세기 한반도 역사에서 행한 긍정적 기능 및 보편적 가치와의 연관성을 고려해야만 한다. 실제로 전통적 민족주의자들의 경우에도 민족적 특수성만을 강조하고 이를 이념화하고 있는 경우는 드물다. 역사학 내부에서 전통적 민족주의 입장에 서 있는 강만길만 하더라도 민족주의의 이념을 세계사적인 보편 이념과 변증법적으로 매개하려는 입장을 취하고 있다.[182]

4 '제3의 정체성론'과 그 비판

앞서 살펴봤듯이 민족 개념을 둘러싼 논쟁의 구도는 첫째, 하나의 동일한 지표를 공유하는 종족적 민족 개념을 고수하는 전통적 민족주의 흐름, 둘째, 전통적 민족 개념에 반대하면서 근대적 맥락에서 새롭게 구성되는 민족 개념을 주장하는 탈민족주의적 흐름이라

---

182) 강만길은 국수적이고 배타적인 전통적 민족주의를 넘어선 '열린 민족주의'를 주장한다. 그는 열린 민족주의라는 규정과 함께, 한국 민족주의의 발전 과정을 민족의 특수한 이념과 세계사적 보편이념의 변증법적 전개 과정으로 파악했다. 강만길, 「한국민족주의와 통일」, 『민족사상연구』 제12호, 경기대학교 민족문제연구소, 2005, 7쪽. 하지만 이에 대해 윤해동은 민족주의는 그 핵심 전제로부터 '국가주의'와 '집단주의'에 강한 영향력 속에서만 존재할 수 있기 때문에, 결국 '열린 민족주의'란 일종의 형용모순에 불과하다고 지적한다. 윤해동, 『식민지의 회색지대: 한국의 근대성과 식민주의 비판』, 역사비평사, 2007, 272쪽.

고 할 수 있다. 그런데 이와 같은 상반된 입장과는 별개로 전통적 민족 개념과 탈민족주의적 입장 양자를 거부하면서 새로운 민족 개념이 필요하다는 견해 역시 등장하고 있다. 이때 이 세 번째 흐름은 민족 개념의 현재적 유효성을 인정하면서 그 내포와 외연을 새롭게 정립하려는 시도라고 할 수 있다. 이러한 입장은 민족이라는 단일한 주체에 집착하지도 않지만 동시에 그러한 민족을 전적으로 거부하지도 않는 유연한 정체성 태도를 갖는다.

특히 이러한 입장은 종족적 경계에서 벗어나 살고 있는 디아스포라들이 자신들의 정체성을 규정하는 데 특히 유용했다. 본국에서 떨어져 나와 새로운 거주국에서 살아야만 했던 디아스포라는 자신들의 새로운 집단 정체성을 필요로 했으며 그러한 맥락에서 민족 개념의 양면적 기능을 인정한다. 전통적인 민족 개념을 고수할 수 없는 입장에 서 있지만 민족이라는 특정한 정체성이 갖는 필요성 역시 인정할 수밖에 없었던 것이다. 따라서 이러한 입장은 본질주의적 입장에서 서 있는 민족주의와 비본질주의적 입장에 서 있는 탈민족주의라는 이항대립적 시각을 거부한다. 오히려 이러한 입장은 민족적 정체성은 고정적인 것이 아니라 상황에 대응하여 끊임없이 재구성되는 가변적인 것으로 규정한다.

'민족주의'와 '탈민족주의'의 대립을 벗어나 코리언 디아스포라의 이중정체성을 '제3의 정체성'으로 이해하려는 시각이 이에 해당한다. '제3의 정체성'론의 기본 입장은 코리언 디아스포라를 자기들과의 강한 동질성으로 포섭하려는 민족주의적 입장과는 달리, 그들을 거주국에 소속된 특수한 집단으로 인정하고 존중하려는 경향을 말한다. 또한 코리언 디아스포의 이질화에 대한 민감한 반응을 보이고, 소위 민족동질성의 구축에 주력하려는 입장에 반대한다. 이런 점에서 제3의 정체성론은 우선적으로 그들에게 민족동질성을 강하게 요구하는 것이 오히려 역효과만 불러온다는 현실 정치적 입장과도 연결되어 있다. 코리언 디아스포라들이 거주국과의 능동적이고 적극적인 상호작용을 통해 생성시킨 문화적인 특수성과 거주국 내 자신들의 공동체를 존중해 달라는 것이다. 예컨대 중국 조선족을 중국 '국민'으로서의 '조선 민족'으로 규정하는 입장이 이에 해당한다.[183]

한반도에서 기원한 민족적 요소들 가운데 거주국의 현실 정치적 맥락에서 강조할 요소를 전략적으로 선택하고 재구성하는 정체성 형성 방식은 앞서 말한 '민족주의적인 원초주의'와 '탈민족주의적인 구성주의'의 이론적 대립을 극복하려는 문제의식에서 나왔으며, 그 핵심은 과거의 원초적이고 선험적인 민족적 요소와 현재의 정치경제적 요인이 결합되어 자신들의 정체성이 구성된다는 것이다. 즉 민족 정체성은 선택의 결과만이 아니라 물려받은 것이기도 하며, 따라서 단순히 발명된 도구가 아니라는 것이다.[184] 이러한 접근은 식민지 시대와 분단시대를 거치면서 민족과 정치공동체가 일치하지 않는 코리언 디아스포라의 존재론적 특성을 일정 정도 반영할 수 있다.

무엇보다 '제3의 정체성'론의 핵심은 단일 민족국가가 내세우는 '민족＝국민'이라는 구분을 거부한다. 이러한 자국 중심주의의 협소

---

183) 김강일, 「中國朝鮮族社會 地位論」, 『아시아태평양지역연구』 제3호 1권, 전남대학교 아시아태평양지역연구소, 2000, 3쪽.
184) 이병수, 「민족공통성 개념에 대한 고찰」, 『시대와철학』 제22권 제3호, 한국철학사상연구회, 2011, 119-120쪽.

한 국민과 민족 개념은 제3의 정체성을 갖는 집단의 고유성을 놓치고 있다는 것이다. 여기에는 그들이 거주국에서 습득한 경험과 문화를 존중하면서 거주국의 일원으로서의 위치를 고스란히 인정해야만 한다는 입장이 전제되어 있다. 예를 들어 박정군은 "한민족이라는 민족 정체성과 중화인민공화국의 국민이라는 국민 정체성은 결코 우왕좌왕하거나 서로 모순되는 것이 아니며, 60여 년 동안 중국에서 생활하는 과정에서 한민족의 전통문화와 중국 땅의 다양한 문화를 결합시킨 중국 조선족만의 독특한 독립 정체성을 형성"[185]한다고 주장한다.

하지만 바로 이런 점에서 '제3의 정체성'론은 기본적으로 디아스포라적 입장과 가깝다. 디아스포라적 입장이 영토적 경계를 초월하면서 그들이 만들어내는 디아스포라의 역동성 내지 창조성에 주목하듯이, '제3의 정체성'론 역시 코리언 디아스포라들이 거주국과 모국과의 상호작용을 통해 구성한 '복합적 문화 자원'을 긍정한다. 다만 디아스포라적 입장은 그러한 영토적 경계를 넘어서는 그 자체를 긍정한다고 한다면, 제3의 정체성론은 그러한 경계에 위치한다는 지정학적 특수성을 강조한다는 차이점에 있다. 그럼에도 불구하고 이들의 공통점은 특정 집단이 모국과 거주국의 문화를 융합해서 제3의 새로운 문화를 만들어내는 창조성을 갖는다라고 규정한다는 점에 있다. "이런 문화 구역은 언어뿐 아니라 두 개 이상의 민족의 습관, 사유방식, 가치관 등의 융합으로 이루어지기에 두 개 이상의 문화에 습관화된 것은 물론이고 모체 문화에 없는 사유방식, 가치관, 습관

---

185) 박정군, 「중국조선족 정체성이 한국과 중국에 대한 태도에 미치는 영향」, 경희대학교 대학원 박사학위 논문, 2011, 99쪽.

등을 새롭게 창출해 내기 때문이다."[186]

그렇다 하더라도 코리언 디아스포라의 정체성을 '제3의 정체성'으로 규정하는 흐름에는 몇 가지 한계가 놓여져 있다. 첫째, '제3의 정체성'론은 일종의 '무한 퇴행의 오류'를 낳는다는 점이다. '제3의 정체성'론의 핵심은 모국의 정체성 내지 거주국의 정체성을 제1의 정체성으로 간주하고 이러한 민족 정체성과 국민정체성의 이중정체성을 '제3의' 정체성으로 규정하는 방식이다. 하지만 이럴 경우 모국과 거주국이 다른 코리언 디아스포라의 정체성은 모두 제3의 정체성일 수밖에 없다. 재중조선족의 정체성뿐만 아니라, 재일조선인의 정체성도 제3의 정체성이고, 재러고려인의 정체성도 제3의 정체성에 속할 뿐이다.

무엇보다 제3의 정체성론의 한계는 코리언 디아스포라의 이중정체성을 설명하기 위해 제3의 정체성을 미리 전제로 한다는 점이다. 즉, 제3의 정체성론은 코리언 디아스포라의 이중정체성을 드러낸 점에서는 의의가 있으나, 그러한 이중정체성의 관계 내지 간극을 설명하지 못하고 단순히 제3의 정체성으로서만 간주한다는 것이다. 원래 코리언 디아스포라들은 거주국과 모국이 일치하지 않는 자신들의 역사–존재론적 특성으로 인해 한반도에서 기원한 민족 정체성의 독특한 변용을 겪을 수밖에 없는 존재다.[187] 예를 들어 중국 조선족은

---

186) 김강일, 「中國朝鮮族社會 地位論」, 『아시아태평양지역연구』 제3호 1권, 전남대학교 아시아태평양지역연구소, 2000, Y쪽.

187) "디아스포라들에게는 조국(선조의 출신국), 고국(자기가 태어난 국가), 모국(현재 '국민'으로 속해 있는 국가)의 삼자가 분열해 있으며 이러한 분열이야말로 디아스포라적 삶의 특징"이다. 서경식 · 김혜신, 『디아스포라 기행—추방당한 자의 시선』, 돌베개, 2006, 114쪽.

'조선 문화'적인 요소로 말미암아 중국의 한족이나 기타 소수 민족과 구별되며, 또 '중국 문화'적 요소로 말미암아 한국이나 북한 또는 세계 각국에 흩어져 살고 있는 해외 거주 동포와도 구별된다.[188] 하지만 이러한 제3의 정체성론의 결정적인 문제는 재중조선족에게 유지되는 한반도와의 생활문화적 공통성을 제거해 버린다는 점이다. 실제로 재중조선족은 다른 여타 코리언 디아스포라들에 비해 한반도의 전통적 요소를 가장 많이 가지고 있는 집단이다. 따라서 재중조선족의 정체성은 한(조선)민족 정체성과 구분되는 독립 정체성이나 제3의 정체성이라기보다 역사적으로 '한반도에서 기원한 민족 정체성'이 거주국의 환경에 따라 독특하게 변용된 것이라고 할 수 있다. 이처럼 재중조선족에게서도 보여지듯이, 코리언 디아스포라는 한반도에서 기원한 문화와 역사를 자신들의 집단 정체성의 기초로 하고 있기 때문에 한민족 정체성과 별개로 독립된 '제3의 정체성'이라고 볼 수 없다.[189]

둘째, '제3의 정체성'론의 한계는 재중조선족만의 사례를 코리언 디아스포라 전체에 과도하게 일반화하고 있다는 점이다. 재중조선족은 다른 코리언 디아스포라들보다 특수하다. 그들의 경우 다른 코리언 디아스포라들에 비해 한반도의 민족적 요소를 상대적으로 많이 보존하고 있다. 예를 들어, 한(조선)어의 보존이 상대적으로 오랫동안 유지되고 있으며, 무엇보다 민족적 생활문화의 요소들이 연변으로

---

188) 김호웅, 「중국 조선족과 디아스포라」, 『한중인문학연구』 제29집, 한중인문학회, 2010, 11쪽.
189) 박영균·허명철, 「재중조선족의 국민 '그리고' 민족의 이중정체성」, 건국대학교 통일인문학연구단 편, 『코리언의 민족정체성』, 선인, 2012, 207-208쪽.

대표되는 조선족 자치주를 통해 계속해서 유지되고 있기 때문이다. 즉, 거주국의 국적으로 가지면서도 동시에 한(조선)민족의 정체성을 가지고 중국 땅에서 하나의 역사를 이루고 살아온 집단이라는 것이다. 따라서 그들의 정체성에는 다른 코리언 디아스포라들에 비해 한반도와 관련된 민족 정체성과 거주국과 관련된 국민 정체성이라는 이중정체성이 확연하게 존재할 수밖에 없다. 그럼에도 불구하고 제3의 정체성론은 재중조선족이 보이는 이중정체성을 제3의 정체성론이라고 규정하면서 이러한 특성을 코리언 디아스포라 전체에 일반화시키고 있다.

지금껏 살펴본 코리언 디아스포라에 대한 3가지 입장에 내재한 한계는 '동질성과 이질성의 패러다임'에 국한되어 있다는 것이다. 코리언 디아스포라에 대한 '민족주의적 관점'은 동질성을 강조하면서 '코리언'을 부각시킨다면, '탈민족주의적 관점'은 이질성을 강조하면서 '디아스포라'에 우월한 가치를 부여한다. 또한 그것을 극복하고자 하는 '제3의 정체성' 역시도 우리 자신의 정체성은 동질적인 동일성인 반면 코리언 디아스포라들의 정체성은 이질적이라는 것을 전제로 하는 것으로부터 벗어나질 못하고 있다. 코리언 디아스포라를 사유하는 동질성과 이질성의 패러다임이 향하는 결론은 결국 '대한민국 중심주의' 내지 '자문화 중심주의'이다. 따라서 핵심은 민족주의적 관점에서 '민족의 특수성'을 고집하거나 탈민족주의적 관점에서 '디아스포라의 위치성'을 일방적으로 찬양하는 태도를 벗어나 한(조선)민족의 역사 속에서 형성된 코리언 디아스포라의 일반적 특징과 독특한 특징을 종합적으로 고려해야 한다는 것이다.

5 코리언 디아스포라의 역사-존재론적 특성

(1) 코리언 디아스포라의 역사적 특수성

영국의 역사학자 홉스봄(Eric Hobsbawm)이 생각했던 민족 개념은 앤더슨(Benedict Anderson)의 '상상의 공동체'로서의 민족, 즉 근대 국민국가가 요청하고 민족주의가 발명한 것으로서의 민족 개념과 크게 다르지 않았지만, 동아시아의 삼국은 여기에 속하지 않는 예외적인 것으로 보았다. 서구의 기준에서 봤을 때 중국 · 일본 · 한반도는 "역사적 국가의 희귀한 사례"[190]로서 오래된 국가적 정체성 속에서 견고하게 다져진 민족의식을 동반한다는 것이다. "한반도의 특유한 종족적 민족 개념은 단순히 근대의 정치적, 경제적 필요에 의해 구성된 것이 아니라, 위로부터의 동원이 의미 없을 정도로 오랫동안 종족적 단위와 정치적 단위가 일치하는 이른바 '역사적 국가(historical state)'를 형성해 온 데서 유래"[191]하는 것이다. 이러한 점에서 19세기 말에서 20세기 전반에 걸쳐 주변 국가로 이주한 조선인의 다양한 후예들 역시 남북 주민과 마찬가지로 '역사적 국가'에서 연유하는 문화적 유사성을 지니고 있으며, 그에 따라 다른 디아스포라에 비해 강한 민족적 정서와 유대감을 가질 수밖에 없는 것이다.

---

190) 에릭 홉스봄 지음, 강명세 옮김, 『1780년 이후의 민족과 민족주의』, 창작과비평사, 2008, 94쪽.
191) 건국대학교 통일인문학연구단 편, 『코리언의 분단 · 통일 의식』, 선인, 2012, 23쪽.

〈표〉 국가별 디아스포라의 분포 현황 비교[192]

순위	국가	동포 수	본국 거주민 대비 해외 거주민 비율
1	중국(화교)	34,200,800	약 2%
2	이스라엘(유대인)	8,500,000	약 118%
3	이탈리아	7,580,000	약 8%
4	코리아(한국/북한)	7,012,492	약 10%
5	영국	4,000,320	약 6%
6	러시아	3,210,000	약 2%

먼저 코리언 디아스포라의 규모를 살펴보면 위의 표에서 보듯이 한국의 수치만 보더라도 코리언 해외 거주민의 절대 숫자는 전 세계에서 네 번째로 많다. 그런데 본국 거주민 인구 대비 해외 거주민의 비율을 살펴보면 코리언 디아스포라의 엄청난 숫자에 깜짝 놀라게 된다. 즉 중국은 가장 많은 해외 거주민을 가진 국가이지만 본국 거주민 대비 비율은 2%에 불과하다. 이에 비해 코리아는 남과 북의 인구를 합쳐 약 7300만 명(남 48,955,203명, 북 24,720,407명, 2013년 기준)이 넘는 것으로 추산한다면, 해외 거주민의 비율이 약 10%로 이스라엘에 이어 세계 2위에 이른다.

하지만 1948년 이스라엘의 건국 이전에 유대 민족은 2천여 년 동안 국가와 영토를 잃고 흩어져 있었다. 그래서 이스라엘은 원래 흩어

---

192) 한국의 수치는 통계청 국가통계포털(kois.kr) 한국 재외동포 통계 자료(자료관리: 통계정보 국정보서비스팀, 자료갱신일: 2014년 9월 30일)에서 가져왔다. 재일조선인 조선적 국적자, 무국적 재러고려인, 북한의 해외 거주 주민 등을 포함한 전체 코리언의 해외 동포 숫자는 실제로 이보다 더 많을 것으로 추정된다. 다른 나라의 통계 수치는 대부분 2010년의 것이다.

져 거주하던 민족이 시온주의와 서방 국가의 도움으로 팔레스타인에 국가를 세우면서 세계 각지의 민족이 역으로 결집한 나라이다. 이에 비해 한민족의 이주는 비교적 짧은 기간 동안에 특정 국가에 한정해 이루어졌다. 이렇게 보자면 우리 민족은 가장 짧은 시기에 세계에서 가장 많은 디아스포라를 보유하게 된 것이다.

그런데 코리언 디아스포라는 고유한 민족의식과 더불어 20세기 한반도의 역사적 수난에서 그 특수한 성격을 부여받았다. 수천 년 전 고대 국가의 이름을 이어받은 조선은 봉건 왕조국가의 말미에서 시작한 서구화·근대화를 자발적으로 완수하지 못하고, 민족과 국가가 단일한 정치적 공동체로 결합하지 못하는 역사적 좌절을 경험했다. 주지하다시피 코리언 디아스포라는 되돌아갈 수 없는 그 두 번의 역사적 변침(變針)과 그 맥락을 같이 했다. 즉 '망국'과 '식민'이라는 단절과 상실 속에서 탄생하고, '분단'과 '전쟁'으로 인한 상호 적대성과 위협 속에서 고유한 성격이 고착된 것이다. 이러한 코리언 디아스포라의 역사적 특수성은 다음과 같이 정리할 수 있다.

첫째, 코리언 디아스포라의 형성은 일본 제국주의의 지배와 식민지 수탈에서 그 역사적 기원을 찾을 수 있다. 디아스포라에 관한 일반론으로는 이해할 수 없는 특정한 시기에 집중된 주변 3국으로의 이산(離散)은 일제의 식민지 통치라는 외부의 힘이 그 역사적 원천인 것이다. 그러한 점은 코리언 디아스포라의 국적 문제에서 자연스럽게 드러난다. 일제 강점기에 연해주, 만주, 일본 등으로 떠났던 사람들은 한반도의 조선인들과 마찬가지로 식민지 시기 동안 모두 '일본인'으로 간주되었던 이들이다. 그리고 그들은 일본의 패전 이후 각자 살던 지역에 따라 지리적으로 고립되고 국적이 서로 달라졌던 것이다.

〈표〉 코리언 디아스포라의 분포 현황[193]

순위	국가	동포 수	전체 코리언 디아스포라 대비 비율
1	중국	2,573,928	36.70%
2	미국	2,091,432	29.82%
3	일본	892,704	12.73%
4	구소련 국가	487,212	6.95%
인접국	중국 + 일본 + 구소련 국가	3,953,844	56.38%
4대 열강	중국+일본+구소련 국가+미국	6,045,276	86.21%
기타 국가	기타 173개국 재외동포 수	967,216	13.8%
총계	181개국	7,012,492	100%

위의 표에서 보듯이 한민족의 해외 거주 인구는 2013년 현재 700만 여 명에 이르며, 중국, 일본, 구소련 국가들에 거주하는 코리언 디 아스포라는 전체의 약 56%(약 400만 명)를 차지한다. 국가별로 이 주 시기를 살펴보면, "구소련 지역에 거주하는 고려인들은 대부분 1905~1937년 사이에 이루어진 정치적 박해를 피해 이주한 '망명 이 민'과 1937~1938년에 이루어진 중앙아시아로의 '강제 이주'에 그 기원을 두고 있으며, 중국의 조선족은 1910~1931년 사이에 이루어

---

193) 공공데이터포털(data.go.kr) 재외동포 현황. "본 자료는 해외에 주재하는 우리나라 재외공관 (대사관, 총영사관, 분관 또는 출장소)에서 작성한 공관별 재외동포 현황을 취합, 정리(2012 년 12월 기준)한 것으로서 주재국의 인구 관련 통계 자료, 한인회 등 동포 단체 조사 자료, 재 외국민등록부 등 공관 민원 처리기록 직접조사 등을 근거로 산출한 추산치입니다." 그리고 '구소련 국가'의 수치는 카자흐스탄, 키르기스스탄, 우즈베키스탄, 우크라이나, 러시아의 5개 국 동포 숫자를 더한 것이다.

진 약 40만 명의 이주와 1931~1945년 사이에 이루어진 약 100만 명의 이주에 기원을 두고 있다."[194] 이처럼 일제 말기로 갈수록 식민통치는 가혹하여 이주민의 숫자가 급등했는데, 일본은 중일전쟁을 일으킨 뒤 전쟁을 지속적으로 수행하기 위하여 1938년 '국가총동원법'을 제정했다. 그 후 그들은 징용, 징병, 근로보국대, 근로동원, 여자정신대 등을 창설하여 무차별적으로 사람들의 생명과 노동력을 약탈했다. 따라서 코리언 디아스포라의 1차적 원인은 생존의 터전을 잃어버린 사람들이 일제의 탄압을 피해 이주한 결과로 볼 수 있다.

둘째, 코리언 디아스포라는 제2차 세계대전 이후 미소 냉전의 산물인 한반도 분단과도 밀접한 관련을 가지고 있다. 오늘날 코리언 디아스포라의 대다수는 지정학적으로 한반도 분단의 형성과 그 이후 긴장 관계 유지에 직접적으로 관련 있는 국가들에 거주하고 있다. "러시아와 중국은 현재 한반도를 중심으로 맞부딪히는 북방 삼각의 한 축을 각각 구성하고 있으며, 일본과 미국은 또한 남방 삼각의 한 축을 각각 구성"[195]하고 있는 '6자회담'의 주체인 것이다. 위의 표에서 보듯이 이들 국가에 거주하는 해외 한민족은 전체 코리언 디아스포라의 약 88%를 차지할 만큼 압도적이다. 한반도를 둘러싸고 있는 주변의 강대국들은 식민지 통치 과정과 분단의 고착화에 모두 연루되어 있는 당사자이며, 분단 체제의 변화에도 직접적인 영향력을 행사할 수 있는 국가들인 것이다. 패권 국가로서의 면모를 잃지 않기 위해 국가 간 경쟁이 심화될 것으로 예상되는 미래에도 일본, 중국,

---

194) 건국대학교 통일인문학연구단 편, 『코리언의 역사적 트라우마』, 선인, 2012, 24쪽에서 재인용.
195) 건국대학교 통일인문학연구단 편, 『코리언의 분단·통일 의식』, 선인, 2012, 26쪽.

러시아, 미국은 지정학적, 경제적, 군사적 이유로 한반도의 두 체제와 그 주변에서 서로 견제하고 충돌할 수밖에 없는 숙명을 가지고 있다.

물론 한반도가 그 사이에서 평화와 협력의 중심적 역할을 수행할 수도 있지만 이미 남북 협력은 둘만의 문제가 아닌 것이 사실이다. 그래서 한반도 문제에 직간접적으로 영향력을 행사하고 있는 주변 국가에 코리언 디아스포라가 거주하고 있다는 사실은 여전히 적대적 분단이라는 역사적 장애가 그들을 이해할 때 중요한 기준이라는 점을 상기시켜 준다. 시간이 많이 흘렀어도 분단이 남긴 역사적 아픔은 여전히 후대 세대에게 대물림되고 있으며 소통과 교류의 기회를 제한하고 있다. 분단 체제의 지속으로 인해 재일조선인들은 '민단'과 '총련'으로 분할되어 대립하고, 재러 동포들 중에서 사할린 한인과 중앙아시아 고려인의 심리적 거리는 그들을 가로막고 있는 시베리아의 광활한 거리보다 더 떨어져 있다.

(2) 코리언 디아스포라의 존재론적 특성

이처럼 중국, 러시아, 일본에 거주하는 코리언 디아스포라는 단순한 해외 이주민으로 치부되어서는 곤란한 역사적 기원을 가지고 있다. 그래서 1960년대 이후 이주한 미국이나 기타 해외동포를 제외한 코리언 디아스포라는 식민 통치와 분단이라는 '역사적 트라우마'의 살아 있는 유산이라고 할 수 있다. 이러한 두 가지 역사적 배경에 기초했을 때 코리언 디아스포라의 존재론적 특성은 다음과 같이 정리할 수 있다.

첫째, 코리언 디아스포라는 '식민'과 '분단'이라는 한반도 수난의 역사에서 비롯된 '박해·도피형' 디아스포라로서 남북 주민과 함께 역사적 트라우마를 공유하고 있다. 동북아시아에 흩어진 코리언의 민족 이산은 자발적인 이주가 아니라, 정치적 탄압과 토지 및 생산수단의 수탈, 강제 징용 등 일제의 식민지 통치 방식이라는 외부적 요인에 의한 반(半)강제적 이주인 것이다. 지금은 서로 다른 거주국의 사회문화적 환경에 적응하여 언어와 의식, 정서와 생활문화가 상당히 변용되었지만, 코리언 디아스포라는 형성 과정에서 깊은 공유 지점을 갖고 있기 때문에 여전히 민족적 정체성과 유대감이 강한 것이다. 이런 점에서 한반도 문제와 함께 생각해 볼 때 우리는 코리언 디아스포라의 '코리언'+'디아스포라'라는 이중적 특성에 주목해야 한다.

기존에 디아스포라 문제를 다루었던 '탈식민주의'나 '다문화주의'의 관점에서는 한민족으로서 그들이 겪어야 했던 제국주의의 지배와 그것에 대한 저항, 고난과 차별의 역사를 제거했다. '코리언'의 요소를 지우고 '디아스포라'의 혼종성과 잡종성만을 강조하는 것이다. 그런데 그런 시각에서는 제국주의 역사가 망각되고, 역사적 가해자들도 오늘날 일본에서 다시 군국주의의 망령이 되살아나는 것에서 보듯이 그 책임 의식에서 벗어나기 쉬워진다. 다른 한편 기존의 순혈주의적 민족주의 담론에서 코리언 디아스포라를 바라볼 때 우리는 '코리언'으로서의 동일성만을 강조하여 '디아스포라'의 측면을 간과해 왔다. 어느 쪽이나 코리언 디아스포라를 이해하고 그들과 진정한 소통을 이루기엔 부족한 관점인 것이다. "코리언 디아스포라는 '코리언이면서 디아스포라(코리언 & 디아스포라)'이다."[196]

위에서 살펴봤듯이 한민족은 인구 대비 세계에서 가장 많은 디아스포라를 가지고 있으며 이는 일제 식민지 지배라는 국권의 상실과 연관되어 있다. 그래서 코리언 디아스포라는 오늘날의 세계화와 노동 시장의 유연화에 따른 자발적 이주와는 그 성격이 완전히 다른 것이다.[197] 그런 점에서 국내의 연구자들이 '박해'의 의미가 제거된 오늘날 서구의 디아스포라 담론을 그대로 수용하는 것은 학문의 식민지성을 드러내고 있다. 일반적으로 받아들여지고 있는 디아스포라의 형태적 구분은 유대인들의 이주를 특권화시킨 서구 중심주의 시각을 보여주고 있다.[198]

즉, 코헨(Robin Cohen)의 분류를 따르자면 일제 강점기 코리언들의 이주 형태는 '박해·도피형'에 가깝지만, 그는 이주 인구가 전체 인구에 비해 차지하는 비율이 낮다는 이유로 코리언의 이주를 여기에서 제외시켰다. 그런데 당시 한반도의 인구를 약 2500만 명으로 추정하였을 때 이주 인구는 약 250만 명 이상에 달하기 때문에 '바빌론 유수'를 통한 유다의 이산에 버금간다고 볼 수 있다. 또한 코헨은 코리언들이 고국으로 돌아올 수 있는 권리와 노동 조건 등을 '박해·도

---

196) 건국대학교 통일인문학연구단 편, 『민족과 탈민족의 경계를 넘는 코리언』, 선인, 2014, 32쪽.

197) 김성민·박영균, 「분단 극복의 민족적 과제와 코리언 디아스포라」, 『대동철학』, 대동철학회, 제58집, 2012, 46쪽.

198) "코헨은 디아스포라의 유형을 본국을 떠나게 된 동기에 따라 박해·도피형(victim or refugee), 제국·식민형(imperial or colonial), 노동형(labor or service), 상업형(trade or commerce), 그리고 문화적 디아스포라(cultural diapora)로 구분하였다." 임채완·전형권, 『재외한인과 글로벌네트워크』, 한울, 2006, 35쪽(Robin Cohen, *Global Diaspora: An Introduction*, London: UCL Press, 1997, 10-11쪽에서 재인용).

피형'에서 제외시킨 이유로 들고 있는데, 이주한 코리언들의 노동은 대부분 계약에 따른 임노동이 아니라 강제 노동이었다는 점에서 자유롭게 이동할 수 있는 처지가 아니었다. 더불어 해방 이후에도 국제 정세의 변화와 경제적인 이유로 무려 120만여 명이 고국으로 돌아올 수 없었다는 점에서 귀국 권리는 박탈되어 있었다고 볼 수 있다. 예를 들어, 사할린의 경우 러시아는 전쟁 후 일본으로부터 그 지역을 다시 돌려받으면서 노동력을 보존할 목적으로 광산 등지에 거주하던 코리언들이 모국으로 돌아가는 것을 저지했다. 따라서 코리언들의 이주는 수탈로부터의 도피이자 정치적 박해를 피해 활로를 찾으려던 민중들의 몸부림이었으며, 다른 한편으로 거의 강제적인 이산이었다는 점에서 코헨의 디아스포라 분류는 오류를 범하고 있는 것이다.

이처럼 '디아스포라'의 어원에도 담겨 있던 '고난'과 관련된 의미는 유대들인들의 이산이 가진 전유물이 아님에도 불구하고 한국 학계에서 서구 학계의 이론을 반복하여 한민족의 특수성을 인식하지 못하는 것은 학문의 종속성을 드러내는 것이다. "유대인들만을 '박해·도피형'으로 분류하는 것은 서구의 트라우마인 독일 나치에 의한 유대인 학살 이후, '유대인 비판＝반유대주의'라는 도식을 만들어낸 '홀로코스트의 과잉 상징화'에 기인하고 있는 것"[199]이라고 볼 수 있기 때문이다. 따라서 세계사의 보편적 맥락을 인식하면서도 코리언 디아스포라의 특수성을 주체적으로 인식하는 것이 요구된다.

둘째, 중국, 러시아, 일본에 거주하는 코리언 디아스포라는 단순히

199) 건국대학교 통일인문학연구단 편, 『코리언의 역사적 트라우마』, 선인, 2012, 27쪽.

한반도 문제의 방관자나 주변부가 아니라, 함께 고통받아 온 문제인 남북 분단을 극복할 '민족적 주체'일 수밖에 없다. 한반도 긴장 완화와 평화 체제의 구축이 남북만의 문제로 환원되기 어렵다면 코리언 디아스포라를 새롭게 인식하고 그들과 협력하는 것은 이제 선택이 아니라 필수적 요소가 되었다. 코리언 디아스포라의 이러한 역할에 관심을 가지는 통일인문학은 남북 체제 및 국가의 통일만을 협소하게 생각하는 방식을 극복하기 위해 모든 코리언들의 통합을 지향하고 있다. 즉 그동안 한반도 통일과 무관한 것으로 간주되어 온 코리언 디아스포라의 삶과 존재도 사람의 통일에서 중요한 요소가 될 수밖에 없는 것이다. 코리언 디아스포라들이 각자의 환경에서 겪었던 이산의 아픔, 분단의 아픔, 차별의 아픔은 우리 민족 모두가 현대사를 관통해 오며 감당할 수밖에 없었던 문제였다. 그래서 남북의 긴장되고 위축된 관계 속에서 그들만이 할 수 있는 매개적·중재적 역할의 범위를 고려하고 이를 확장하는 것이 점차 중요해질 것이다.

통일을 민족동질성의 회복으로 설정하는 민족주의적 통일 담론, 그리고 통일보다 평화의 가치를 더 중시하는 탈민족주의적 입장에서는 그동안 코리언 디아스포라의 역사적·민족적 정체성에 관심을 기울일 수 없었다. 먼저 민족주의적 입장에서 민족의 동질성은 오랜 역사적 경험을 통해 한민족이 공유해 온 종족적·문화적 공통분모를 가리키며, 이러한 공유 지점이 남북 통일의 당위를 제공하는 밑거름이 된다고 제시한다. 이러한 통일 담론에서 코리언 디아스포라는 당연히 통일 과정의 중심에 들어오지 못하고 그들의 역사적 경험처럼 주변부로 밀려났다. 그들은 여러 지역에 흩어져 살았으므로 한민족이 공유하는 생활양식, 가치관, 언어, 문화 등의 동질성을 상실한 집단으로 여겨지기 때문이다. 이처럼 통일 문제를 오직 남과 북의 문제로만 한정하는 것은 민족동질성이 한반도에만 계승되었고 디아스포라의 삶 속에는 결여되어 있다는 편협한 자기 중심주의적 사고의 산물이다. 이른바 '대한민국 중심주의'가 통일 담론에서 다시 '한반도 중심주의'로 확대 생산되는 것이다.

물론 탈민족주의적 입장에서 바라보는 코리언 디아스포라와 통일의 문제는 더 거리가 멀다고 할 수 있다. 하나의 국민국가 건립을 최종 목표로 하는 기존 통일 개념 자체를 거부하는 그 입장에서는 통일보다 실현 가능한 남북의 평화 공존을 더 우선시한다. 그래서 한국의 탈민족주의적 경향에서는 디아스포라의 혼종적 정체성 또는 그것으로부터의 이탈과 해체라는 디아스포라 연구의 보다 일반적인 주제에 관심을 기울인다. 어느 지역에서나 디아스포라는 국가 정체성과 민족 정체성 어느 한 방향으로 기울지 않고 양자가 교차되고 중첩되는 혼종성을 띤다고 전제하기 때문이다. 따라서 탈민족주의자들은 기존의 종족적·문화적 민족 개념을 거부하고 그것의 해체를 통해 새롭게 평화롭고 평등한 공동체가 마련될 수 있다고 본다. 그들은 "혈연적, 문화적, 언어적 공통분모를 강조하여 해외동포, 외국 거주 한인 공동체를 포괄하려는 것보다는 지리적으로 같은 곳이나 가까운 지역에 사는 사람들을 하나의 공동체로 보고 국적이나 핏줄에 관계없이 그들에게 평등한 권리를 부여하려는 시도가 더 요구된다"[200]

---

200) 권혁범, 『민족주의는 죄악인가』, 생각의나무, 2009, 66쪽.

고 생각하는 것이다. 따라서 "'민족 대 탈민족'의 이분법 안에서는 분단·통일 문제와 코리언 디아스포라를 관련시켜 논의하는 지평이 제대로 마련될 수"[201] 없는 것이다.

통일인문학이 제안하는 새로운 통합의 패러다임은 남북의 서로 다른 체제 및 국가 중심의 통일만을 생각하는 기존 통일 담론의 협소함을 극복하고 코리언 디아스포라도 중요한 통일의 요소라는 점을 강조한다. 그동안 한반도 통일과 무관한 것으로 간주되어 온 코리언 디아스포라도 남북 주민들과 더불어 진정한 통일로 나아가는 과정에서 중요한 역할을 수행할 '민족적 주체'인 것이다. 주지하듯이 코리언 디아스포라들이 각자의 환경에서 겪은 이산의 아픔, 분단의 아픔, 차별의 아픔은 모두 우리 민족이 수난의 현대사를 견뎌오며 공통적으로 감당할 수밖에 없었던 문제였다. 해당 사회에 적응하고 차별에 저항하며 고유한 정체성을 형성해 온 그들의 삶과 고통이 남북에 거주하는 저마다의 아픔들과 서로 연결되어 있다는 깨달음은 새로운 미래를 만들어가는 데 매우 중요한 요소인 것이다. 이른바 '제도의 통일'이 간과하고 있는 지점을 극복하기 위해 필요한 '사람의 통일'은 모든 코리언의 진정한 통합을 지향한다.

코리언 디아스포라는 단순한 해외 이주민이 아니라 일제 식민지와 분단 체제라는 역사적 경험을 남북 주민과 더불어 공유하고 있는 존재다. 일제 식민지 지배의 역사는 그들에게 이산의 고통을 주었으며, 분단으로 인한 남북의 상호 적대성은 중국·일본 등의 코리언 디아

---

201) 건국대학교 통일인문학연구단 편, 『코리언의 분단·통일 의식』, 선인, 2012, 20쪽.

통일인문학

스포라에게 분단 체제의 폭력성을 각인시켰다. 하지만 이러한 역사적 수난을 통해 그들은 오히려 분단을 극복하는 과제에서 그들만이 할 수 있는 역할과 통일의 방향성을 제공할 수 있다. "코리언 디아스포라의 문화적 자산은 해외 지역에서 전혀 다른 이질적 문화나 관습들과 접촉하면서 부딪히는 내면적 갈등을 보여줄 뿐만 아니라, 새로운 문화와 융합하면서 창조적 역동성도 보여주기 때문에 통일한반도의 새로운 공동체를 모색하는 데 귀중한 자원이 될 수 있는 것이다."[202]

또한 그들은 남북의 적대성이 직접적으로 작동하는 곳을 벗어난 제3국에 거주하면서 외부자의 입장에서 남북을 볼 수 있기 때문에 비교적 중립적인 위치에서 남북 사람들을 중재하고 매개할 수 있다. 디아스포라 특유의 '문화적 다양성'을 통해 교류 및 소통을 매개하며 '민족공통성' 형성을 위한 풍부한 자원을 제공할 수 있기 때문이다. 나아가 코리언 디아스포라는 동북아시아의 평화 공존을 위해서도 중요한 역할을 수행할 수 있다. 그들은 한민족이면서도 미국, 중국, 일본, 러시아의 문화적 접촉을 통해 나름의 사상적 · 문화적 변용을 만들어냈기 때문에 '분단 극복'과 '동아시아의 평화와 공존'이라는 두 가치를 연결하면서, 통일을 한반도에만 한정된 문제가 아닌 동아시아 각국의 소통과 연대를 향한 과제로 만드는 데 기여할 수 있는 것이다. 이런 점을 인식할 때 미래의 통일한반도는 디아스포라가 지닌 이중정체성을 포용하면서 단일 민족국가의 폐쇄성을 극복할 '정치적 상상력'을 발휘할 수 있을 것이다.

---

202) 같은 책, 29쪽.

3장

통일인문학의 의의:
인문학으로 분단의 장벽을 넘다

1 한반도에서 인문학자로 산다는 것

분단과 통일의 문제를 인문학적으로 살펴본다는 것은 어떤 의미이며 그것은 이 땅에서 살아가는 인문학자에게 왜 필요한 것일까? 그것을 구체적으로 살펴보기 전에 먼저 '인문학'이 무엇을 의미하는지 살펴보자. 일반적으로 인문학은 '인간에 관한 학문'으로 이해되지만 그 인간이라는 존재는 보편성의 지평에 서 있는 것이면서도 동시에 언제나 특정한 사회적·역사적 맥락 속에서 살아가고 있는 주체적이고 자율적인 존재를 가리킨다. 인문학의 어원을 간략히 살펴보면, 영어의 humanities는 라틴어 '후마니타스(humanitas)'에서 기원한 휴머니즘(humanism)에서 파생된 말이다. 그런데 이 후마니타스가 뜻하는 것은 "인간의 가치나 인간다움 또는 인간적인 교양을 갖춘 존재"[203]이다. 즉 인문학이 추구하는 가치는 이미 주어진 것으로서의 생물학적인 본성이 아니라 사회적으로 형성되고 교육되어야 할 인간적인 가치와 인간다움에 있다. 이러한 측면은 인문학을 의미하는 라틴어 '스투디아 후마니타스(studia humanitas)'의 어원이 된 고대 그리스어 '파이데이아(paideia)'에서도 살펴볼 수 있다. 이 말은 '어린이(pais, paides)의 양육', 즉 참된 인간이 되기 위해 받아야 할 지적·도덕적 교육 또는 이런 교육을 통해서 형성된 인간의 교양을 의미한다.

따라서 인문학은 그 어원에서부터 어떤 불변의 진리가 아니라, 특정한 시대와 공간적 배경에 따라 변화 가능한 진리를 추구하는 학문이라는 점을 알 수 있다. 즉, 인문학은 하나의 고정된 의미 체계를 가지고 있는 것이 아니라 사회적·역사적으로 가변적인 의미 체계를 가지는 것이다. 그렇다면 오늘날 우리가 말하는 인문학의 정신은 무엇보다 현대 사회를 형성시켜 온 현대성(modernity)의 맥락 속에서 파악되어야 한다. 중세의 신성(Divinitas)에 대립하여 발전해 온 인간의 이성은 참다운 인간의 본질을 구성하는 것이었는데, 주지하다시피 '르네상스'가 지향했던 휴머니즘도 이러한 인간성에 대한 재발견이었다. 인간의 인격적 자유와 생각을 통한 해방을 추구하는 과정, 즉 '후마니타스'를 전복적으로 주체화하는 과정 속에서 근대적 인간이 탄생했던 것이다.

이러한 근대의 인문 정신은 '생각하는 자유'를 누리는 주체를 능

---

203) 건국대학교 통일인문학연구단 편,『인문학자의 통일사유』, 선인, 2010, 15쪽.

동적인 행위자이자 창조자로 바꾸어놓았다. 이 주체의 변혁을 잘 보여주는 것은 데카르트의 명제, '나는 생각한다. 그러므로 존재한다 (Cogito ergo sum)'인데, 후대의 칸트는 이 생각하는 인간의 가치를 인간이라는 종이 항상적으로 가지는 인식 작용의 특성으로 규정했다. 헤겔은 비판적인 자기 성찰 능력을 규정한 칸트의 이러한 인식 주체로서의 '인간'을 더욱 발전시켜 사회역사적인 주체로서의 인간을 강조했다. 이런 점을 참고하자면 현대의 인문학이란 "인간다움, 인간성을 형성하는 사유함, 이성의 자기 비판적인 의식 활동일 뿐만 아니라 역사를 창조해 가는 인간 자신의 비판적이고 실천적인 학문 활동"[204]이라고 잠정적으로 정리할 수 있다.

이러한 인문학의 의미를 되새겨보면 한반도에서 살아가는 인문학자는 무엇보다 우리의 사회·역사적 맥락 속에서 자신의 역할을 생각해 볼 필요가 있다. 한민족이 겪어왔던 과거의 삶과 지향해야 할 미래의 가치는 모두 그들이 디디고 서 있는 사회·역사적 문맥 속에서 사유되어야 하는 것이다. 물론 과거와 미래를 연결하는 현재의 배경도 이미 결정되어 있는 것이 아니다. 오늘날 여러 현실적 문제와 모순의 근원이 어디에 있는가를 탐구하는 것은 인간이 추구하는 자유로운 사유 속에서 보다 비판적이고 실천적으로 사유되어야 할 인문학의 주요한 과제인 것이다. 그렇다면 분단과 통일의 문제는 이 땅에서 인문학의 기본 정신이 마땅히 탐구해야 할 대상이자 우리가 살아가고 있는 삶의 기본 조건이자, 사유하는 지성의 배경이 된다. 자

---

204) 같은 책, 18쪽.

신이 태어났고 살아가고 있는 '지금, 여기'의 근원적인 문제를 외면하고서 참된 인문학이 성립되기 어려운 것이다. 물론 한반도의 상호적대적인 분단 상황은 남북의 서로 다른 차이를 있는 그대로 인식하기 어렵게 만들었다. '광복 70년, 분단 70년'을 맞이한 오늘날 우리민족의 역사적 질곡인 분단을 극복하고 통일로 나아가려는 과제는 이 땅의 참된 인문학자라면 마땅히 피할 수 없는 문제이다. 무엇보다 인문정신은 자율적으로 생각할 수 있는 자유로운 정신이면서 동시에 스스로를 반성할 수 있는 자기 성찰적인 정신이기 때문이다.

그렇다면 남북 분단이 낳은 문제를 고민하며 통일을 지향할 때 인문적 사유는 통일의 당위성을 어떻게 이해해야 할까. 무엇보다 통일은 남북 주민이 영위하는 삶의 질을 향상시키기 위해 필요한 것이지 통일 자체가 목적이라고 말하기는 어렵다. 통일이 필요하고 중요한 것은 "분단 상황이 남북 주민의 '인간다운 삶'을 구조적으로 위협하기 때문"[205]이기 때문이다. 그래서 우리가 왜 통일을 해야 하느냐의 문제는 이 불안정하고 평화롭지 못한 상태를 벗어나 보다 건강하고 합리적인 사회, 지금과는 다른 세상을 만들어갈 의지가 있느냐의 문제와 연결된다. 보다 행복하고 인간적인 삶이 무엇이며 그것에 다가가기 위해 우리의 당면한 이 역사적 · 현실적 질곡을 어떻게 극복해나갈 것인지에 대한 고민 속에서 통일은 비로소 우리의 간절한 염원이자 과제인 것이다.

물론 민족사적인 당위성이나 현재의 기준에서 추산할 수 있는 통

---

205) 건국대학교 통일인문학연구단 편, 『통일에 대한 인문학적 패러다임』, 선인, 2011, 62쪽.

일의 실용주의적 효과에 대해서도 고려해야 한다. 그런데 자원과 노동력 활용 등 국력 신장을 기대할 수 있는 통일이 가져다줄 이익과 경제적 가치만을 염두에 두는 것은 근시안적인 태도에 불과하다. 통일 이후에 남북의 주민들이 부담해야 할 여러 유무형적 비용과 부담도 만만치 않기 때문이다. 나와 너가 맺을 수 있는 '관계'의 질에 대한 고민은 결여된 채 너와 내가 서로 주고받을 '이익'의 양에만 관심이 있는 곳에서 민족의 특수성과 역사성은 망각되고, 통일을 향한 사람들의 열망은 부정된다. 통일은 시장 원리에 따라 이루어지는 교환이나 거래처럼 흥정될 문제가 아니다. 그러한 통일에는 사람들의 삶과 그들이 만들어갈 미래의 공동체와 바람직한 사회라는 호혜적 모색이 빠져 있기 때문이다.

이러한 경제 중심 통일 담론이 지배적인 통일 담론이 되면 사람들은 통일로 나아가기 위한 대화와 협력에 관심을 기울이지 못하고 통일의 '대차대조표'를 짜는 데만 몰두하게 된다. 통일에 대한 극단적인 입장이면서도 가장 널리 받아들여지는 경제주의적 입장, 즉 경제적 이익이 있으면 통일을 지지하고, 없으면 통일을 반대하겠다는 생각은 이러한 현상을 잘 보여준다. 그런데 통일 비용에 주목하는 경제주의적 관점은 분단을 더욱 고착화시키고 통일에 대해 회의적인 또 다른 형태의 분단 이데올로기로 작용할 수도 있다는 점에서도 우려스러운 것이 사실이다. 이러한 현실에서 통일인문학은 분단 트라우마와 그 치유에 대한 연구를 통해 너와 나의 고통에 대한 감수성을 일깨울 수 있다. 또한 통일인문학의 이러한 학술 활동이 널리 공감대를 얻어 사회적 저변의 확산으로 이어진다면, 미래의 주역인 젊은 세대들이 통일과 평화에 대한 열망을 키워나갈 수 있다는 실천적 가치를 지니게 된다.

그런 점에서 통일이 가져다줄 수 있는 기회와 인문적 가치의 측면에 주목할 때, 통일은 비로소 '삶-사회-세계의 평화와 공영'이라는 보다 원대한 지평과 만날 수 있다. 남북의 주민들과 코리언 디아스포라가 더 가혹해질지 모르는 21세기 삶의 조건 속에서 보다 평화롭고 자유로우며 평등하게 서로 협력하며 살아가기 위해 필요한 통일은 동아시아의 평화와 세계 평화에 기여하는 한반도의 통일과 떨어져 있지 않다. 결국 통일은 코리언의 공동체성을 새롭게 모색하는 과정이면서, 동시에 각자가 만나고 있는 이웃, 자연, 세계와 협력하고 공존하여 지속 가능한 평화적 관계를 만들 수 있는 능력을 함양하는 과정과 결부되어 있다.

2 통일인문학의 학문적 기여

통일인문학은 '사람의 통일'이라는 통일 패러다임의 전환과 '소통 · 치유 · 통합'라는 구체적인 대안 패러다임의 제시를 통해 통일 문제에 대한 확장된 인문적 비전뿐만 아니라 여러 실천적 의의도 지니고 있다. 우선 통일인문학은 남북 주민들 간의 다각적인 민간 교류를 통한 민족적 사회 통합에 기여할 수 있다. 남과 북이 서로 소통함으로써 통합적인 새로운 민족공동체를 창출하는 과제는 일회적 사건으로 이루어질 수 없으며, 서로 다른 생각을 가진 사람들이 교류하고 소통하는 지난한 과정을 요구한다. 통일인문학은 통일의 추상적 당위성을 넘어 남북 주민의 적극적인 교류와 협력과 관련한 다양한 프로그램과 방법론을 통해 남북의 사회문화적 통합에 기여할 수 있을 것이다.

또한 통일인문학은 분단으로 인한 상처와 불구화되고 왜곡된 인식을 극복하는 데 기여할 수 있다. 통일은 단지 갈라진 국가를 합치는 데만 있지 않고, 두 국가에 사는 사람들의 몸과 마음에 새겨진 배타성과 적대성을 치유할 때에야 비로소 가능해질 수 있다. 분단 트라우마는 '남북의 적대성'이 작동하는 사회심리적 토양을 제공할 뿐만 아니라 '남남의 갈등'의 또 다른 원인이 되고 있다. 따라서 통일인문학은 다양한 교육 활동과 치유 프로그램을 수행하여 분단의 상처와 이념적 적대를 극복하는 데 기여할 수 있다.

한편 통일인문학은 통일의 또 다른 주체로서 코리언 디아스포라와의 연대와 교류를 확산하는 데 기여할 수 있다. 코리언 디아스포라와의 연대와 교류는 남과 북을 넘어 전 세계에 흩어져 살고 있는 한민족의 합력에 기반을 둔 통일한반도의 미래상을 보다 풍부하게 만들 수 있는 계기이다. 통일인문학은 각국에 거주하는 코리언 디아스포라와 남북의 가치-정서-생활문화의 차이와 공통성에 관한 풍부한 연구를 수행함으로써 코리언들의 연대와 접속, 접합의 지점을 발견하는 데 기여할 것이다.

이러한 과제의 수행을 통해 통일인문학은 인문학적 토양을 바탕으로 체제와 제도의 통일이 포괄하지 못하는 사람의 통일을 전인적으로 이루어나가는 것을 목표로 삼는다. 즉 사람의 머리에 각인된 사상적인 측면, 가슴에 쌓인 감성과 정서의 측면, 손과 발에 체화된 생활과 문화의 측면이 어우러져 한 사람을 이루듯이 코리언의 통일도 '함께 어울려 살아갈 사람들의 통일'로서 유기체적 결합을 시도해야 하는 것이다. 이제 통일인문학은 진정한 분단 극복과 통일의 길이 고양된 인간 삶, 그리고 성숙한 사회로의 발전과 그 궤를 같이하고 있다고 보고 '인문학'의 통섭적인 연구를 통해 그것이 가능하다는 것을 열어보이고자 한다.

끝으로 이러한 통일인문학은 코리언의 통일에 대한 새로운 연구를 통해 다양한 분야와 관점에서 학문적 기여를 가질 수 있다. 한국인문학의 세계화, 온전한 한국학의 정립, 노마드 시대에 적합한 민족 정체성 개념의 정립, 인문학의 현장성과 생산성 강화, 여러 분과 학문들의 공통적 시각과 방법론 창출 등을 거론할 수 있다. 여기서는 통일인문학의 학문적 의의에 대해 아래 몇 가지로 정리해 볼 것이다.

첫째, 통일인문학은 온전한 한국학을 정립하는 데 중요한 역할을 할 수 있다. 통일인문학은 통일의 민족적 주체를 남북으로만 국한하지 않고 전 세계에 흩어진 코리언 모두를 포괄함으로써, 남과 북의 주민 그리고 코리언 디아스포라의 민족적 합력에 의해 이루어지는 통일을 모색한다. 이런 점에서 통일인문학은 남과 북 그리고 코리언 디아스포라의 학문적 자산을 바탕으로 '온전한 한국학', 즉 통합 한국학의 성격을 지닌다. 통일인문학은 남북은 물론 코리언 디아스포라의 인문학적 자산도 포함하는 폭넓은 '한국학'을 지향하는 것이다.

그동안 한국학은 주로 한국의 정치, 경제, 문학, 역사학에 한정되어 있는 반쪽 한국학에 머물러 있었으며, 또한 해외의 여러 지역에 거주하는 코리언들의 다양한 역사적 경험과 학문적 자산을 포괄하지 못하였다. 그동안 한국학은 분단 상황 속에서 한국 체제가 용인할 수 있는 문학, 역사, 철학을 중심으로 자신의 학문적 경계를 규정했던 것이다. 분단 이후 남과 북 그리고 해외 코리언들은 각자의 학문 체계를 구축하여 왔다고 할 수 있다. 예컨대 남은 '한국학'이라는 이름으로, 북은 '조선학'이라는 이름으로, 이산된 코리언들은 '코리언 디아스포라학'이라는 이름으로 자신들의 학문들을 개별적으로 발전시켜 왔다. 하지만 온전한 한국학이 되기 위해서는 그 연구 대상이 한국 지역의 문화적 자산에 그치지 않고 북한 학계의 연구 성과도 포함하는 '한반도학'의 위상을 지녀야 한다. "북한의 '조선학'을 배제한 한국학은 온전한 한국학이라 할 수" 없는 것이다.[206]

또한 통일인문학은 한국학의 발전과 성숙을 위해 주체적 요소를 적극적으로 모색하는 담론을 지향한다. 분단 체제의 극복과 사람 중심의 통일을 이루기 위해서는 흔히 보편적인 것으로 받아들여지는 서구의 근대적 가치 및 제도를 그 중심에 놓아서는 해결하기 어려운 한국의 특수한 역사와 현실에 대한 성찰이 요구되기 때문이다. 그런 점에서 통일인문학은 동양적인 가치와 문화를 우연적이고 특수한 것으로 만드는 서구의 오리엔탈리즘적 시각을 극복하여 한반도 문제와 코리언을 연구하는 관점을 요청한다. 더불어 오리엔탈리즘의 정반대 방향에서 서구적 가치의 성과를 부정하고 폄하할 수 있는 옥시덴탈리즘적 시각도 통일인문학은 거부한다. 편견에 사로잡혀 극단

---

206) 건국대학교 통일인문학연구단 편, 『소통, 치유, 통합의 통일인문학』, 선인, 2009, 23쪽.

적인 입장에서 연구되는 한국학은 주체적인 발전을 모색하기 어렵기 때문이다.

한편 통일인문학은 코리언 디아스포라의 역사적 경험과 문화적 변화를 귀중한 자산으로 삼아서 새로운 한국학의 지형도를 그려보고자 한다. 또한 통일인문학은 남북한과 코리언 디아스포라의 인문학 연구가 보여주는 관점과 정체성의 차이를 인식하고 상호 소통을 지향한다. 이러한 통일인문학의 방향성은 온전한 한국학의 성립과 연관되어 있기도 하지만, 오늘날 탈국가적 세계화 경향과 유목주의적 문화 변동에서 제기될 수 있는 차이와 소통, 인정과 연대의 문제에 보다 구체적인 지침을 제시하는 데 기여할 수도 있을 것이다.

20세기 식민지와 분단의 경험은 민족사 발전에 커다란 장애 요인이었지만, 온전한 한국학을 제시할 수 있는 역사적 자산이기도 했다. 단일 체제 속에서는 얻을 수 없는 학문의 다양성은, 그런 차이들을 통해서 한국학에 풍요로움을 제공하고 세계화에 부응하는 보편적 가치를 가진 학문의 생성적 힘을 제공해 주기 때문이다. 따라서 통일인문학은 남북한과 코리언 디아스포라의 역사적 경험과 인문학적 자산을 바탕으로 차이의 인정과 상호 소통, 그리고 통합을 지향한다. 그리고 이런 점에서 통일인문학은 한국의 한국학, 북한의 조선학, 그리고 해외 코리언들의 인문학을 포함하는 새로운 '통합 한국학'의 길을 열어놓았다고 할 수 있다.

둘째, 통일인문학은 '북한학'을 넘어 '통일학'의 정립에도 기여할 수 있다. 분단 체제는 남과 북이라는 상이한 두 국가 체제의 분열뿐만 아니라 그 안에 살고 있는 남북 주민의 분열도 생산했다. 이렇게 볼 때 남북의 통일은 70년에 걸친 분단의 세월이 우리들에게 남긴 상처와 아픔을 지속적으로 치유하는 과정과, 그러한 과정을 통해 남북의 민족적 통합을 포함하는 '사람의 통일'을 필요로 한다. 통일인문학은 '사람의 통일'을 사유하기 때문에 북을 지역학적 연구 대상으로 삼는 '북한학'이 아니라, 남북의 평화로운 협력과 소통의 모색을 통한 사람의 통일이라는 '통일학'을 지향한다.[207]

현재 한국에서의 통일 연구는 사회과학 위주의 '북한학' 연구가 주류라고 할 수 있다. 북한학은 북한 지역을 대상으로 하는 지역학적 특징과 더불어 북한 사회주의라는 특수한 사례를 분석하는 데 집중되어 있다. 게다가 그것도 주로 정치 · 경제 · 안보 등의 사회과학 분야에 치중되어 있다. 그러나 통일 문제를 제도의 통일만이 아니라 더 나아가 사람의 통일이라는 관점에서 본다면 북한학의 연구 방법은 매우 빈약하다고 할 수 있다.

통일인문학은 현재까지 북한학이 다루지 못했던 지점을 발견하고 이를 극복하기 위한 방법론을 마련해 왔다. 여기에는 남과 북의 진정한 통일은 더 심층적인 차원에서의 통일, 다시 말해 두 지역에 거주하는 주민들의 분단을 극복하자는 문제의식이 전제되어 있다. 바로 이런 점에서 통일인문학이 지향하는 '통일학'은 지역학적 북한학의 협소함을 극복하고 북만이 아니라 남쪽과 북쪽에 존재하는 가치 · 정서 · 문화들을 비교 · 연구하는 새로운 차원을 열어놓고 있다.

---

207) 북한학을 넘어선 통일학의 의미 및 그것의 구체적인 대상과 방법론에 대해서는 김성민 · 박영균, 「통일학의 정초를 위한 인문적 비판과 성찰」, 『통일인문학』 제56집, 건국대학교 통일인문학연구단, 2013, 참조.

셋째, 통일인문학은 인문학의 학제적·통섭적 연구의 활성화에 기여한다. 사회과학 영역에서는 주로 통일을 거시적인 정치·경제적인 관점에서 바라보는 '체제 통일'이었다. 하지만 가치·정서·문화적 관점에서 보는 '사람의 통일'에 주목한다면, 그것은 근본적으로 인간다움의 의미와 가치를 사유하는 인문학의 지반 위에 설 수밖에 없다. 왜냐하면 인문학은 '지인(知人)의 학', 곧 사람에 관한, 사람에 대한 학문이기 때문이다. 하지만 '인간다움의 가치와 의미'만을 강조하다 보면 역으로 인문학은 '현실성'이 결여된 '추상적 학문', '실천성'이 결여된 '정전화'로 빠져들 가능성도 가지고 있다. 그런데도 근대적인 분과 학문 체계는 인문과학과 사회과학 사이의 독자적인 연구 전통을 만들면서 상호 대립을 생산해 왔다.

하지만 통일 연구는 남북의 분단 현실에서 출발하며 그것을 극복하고자 하는, 매우 '현실'적이면서도 '실천'적인 작업이라고 할 수 있다. 따라서 제대로 된 통일학이 형성되기 위해서는 사회과학을 포함한 통섭적 학문으로 발전해야 한다. 인간은 특정한 사회의 제도와 체제 속에서 살아가지만, 아울러 그것들은 인간에 내면화된 가치와 정서, 문화들을 통해서 작동한다. 이런 점에서 통일인문학은 '분단'과 '통일'이라는 실천적 과제를 중심으로 문학·역사학·철학의 유기적 연관뿐만 아니라 제도와 체제의 문제들을 다루는 사회과학과의 협동 연구를 활성화한다는 점에서 매우 중요한 학문적 의미를 가지고 있다.

게다가 남북 분단과 통일의 문제는 동아시아를 중심으로 형성되는 국제 관계 및 종족적이면서 국가적인 문제들과 뒤엉켜 있다. 따라서 분단과 통일의 문제는 정서와 생활문화뿐만 아니라 정치 · 경제 체제도 포함하는 한편, 일국적 차원이 아니라 세계사적, 혹은 동아시아적 맥락에서 이해되어야 한다. 이런 점에서 통일인문학은 동아시아의 학문적 소통과 교류에서도 커다란 기여를 할 것으로 기대된다.

3 통일인문학의 실천적 의의

첫째, 통일인문학은 향후 통일한반도에서 함께 살아갈 서로 다른 구성원들의 민족적 합력 창출에 기여할 수 있다. 앞서 살펴봤듯이 통일인문학이 제시하는 '소통'은 나와 다른 타자의 타자성을 전제하며 남과 북이 진정한 통합을 위해 새로운 규칙을 만들어가는 '창조적 활동'이다. 남과 북을 중심으로 코리언 디아스포라까지 포괄하는 통일에 대한 인문적 비전은 민족적 합력을 창출하려는 노력을 통해 '미래의 고향'으로서 한민족이 함께 만들어갈 통일한반도를 지향하는 것이다. 이 새로운 통일한반도에서 남과 북 그리고 재외동포들은 서로에 대해 이질적인 존재나 배제되어야 할 요소를 가진 타자로서가 아니라, 나름의 환경 속에서 변용을 수행해 온 민족의 다양한 '차이'로서 존재한다. 그리고 그 모든 차이들을 통일한반도를 창출해 가는 생성적 힘으로 간주한다.

그런데 그러한 생성적 힘은 타자의 타자성이 교환되며 서로에 대해 가르치고 배우는 관계 속에서 나올 수 있다. 한쪽에서는 일방적으로 말하고 다른 한쪽에서는 수동적으로 듣기만 하는 관계의 편리함을 거부하고 서로의 이질성을 적극적으로 이해하려는 비대칭적 소통이 중요한 것이다. 따라서 남과 북, 재외동포들이 가지고 있는 '차이'는 변질되어 제거되어야 할 이질적 요소가 아니라 통일한반도의 든든한 기초가 될 민족공통성 창출의 기초로서 간주되어야 한다. 민족이 감당해야 했던 질곡의 현대사를 기억하고 있는 그 크고 작은 차이들은 향후 새롭게 만들어질 통일한반도의 가치, 정서, 문화에 포함될 요소로 무시되어서는 안 된다. 무엇인가 생성하는 힘은 서로를 북돋아주고 기쁘게 해주는 관계에서 발현될 수 있기 때문이다.

둘째, 통일인문학은 식민 지배의 상처를 치유하고 동아시아의 평화를 구축하는 데 중요한 역할을 할 수 있다. 한반도의 분단은 그 발생 조건이나 진행 과정에서 세계사의 흐름이나 외세의 개입과 밀접한 관련을 가지고 있으며, 현재 동북아에 영향력을 행사하고 있는 국가들 중 그 어디도 분단 체제를 지속시켰던 문제에서 자유로울 수 없기 때문이다. 그 결과 현재 여전히 한반도는 한·미·일의 남방 삼각과 북·중·러의 북방 삼각이 충돌하고 서로의 이해관계에 따라 다시 이합집산하는 혼란스럽고 긴장된 지대의 중심에 있다. 이런 점에서 한반도 통일은 코리언만의 문제가 아니라 동북아가 경험한 20세기 제국주의의 침략과 식민의 상처를 극복하는 평화의 시대를 여는 구심점이 될 수 있다. 부국강병을 위한 통일론이 아니라 분단 극복을 위한 인문적이고 문화적 가치의 창출, 즉 상생과 소통의 통일을 목표로 한다는 점에서 통일인문학은 동북아의 갈등과 대립을 감소시키고 새로운 교류와 협력의 밑거름이 될 수 있기 때문이다. 따라서 통일인문학은 동북아시아 국가들의 역사적이며 현실적인 갈등을 극복하는 평화적 지평을 마련하는 데 중요한 역할을 수행할 수 있다.

셋째, 통일인문학은 분단의 상처를 치유하고 남북 적대성을 완화하는 데 기여할 수 있다. 분단 이후 체제를 달리하면서 발생한 반통일의 정서, 북측의 반미·반한국 정서, 한국전쟁으로 야기된 적대감정, 경제적 격차에서 나온 괴리감, 이산가족의 상처 등은 고스란히 분단의 상처로 민족 개개인의 마음에 남아 있다. 그리고 우리 사회 내부에 집단적으로 내면화되고 각인된 반인문적 생활문화도 뿌리가 깊다. 통일인문학은 분단에 뿌리를 둔 상처와 적대 그리고 반인문적 삶의 방식을 병증의 차원에서 인식한다는 점에서 치유라는 표현을 의식적으로 강조한다. 지금까지 통일인문학은 치유와 통합을 위한 각종 연구 활동 및 교육 활동 그리고 남북 교류 협력 프로그램을 수행하여 분단의 상처와 이념적 적대를 극복하기 위해 노력하고 있다. 이처럼 통일인문학은 다양한 실천적 방안을 모색함으로써 분단의 상처와 이념적 적대를 극복하는 데 기여할 수 있다.

넷째, 통일인문학은 다문화·다인종 사회로 진입하고 있는 한국 사회의 새로운 공동체성을 강화하는 데 기여할 수 있다. 최근 결혼 이민자와 이주 노동자가 증가하면서 우리 사회의 인종적, 문화적 다양성이 증가하고 있다. 그런데 외국인 이주민에 대해 한국 사회가 갖고 있는 문화적, 인종적인 선입견과 편견이 최근 큰 문제로 대두되고 있다. 통일인문학은 민족 정체성에 대한 새로운 인식을 통해 오늘날의 다문화적 상황에서 배타적 민족주의를 경계하고 우리 사회 내 다양한 인종들의 문화를 인정하고 존중하면서 공존하는 데 중요한 역할을 수행할 것이다.

다섯째, 통일인문학은 남북 주민의 민주적 역량 강화에도 기여할 수 있을 것이다. 통일인문학이 지향하는 통일은 한반도를 중심으로 한 코리언의 새로운 정치공동체의 핵심 요소로 시민의 참여를 요청하기 때문이다. 남북 주민들의 삶의 개선을 위한 통일이 되기 위해서는 그들이 주체로 나서 그들의 의사를 반영할 수 있는 방식으로 새로운 질서가 만들어지고 통일의 과정이 이루어져야 한다. 분단의 과정과 지속에서는 정부 차원의 성명이나 입장 발표가 핵심을 이루었지만, 내실 있는 통일의 과정이 되기 위해서는 코리언 전체의 의사가 반영되고 동의를 얻어내는 절차가 무엇보다 중요하기 때문이다. 이런 점에서 통일인문학이 구상하는 통일은 "새로운 정치공동체에 참여할 시민들이 민주적 자기 입법의 주체가 되어 그들의 의지로 새로운 질서를 만드는 과정이라고 할 수 있다."[208] 이처럼 통일인문학은 남북 주민뿐만 아니라 코리언 디아스포라의 다각적인 민간 교류와 상호 이해 및 소통의 확산, 연대의 확대를 모색하기 때문에 필연적으로 서로 다른 상황에서 판이한 생각을 가진 사람들이 합의하고 공존하는 과정에 관심을 갖기 때문에 코리언의 민주 정치에 대한 감수성과 정치적 참여 의식을 강화한다고 할 수 있다.

여섯째, 통일인문학은 동북아의 내적 갈등을 극복하는 정신문화적 가치 지평을 모색하고 전망하는 데 중요한 단초를 제공할 수 있다. 분단 현실은 그 발생 조건이나 진행 과정에서 외세가 개입되어 있으며 현재 '한-미-일 대 북-중-러'라는 북방 삼각과 남방 삼각이 충돌

---

208) 건국대학교 통일인문학연구단 편, 『소통, 치유 통합의 통일인문학』, 선인, 2009, 26쪽.

하고 있는 지점이기도 하다. 그런 점에서 한반도 통일은 남북의 문제만이 아니라 동북아가 경험한 20세기 침략주의를 극복하는 평화의 구심점이다. 따라서 분단 극복을 위한 정신문화적 가치 창출을 목표로 하는 통일인문학은 부국강병적 통일론이 아닌 연대와 소통의 통일론을 강조한다는 점에서 동북아의 내적 갈등과 혼란을 극복하는 정신문화적 가치 지평을 여는 데 기여할 수 있다.

참고문헌

한글 저서

가라타니 고진 지음, 송태욱 옮김, 『탐구1』, 새물결, 1998.

가라타니 고진 지음, 조영일 옮김, 『세계공화국으로』, 도서출판 b, 2007.

강만길, 『21세기사의 서론을 어떻게 쓸 것인가』, 삼인, 1999.

강만길, 『분단시대의 역사인식』, 창비, 1978.

건국대학교 통일인문학연구단 편, 『민족과 탈민족의 경계를 넘는 코리언』, 선인, 2014.

건국대학교 통일인문학연구단 편, 『소통 · 치유 · 통합의 통일인문학』, 선인, 2009.

건국대학교 통일인문학연구단 편, 『인문학자의 통일사유』, 선인, 2010.

건국대학교 통일인문학연구단 편, 『코리언의 민족정체성』, 선인, 2012.

건국대학교 통일인문학연구단 편, 『코리언의 분단 · 통일 의식』, 선인, 2012.

건국대학교 통일인문학연구단 편, 『코리언의 역사적 트라우마』, 선인, 2012.

건국대학교 통일인문학연구단 편, 『통일에 대한 인문학적 패러다임』, 선인, 2011.

권혁범, 『민족주의는 죄악인가?』, 생각의 나무, 2009.

권혁범, 『민족주의와 발전의 환상』, 솔, 2000.

김광억 외 지음, 『종족과 민족』, 아카넷, 2005.

김일성, 『김일성 저작집』 28권, 조선로동당출판사, 1984.

김일성,『김일성 저작집』44권, 조선로동당출판사, 1996.

김정인,『우리 안의 보편성』, 한울, 2006.

도미니크 라카프라 지음, 육영수 편역,『치유의 역사학으로』, 푸른역사, 2008.

루트비히 비트겐슈타인 지음, 이영철 옮김,『철학적 탐구』, 책세상, 2006.

류보선,『한국 근대문학과 민족-국가 담론』, 소명출판사, 2005.

미셸 푸코 지음, 김부용 옮김,『광기의 역사』, 인간사랑, 1991.

민경우,『민족주의 그리고 우리들의 대한민국』, 시대의창, 2007.

박노자,『당신들의 대한민국』, 한겨레신문사, 2001.

백낙청,『민족문학의 새 단계』, 창비, 1990.

백낙청,『어디가 중도며 어째서 변혁인가』, 창비, 2009.

백낙청,『한반도식 통일, 현재진행형』, 창비, 2006.

베네딕트 앤더슨 지음, 윤형숙 옮김,『상상의 공동체: 민족주의의 기원과 전파에 대한 성찰』, 나남출판, 2007.

서경식 지음, 권혁태 옮김,『언어의 감옥에서: 어느 재일조선인의 초상』, 돌베개, 2011.

서경식 지음, 임성모 · 이규수 옮김,『난민과 국민 사이』, 돌베개, 2006.

서경식 · 김혜신,『디아스포라 기행 – 추방당한 자의 시선』, 돌베개, 2006.

서중석,『배반당한 한국민족주의』, 성균관대학교출판부, 2004.

송두율,『경계인의 사색』, 한겨레신문사, 2002.

송두율,『미완의 귀향과 그 이후』, 후마니타스, 2007.

송두율,『민족은 사라지지 않는다』, 한겨레신문사, 2000.

송두율,『역사는 끝났는가』, 당대, 1995.

송두율,『전환기의 세계와 민족지성』, 한길사.

송두율,『통일의 논리를 찾아서』, 한겨레신문사, 1995.

신기욱 지음, 이진욱 옮김,『한국민족주의의 계보와 정치』, 창비, 2009.

아감벤 · 바디우 외 지음, 김상운 · 양창렬 · 홍철기 옮김,『민주주의는 죽었는가?』, 난장, 2010.

알랭 바디우 지음, 조재룡 옮김,『사랑예찬』, 도서출판 길, 2011.

에리히 프롬 지음, 문국주 옮김,『불복종에 관하여』, 범우사, 1996.

에릭 홉스봄 지음, 강명세 옮김,『1780년 이후의 민족과 민족주의』, 창비, 2008.

에릭 홉스봄 지음, 박지향·장문석 옮김,『만들어진 전통』, 휴머니스트, 2004.

외교통상부 편,『국가별 재외동포 현황』, 2011.

윤인진,『코리안 디아스포라: 재외한인의 이주, 적응, 정체성』, 고려대학교출판부, 2008.

윤해동,『식민지의 회색지대: 한국의 근대성과 식민주의 비판』, 역사비평사, 2007.

임지현,『민족주의는 반역이다』, 소나무, 1999.

임지현·이성시 편,『국사의 신화를 넘어서』, 휴머니스트, 2004.

임채완·전형권,『재외한인과 글로벌네트워크』, 한울, 2006.

임헌영,『분단시대의 문학』, 태학사, 1992.

임현진·정영철,『21세기 통일한국을 위한 모색』, 서울대학교출판부, 2005.

정수일 외,『21세기 민족주의』, 통일뉴스, 2010.

정정훈,『인권의 인권들』, 그린비, 2014.

조한혜정·이우영 엮음,『탈분단시대를 열며』, 삼인, 2000.

피에르 부르디외 지음, 김웅권 옮김,『실천 이성: 행동의 이론에 대하여』, 동문선, 2005.

피에르 부르디외 지음, 김웅권 옮김,『파스칼적 명상』, 동문선, 2001.

한스 울리히 벨러, 이용일 옮김,『허구의 민족주의』, 푸른역사, 2009.

헤르더 지음, 강성호 옮김,『인류의 역사철학에 대한 이념』, 책세상, 2002.

한글 논문

강만길,「나의 역사연구」,『한국사학사학보』 28, 2013.

강만길,「한국민족주의와 통일」,『민족사상연구』 제12호, 경기대학교 민족문제연구소, 2005.

강만길·정창렬·이우성·박태순·송건호·백낙청 좌담,「민족의 역사, 그 반성과 전망」,『창작과 비평』 1976년 가을호.

강인철,「전쟁의 기억, 기억의 전쟁」,『창작과비평』 제28권 2호, 2000.

권혁범,「통일에서 탈분단으로」,『당대비평』 2000년 가을호.

김강일,「中國朝鮮族社會 地位論」,『아시아태평양지역연구』 제3호 1권, 전남대학교 아시아태평양지역연구소, 2000.

김귀옥, 「분단과 전쟁의 디아스포라: 재일조선인 문제를 중심으로」, 『역사비평』 제91집, 역사문제연구소, 2010.

김성민 · 박영균, 「분단극복의 민족적 과제와 코리언 디아스포라」, 『대동철학』, 대동철학회, 제58집, 2012.

김성민 · 박영균, 「인문학적 통일담론에 대한 비판적 성찰」, 『범한철학』 제59집, 2010년 가을.

김성민 · 박영균, 「인문학적 통일담론과 통일인문학: 통일패러다임에 관한 시론적 모색」, 『철학연구』 제92집, 2011.

김성민 · 박영균, 「통일학의 정초를 위한 인문적 비판과 성찰」, 『통일인문학』 제56집, 건국대학교 인문학연구원, 2013.

김정인, 「민족해방투쟁을 가늠하는 두 잣대: 독립운동사와 민족해방운동사」, 『역사와 현실』 62, 2006.

김호웅, 「중국 조선족과 디아스포라」, 『한중인문학연구』 제29집, 한중인문학회, 2010.

박순성, 「한반도 분단과 대한민국」, 『시민과 세계』 제8호, 2006.

박영균, 「분단을 사유하는 경계인의 철학: 송두율의 통일 담론에 대한 비판적 검토」, 『철학연구』 제114집, 대동철학회논문집, 2010.

박영균, 「코리안 디아스포라의 민족공통성 연구방법론」, 『시대와철학』 제22권 제2호, 한국철학사상연구회, 2011.

박정군, 「중국조선족 정체성이 한국과 중국에 대한 태도에 미치는 영향」, 경희대학교 대학원 박사학위 논문, 2011.

박찬부, 「트라우마와 정신분석」, 『비평과 이론』 제15권 1호, 2010.

서영채, 「민족, 주체, 전통: 1950~60년대 전통논의의 의미」, 『민족문학사연구』 제34권, 2007.

신응철, 「'보수'와 '진보', 그 경계를 넘어」, 『철학연구』 제117권, 대한철학회, 2011.

신현준, 「포스트소비에트 공간에서 고려인들의 과국적 이동과 과문화적 실천들」, 『사이』, 국제한국문학문화학회, 2012.

윤인진, 「디아스포라와 초국가주의의 고전 및 현대 연구 검토」, 『재외한인연구』 제28호, 재외한인학회, 2012.

이광규, 「남북관계의 어떠한 합의에서도 그 원류를 7 · 4 남북공동선언의 기본에서 찾고 있다」『북한』 379호, 북한연구소, 2003.

이남주, 「시민참여형 통일운동의 역할과 가능성」, 『창작과비평』 2008년 겨울호.

이병수, 「남북관계에 대한 반성적 고찰 – 체제와 민족을 중심으로」, 『통일인문학』 제48집, 건국대학교 인문학연구원, 2009.

이병수, 「민족공통성 개념에 대한 고찰」, 『시대와철학』 제22권 제3호, 한국철학사상연구회, 2011.

이병수, 「통일의 당위성 담론에 대한 반성적 고찰」, 『시대와 철학』 제21권 2호, 한국철학사상연구회, 2010.

임동원, 「남북기본합의서와 6 · 15남북공동선언」, 『역사비평』 97, 역사문제연구소, 2011.

임지현, 「다시 민족주의는 반역이다」, 『창작과비평』, 2002년 가을호.

장원석 · 고경민, 「탈북자 문제의 디아스포라적 접근」, 『평화학연구』 제14집 제5호, 한국평화통일학회, 2013.

전형권 · Yulia, Kim, 「우즈베키스탄의 민족정책과 고려인 디아스포라 정체성」, 『슬라보학보』 제21권 2호, 2007.

정규섭, 「남북기본합의서: 의의와 평가」, 『통일정책연구』 20-1, 통일연구원, 2011.

정영순, 「글로벌리즘과 남북공동체 형성을 위한 한인 디아스포라」, 『재외한인연구』 제23호, 재외한인학회, 2011.

정영철, 「한반도의 '평화'와 '통일': 이론의 긴장과 현실의 통합」, 『북한연구학회보』 제14권 제2호, 2010.

최완규, 「김대중 정부 시기 NGO 통일교육의 양극화 현상」, 『북한연구학회보』 제15권 제1호, 2011.

최완규, 「남북한 통일방안의 수렴가능성 연구: 연합제와 낮은 단계의 연방제」, 『북한연구학회보』 제6권 1호, 2002.

최장집, 「해방 60년에 대한 하나의 해석: 민주주의자의 퍼스펙티브에서」, 『시민과 세계』, 제8호, 2006.

기타 문헌

『로동신문』, 1991. 12. 25.

외국 저서

Erich Fromm, *On disobedience and other essays*, Harper & Row, 1981.

Slavoj Žižek, *The metastases of enjoyment: six essays on woman and causality*, *Verso*(London·New York), 1994.

Slavoj Žižek, *The sublime object of ideology*, Verso(London·New York), 1989.

찾아보기

통일인문학

1판 1쇄 발행 2015년 2월 25일

편저 | 건국대 통일인문학연구단
펴낸이 | 조영남
펴낸곳 | 알렙

출판등록 | 2009년 11월 19일 제313-2010-132호
주소 | 서울시 마포구 합정동 373-4 성지빌딩 615호
전자우편 | alephbook@naver.com
전화 | 02-325-2015
팩스 | 02-325-2016

이 책은 2009년 정부(교육과학기술부)의 재원으로 한국연구재단의 지원을 받아 연구한 결과입니다.(NRF-2009-361-A00008)

ISBN 978-89-97779-47-5   93340